Migración de Joomla 1.0 a versión 2.5.3 basado en Valle del Limón

Pasando por versiones
de 1.0 a 1.5, 1.6, 1.7 y 2.5

2006-2012

PROYECTO Valledellimon.es
Portal de contenidos cítricos.

Autor: Martin, Sánchez Morales

ISBN: 978-1-4716-5352-0

**Migración de Joomla 1.0
a versión 2.5.3
basado en Valle del Limón**

1ª Edición

Autor: Martin, Sánchez Morales
Avda Gregorio Diego nº27, 4º-A
Telf: 952056539
29004 – Málaga – Andalucía – España
http://www.facebook.com/martinmorales
http://www.martinmorales.net
http://www.valledellimon.es
email: msanchez@andaluciajunta.es

EDITORIAL

Nick Popio
Lulu Enterprises, Inc.
Fax: 919-459-5867
Email: npopio@lulu.com

ISBN 978-1-4716-5352-0
90000

9 781471 653520

"Este libro está dedicado a mi hijo Cayetano, por hacerme sentir el padre más afortunado del mundo, a mi mujer Mabel por estar siempre a mi lado como los faros de un coche que me guian por la oscuridad cerrada en un camino desconocido. Por ser mi Hillary Clinton y la suerte que tuve frente al gasolinero. Y a mis padres Baltasar y Encarnación por la educación que me dieron, y pese a los problemas de salud que tuve, me enseñaron a luchar en todo momento y a no rendirme jamás frente a las desgracias y las injusticias".

INDICE

Instalación de Valledellimon.es

Introducción

En este manual queremos reflejar aquellos apartados necesarios para la correcta Instalación de la estructura del Portal de Contenidos cítricos del Valle del Limón. Esta estructura se creó con un Gestor de Contenidos universalmente conocido y usado como es Joomla.

¿Qué es un Sistema de Gestión de Contenidos (CMS)?

Un CMS es un entorno programado basado en Apache, Mysql, Php y como no Linux en estado puro. Rueda en cualquier distribución desde Mandriva, Fedora, Suse, Red-Hat etc...Este entorno permite con una estructura flexible (porque permite a programadores reprogramar el entorno de forma eficaz y rápida), pero a la vez estable y rigida, gestionar contenidos parametrizados en bases de datos, desde los gráficos, noticias, pasando por las encuestas o links, todo se parametriza y almacena en mysql.
Muchas de las herramientas que tenemos en su interior nos permite:

• Generadores de Formularios Dinámicos
• Directorios de Empresas u Organizaciones
• Gestores de Documentos
• Galerías de Imágenes Multimedia
• Motores de Comercio y Venta Electrónica
• Software de Foros y Chats
• Calendarios
• Software para Blogs
• Servicios de Directorio
• Boletines de Noticias
• Herramientas de Registro de Datos
• Sistemas de Publicación de Anuncios
• Servicios de Suscripción
...y muchos, muchos más

Usando la estructura de Joomla!, los desarrolladores puede construir facilmente:

• Sistemas de Comercio Electrónico Integrados
• Sistemas de Control del Inventario
• Herramientas de Registro de Datos
• Sistemas de Reserva Online
• Herramientas de Comunicación
• Puentes de Aplicaciones...o cualquier tipo de aplicación para una necesidad

Requisitos

Antes de descargar el software Joomla, debe asegurarse que su servidor web, o su servicio de hosting, cumple los requisitos mínimos para utilizar Joomla. Son los siguientes:

- PHP 4.2.x o superior - http://www.php.net
- MySQL 3.23.x o superior - http://www.mysql.com
- Apache 1.13.19 o superior - http://www.apache.org

Estas vesiones del entorno LAMP nos hemos basado en las necesarias para la instalación preparatoria a la versión 1.0 de Joomla.

Instalación de Joomla

Descarga de Archivos

Los archivos principales de la distribución de Joomla pueden descargarse en:

- Pack de Joomla Spanish (en español)
- Web oficial de XAMPP recomiendo la versión 1.7.3 estable para entornos Windows XP y Windows 7.

Los archivos se encuentran en un paquete comprimido (zip o tar), por lo que necesitará una utilidad para descomprimir el paquete ya sea localmente o en el servidor.

Instalación Local

Descomprima los archivos en un directorio situado en la raíz del servidor web. Si usa un servidor Apache, habitualmente será en Windows c:/apache/groupapache/htdocs, o bajo un Sistema POSIX /usr/local/apache/htdocs; pero esta ubicación puede variar.

Presuponemos que dispone de un servidor web en marcha y que conoce donde colocar los archivos para que sean visualizados en el servidor.

Descargaremos los paquetes de software Appserv, WAMP ó el archiconocido XAMPP en nuestra carpeta del disco del servidor web /xampp/

Muy importante nuestras caroeta /DATA y /HTDOCS lugars donde se ubicarán nuestas bases de datos y Sitios WEBS que vayams a crear.

Instalación Remota

La instalación de Joomla en un servidor remoto depende en gran parte de las posibilidades que proporcione su servicio de hosting y de su práctica con las tareas de acceso al servidor.

No obstante, el procedimiento habitual implica simplemente:

1. Extraer el archivo de Joomla en un directorio local.

2. Subir los archivos al servidor por FTP (Protocolo de Transferencia de Archivos),colocándolos directamente en la raíz del sitio o en un subdirectorio. Para esto existen muchos programas FTP gratuitos disponibles como Filezilla.

3. Ejecutar la instalación desde la URL de su web (ej.: http://www.sudominio.com).

Con un cliente de FTP se suben todos los ficheros y carpetas correspondientes a la instalación básica y primera del entorno.

Normalmente el servidor de ftp donde debe subir la estructura, tiene el formato ftp://ftp.sudominio.com si accede por linea de mandato, si accede por cliente de FTP tipo Filezilla, Wais_ftp o similares, sólo debe introducir el nombre del servidor que sería ftp.sudominio.com

Y a continuación se autentifica con nombre de usuario y contraseña, no olvidar que el puerto 21 es el puerto que se usa para acceder por Servicio FTP.

En el hosting de diversos servidores se ofrece la posibilidad de instalarlo desde un pack de scripts personalizado e instalable en un solo click.

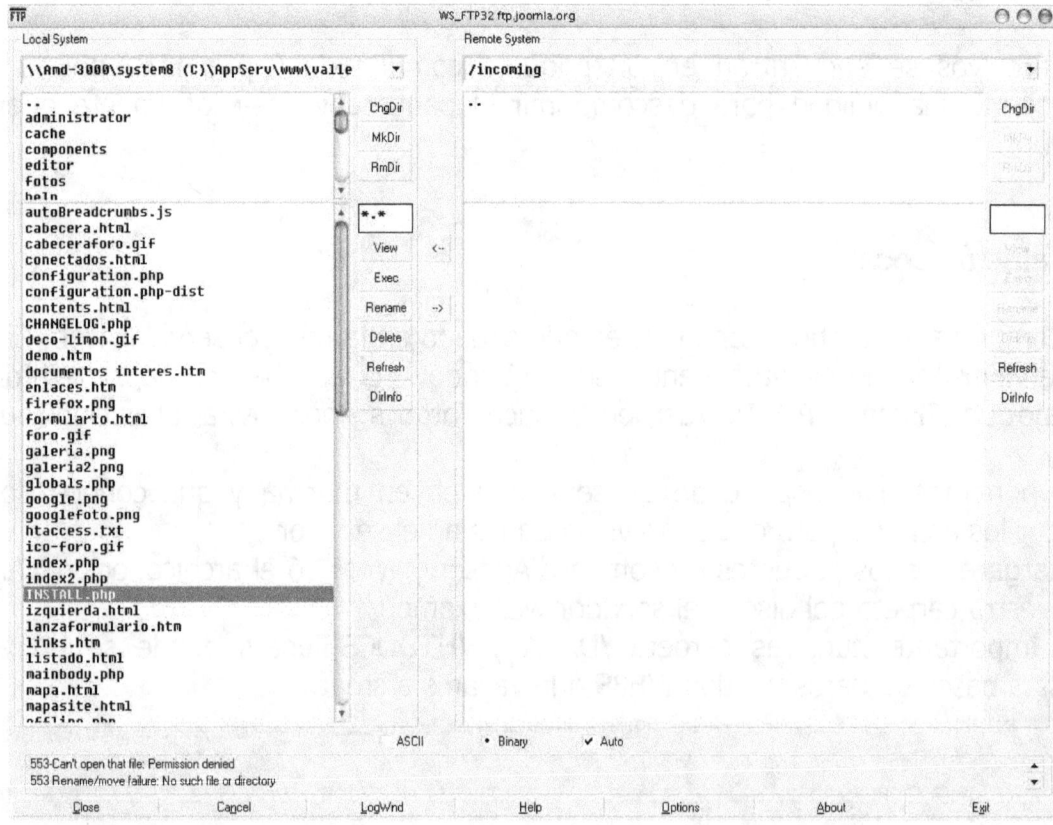

Instalación vía Navegador

Si es su primera instalación de Joomla, verifique que su servicio de hosting cumple los requisitos de sistema señalados previamente. Suponiendo que dispone de un servidor Apache, un módulo PHP y una Base de Datos MySQL, podrá continuar la instalación de Joomla.

1. Descomprima la distribución de Joomla en un directorio local.

2. Transfiera los archivos a su servidor, colocándolos directamente en la raíz del sitio o en un subdirectorio. Asegúrese de mantener la integridad de la carpeta de archivos.

3. Una vez haya terminado de transferir los archivos y las carpetas, vaya a la página de inicio, http://www.sudominio.com (o http://www.sudominio.com/carpeta_joomla).

Ahora debería ver la página de Pre-Instalación generada por Joomla.

El proceso de instalación consta de una pre-instalación, la aceptación de la licencia, y cuatro
pasos de configuración, que se describen con detalle a continuación.

PANTALLA DE INSTALACIÓN INICIAL

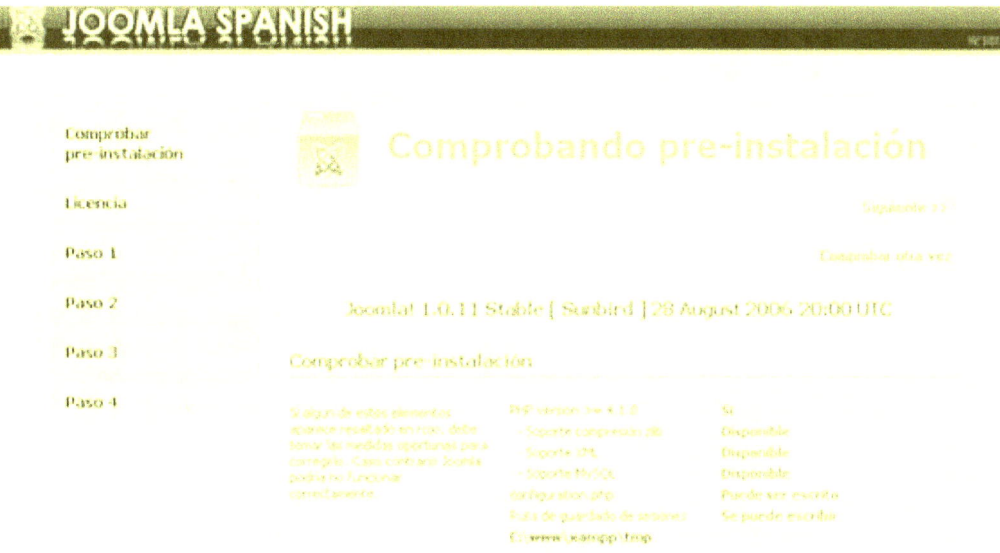

Si no ve la página de Pre-instalación, revise lo siguiente:

• ¿Subió todos los archivos y carpetas al servidor?
• ¿Eliminó completamente su anterior sitio web?
• ¿Realmente dispone de un servidor web Apache/MySQL/PHP?
• ¿Existe un archivo configuration.php en el directorio de Joomla?

Si todo está correctamente, y todavía no ve la página de pre-instalación, inténtelo introduciendo: http://www.sudominio.com/installation/index.php. Éste es el enlace directo a la página de instalación. Si aún no se muestra o ve una gran cantidad de errores,probablemente no disponga de un servidor *Apache/MySQL/PHP*. Contacte con su proveedor de hostingporque tendrá algún problema con la versión de .PHP de sus Servidor.

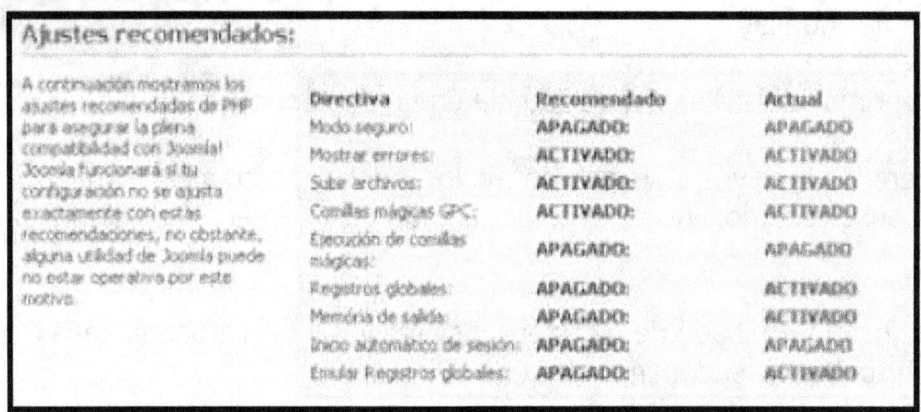

Ejemplo de directivas activadas y compatibilidades

La Pantalla siguiente muestra donde se ubican los permisos de carpetas y ficheros existentes en toda la estructura del Portal, y necesaria para el correcto funcionamiento del entorno.

Estos privilegios de lectura/escritura en disco son susceptibles de cambios no controlados o problemas de seguridad una vez que se haya instalado la plataforma. Desde el propio software cliente de Ftp podemos gestioanr estos permisos de carpetas, desde el CMD en la consola de mandatos ó desde modo terminal bajo la versión de Linux que trabajemos.

Pantalla donde nos pide confirmación sobre la Licencia de Joomla, como se puede ver en la figura es GNU/GPL.

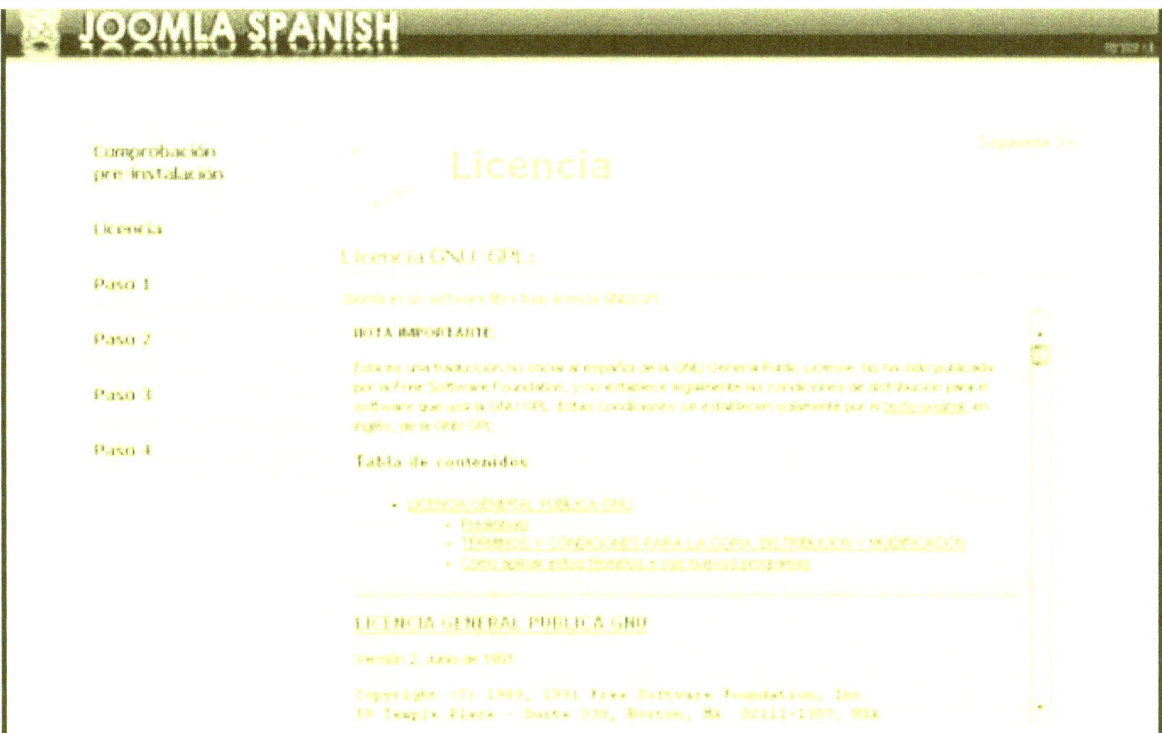

Pantalla de vital importancia para la instalación del Portal, ya que nos pide datos como la base de datos, la contraseña de administrador de esa base de datos, nombres de usuario Mysql y por supuesto nombre del servidor donde albergaremos el entorno.

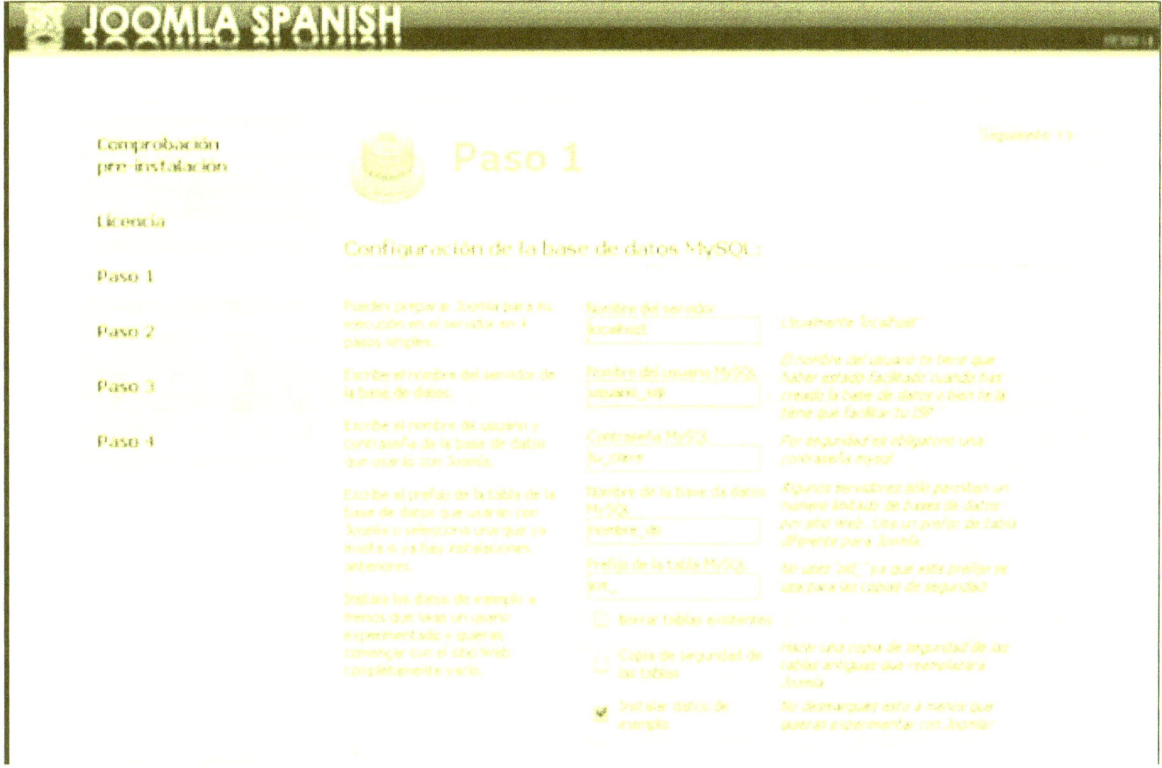

En esta pantalla es normal confundirnos con el nombre del servidor, que en muchos casos suele ser una dirección tipo http://servidoresdns4.mysql.user3 si ponemos http://localhost servirá correctamente, todo dependerá del proveedor donde tengamos alojado el dominio.

Introduzca la configuración de su base de datos MySQL.

El Nombre del Host de la base de datos depende del modo en que su proveedor de hosting haya configurado MySQL. El nombre será 'localhost', si la base de datos está instalada en el mismo servidor que el sitio web.

No obstante, en ocasiones, cuando el servidor de la web no se utiliza como servidor de la base de datos, necesitará contactar con su proveedor para conocer los datos de la base de datos.

Un ejemplo sería: mysql.sudominio.com o similar. (ver arriba la nota).

Habitualmente, los proveedores de hosting le permiten configurar su propio Nombre de Usuario, Contraseña y Nombre de Base de Datos mediante un Panel de Control (phpMyAdmin). De nuevo, si tiene alguna duda consulte con su proveedor para obtener más información.

En esta pantalla se nos pide la URL ó dirección del Portal, la ruta interna de directorio donde cuelga, una contraseña del Administrador y un email. Muy importante son los permisos de archivos y directorios de la estructura creada.

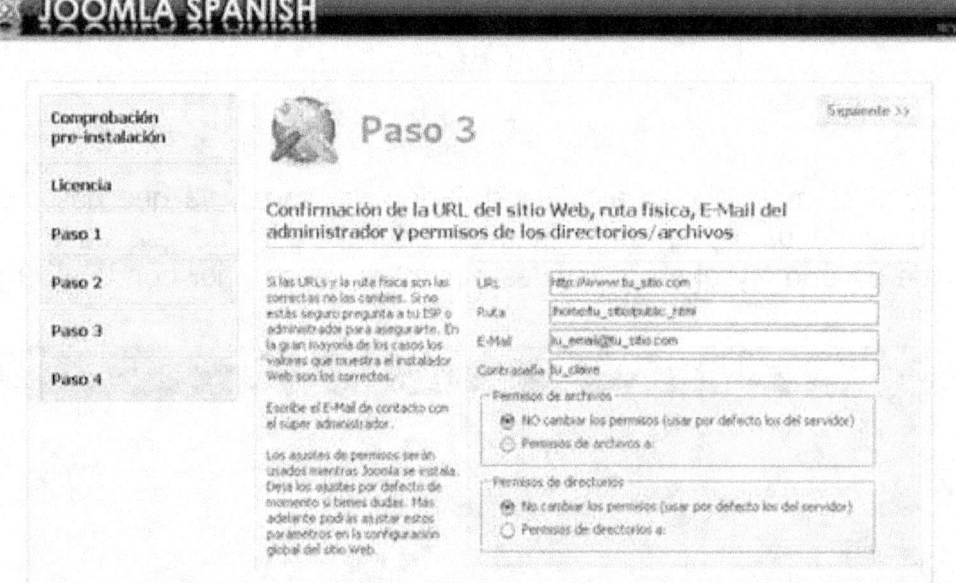

El paso final de la instalación del Pack de Joomla. Muy importante no olvidar las contraseñas de Administrador.

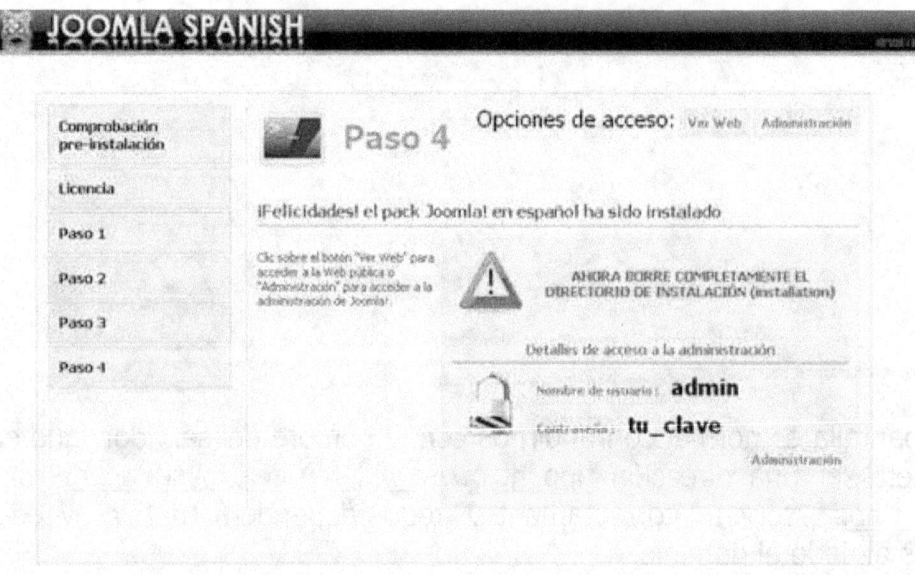

Por motivos de seguridad se pedirá que borre la carpeta de instalación, y luego refrescar la página. Hasta que realice esto, Joomla no funcionará (no podrá acceder ni al Sitio ni al panel

de control del Administrador). A continuación Se presentan dos botones que le llevan al Sitio Joomla o al Administrador. Si es su primera instalación pulse el botón Ver Sitio. Por supuesto recomiendo instalar con datos y objetos de prueba, como botones, menús, y poder usarlos de pruebas, si se instala sin datos y de forma vacia la estructura de Joomla, es complicado si es la primera vez, y no se tiene mucha práctica, ya que no instala ningún tipo de objeto, noticia, menú, encuesta ni nada.

ASPECTO DE JOOMLA INSTALADO

Aspecto del CMS Joomla recién instalado, podemos ver como tiene objetos, menú, noticias, banner y demás contenido, que aunque sea de prueba sirve para orientarnos dentro del gestor.

ACCESO COMO ADMINISTRADOR

Cuando esté listo, pulse el enlace Administración del Menú Principal (o escriba la URL:

http://www.sudominio.com/administrator).

Esto mostrará el Formulario de Acceso de la figura de abajo.

Introduzca el Nombre de Usuario y la Contraseña tal y como se mostraron en el Paso 4 del proceso de instalación. Pulse el botón Validarse para Entrar y ahora debería ver el Panel de Control del Administrador.

Si no es la primera vez que accede al Administrador, ya sabrá qué es lo siguiente. Sino, siga leyendo. La instalación ha sido completada, ya está listo para utilizar Joomla.

A esta pantalla de autenticación, accede no sólo el Administrador, sino todos aquellos usuarios que tengamos dados de alta con distintos grados de privilegios, para poder realizar cada perfil el trabajo que tenga encomendado. Insertar noticias, sacar backups, operadores de imágenes y videos, redactores, programadores y gestores de módulos, secciones, plugins, bloques, templates etc...

Descripción de los Elementos Básicos de Joomla

Introducción

Ahora que ha completado la instalación de Joomla presentaremos los diferentes elementos de configuración de su sitio web.

Plantillas

La plantilla (template) y sus archivos asociados proporcionan el 'aspecto visual y el manejo'del sitio web y se mantienen separados del contenido del sitio. Esta se almacena en una base de datos MySQL.
La instalación habitual de Joomla incluye 2 plantillas pre-instaladas: 'madeyourweb' y 'rhuk_solaflare_ii'. Existen muchas webs que ofrecen plantillas gratuitas o comerciales.
Es muy importante saber bien como instalar una Plantilla, ya que puede ocasionar que la estructura se desconfigure y aparezcan errores de php por todos lados y líneas de código. Muy importante asegurase antes de que versión de Jommla tenemos instalada, que versión de Plantillas vamos a instalar y la compatibilidad con la versión, esto es fundamental sino queremos correr riesgos. Aunque siempre nos queda hacer copias de seguridad con los últimos cambios elaborados, así evitaremos tener que empezar desde cero instalando otra vez la estructura.

Los archivos de la plantilla se ubican en la carpeta 'templates' en la carpeta de instalación de Joomla. Habitualmente constan de los siguientes:

Nombre del Archivo

index.php-→ Este archivo contiene código HTML, PHP y posiblemente JavaScript, y proporciona el soporte para el diseño de su sitio web. Además, en combinación con los archivos .css y las imágenes, determinan la estructura del diseño y los elementos de contenido del sitio.

templateDetails.xml →Este archivo contiene los detalles descriptivos de la plantilla y las referencias a todos los archivos usados, ejemplo: index.php, el archivo css...

template_thumbnail.png →Este archivo se usa, en el Administrador de Plantillas para proporcionar, si está activado, una imagen en miniatura del diseño del sitio web. Debe estar situado en el directorio raíz de la plantilla.

Template_css.css →Situado en la carpeta 'css' del directorio de la plantilla, esta Hoja de Estilos en Cascada (CSS) contiene el código que define el estilo visual del sitio web, ejemplo: tamaños de
letra, colores... Pueden existir tantos archivos CSS como usted desee proporcionar en la referencia HTML del archivo
index.php. Por ejemplo:

*<?php echo "<link rel=|"stylesheet|"href=|"$GLOBALS
[mosConfig_live_site]/templates/$GLOBALS[cur_template]
/css/template_css.css|" type=|"text/css|"/>" ; ?>*

Nota: Aunque en este ejemplo se ha dividido el código en tres líneas, en la práctica no deben existir espacios.
Archivos de Imagen →Estos archivos están situados en la carpeta 'images' y pueden ser .gif, .jpg o .png. Constituyen los elementos gráficos del diseño del sitio web.

Componentes

Los Componentes son elementos del núcleo de Joomla con una funcionalidad determinada y que se muestran en el cuerpo principal de la plantilla del sitio web. El código para el cuerpo principal aparecerá en la plantilla del siguiente modo: <?php mosMainBody.php ();?>.
Dependiendo del diseño de la plantilla utilizada, suelen estar en el centro de la página web.
La instalación estándar de Joomla incluye los componentes: Banners (anuncios), Contactos, Noticias Externas, Encuestas y Enlaces Web.
Diferentes miembros de la comunidad Joomla producen componentes de terceros sobre la base de Joomla. Eche un vistazo al Directorio de Extensiones Joomla o al Sitio del Desarrollador, para obtener una lista de los componentes disponibles para la descarga.
Los componentes enriquecen mucho la estructura del portal de contenidos y aplican muchas ventajas, herramientas y objetos de desarrollo y de administración.

Módulos

Los Módulos amplían las posibilidades de Joomla proporcionando nueva funcionalidad al software. Un Módulo es un pequeño artículo de contenido que puede mostrarse en cualquier parte que la plantilla lo permita. Los módulos son muy fáciles de instalar en el Administrador.

Joomla incluye los módulos: Menú Principal, Menú Superior, Selector de Plantilla, Encuestas, Noticias Externas, Contador de Accesos, etc.

Diferentes miembros de la comunidad Joomla producen módulos de terceros sobre la base de Joomla. Eche un vistazo al Directorio de Extensiones Joomla o al Sitio del Desarrollador, para obtener una lista de los módulos disponibles para la descarga.

Un ejemplo del código de un módulo es: <?php mosLoadModules ('module position');?>.

Mambots

Un Mambot es una pequeña función orientada a una tarea que intercepta cierto tipo de contenido y lo manipula de algún modo. Joomla proporciona varios Mambots en la distribución original. Ejemplos: Editores WYSIWYG, {mosimage} y {mospagebreak}...

Usuarios de Joomla

Tipos de Usuarios y Permisos de Acceso

Los Usuarios de sitios web Joomla pueden dividirse en dos categorías principales:
• Invitados
• Usuarios Registrados

Los Invitados son sencillamente usuarios de Joomla que han navegado hasta encontrar su sitio web. Dependiendo de cómo el administrador ha configurado el sitio, los invitados podrán navegar libremente por todo el contenido o tener restringido el acceso a cierto tipo de contenidos, reservados para usuarios registrados.

Los Usuarios Registrados están registrados en su sitio con un nombre de usuario y contraseña.

Este nombre de usuario y contraseña les permite acceder al área restringida del sitio, recibiendo privilegios especiales no disponibles para los invitados. Los usuarios registrados se dividen en dos grupos:
• Usuarios del Sitio
• Usuarios del Administrador

Registro

Además del Súper-Administrador (admin) creado por defecto en la instalación de Joomla,existen dos formas para que los invitados pueden registrarse como miembros de un sitio web Joomla:

1. Pueden registrarse por sí mismos utilizando el enlace 'registro' del formulario de acceso (si está disponible).

2. Un Administrador o un Súper-Administrador puede añadirlos directamente usando el Panel del Administrador .

A continuación se muestran dos imágenes del Formulario de Acceso, con y sin el enlace de Registro.

El Formulario de Acceso muestra el enlace de Registro por defecto. El Súper-Administrador
puede deshabilitar esta opción.
Para registros directos, existe una opción de activación por correo electrónico que asegura
que los usuarios proporcionen una dirección de correo electrónico válida. Esta opción también
esta 'habilitada' por defecto. En este caso, el usuario recibirá un correo electrónico con un
enlace de activación, que debe ser utilizado para completar el proceso de registro.

MAPA DE NAVEGACIÓN DE LA ENTRADA 3D DEL PORTAL VALLEDELLIMON.ES

Este menú horizontal en el eje Z del navegador, tiene varios links de interés para los que visitan nuestra Web como son acceso a documentación sobre subvenciones, productos de la comarca, enlaces de interés, acceso al Foro, como medio de poner sugerencias, resolución de problemas, ayuda para localizar algún material ó productos, link de noticias agrícolas y el acceso más importante es el del Portal. Donde accedemos directamente a un portal vertical sobre el mundo de la agricultura y los cítricos, como eje sobre el que pivotan muchas empresas, agricultores, pueblos de la comarca.

Como acceso innovador y puntero, está el link de conexión con la Webcam Mobotix para poder contemplar la panorámica del valle desde una perspectiva inigualable. En dos modalidades acceso directo ó bien acceso a imágenes y videos ya almacenados.

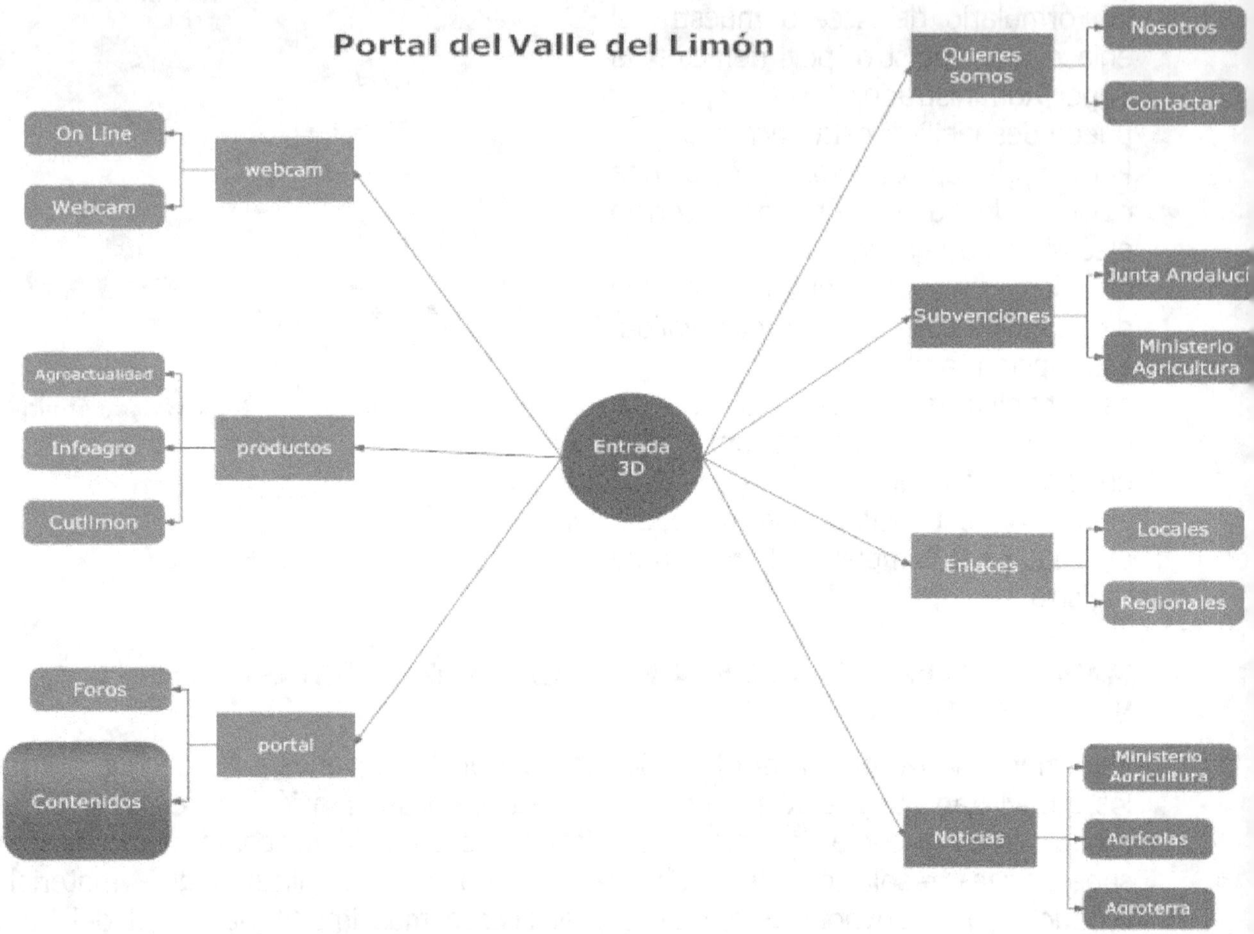
Portal del Valle del Limón
On Line
Webcam
webcam
Agroactualidad
Infoagro
Cutlimon
productos
Foros
Contenidos
portal
Entrada 3D
Quienes somos
Nosotros
Contactar
Subvenciones
Junta Andaluci
Ministerio Agricultura
Enlaces
Locales
Regionales
Noticias
Ministerio Agricultura
Agricolas
Agroterra

En esta imagen podemos observar, el objeto MENÚ horizontal en 3D con las opciones disponibles para el visitante.

Al clickar en alguna de ellas, se despliega un submenú con otras opciones disponibles, según refleja el esquema de la figura de arriba..

WebCam
Subvenciones
Productos
Enlaces
Portal
Noticias

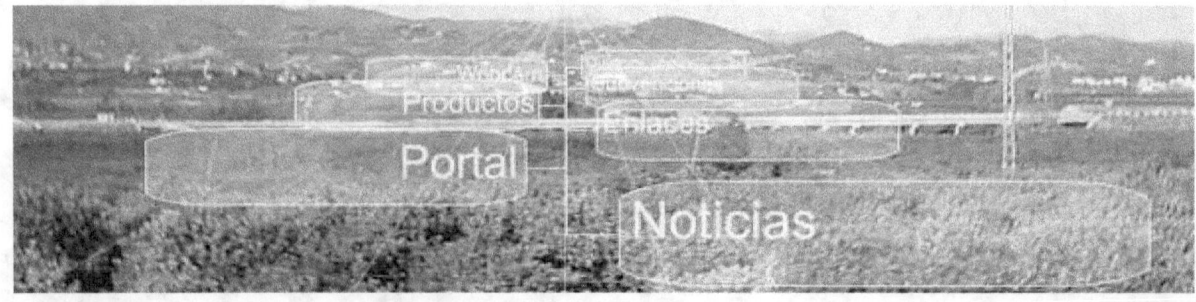

ESTRUCTURA DE BASES DE DATOS PROYECTO VALLEDELLIMON.ES

La base de datos que soporta la estructura en Mysql ver.2.5.7 sobre lenguaje php 4, tiene un total de 44 tablas definida de la siguiente manera:

Base de datos *valle* ejecutándose en *localhost*

Tabla	Registros	Tipo	Tamaño	Comentarios	
valle_banner	3		3.3 KB	Creación:	02-06-2007 a las 12:53:50
				Última actualización:	22-09-2007 a las 00:09:40
valle_bannerclient	3		2.2 KB	Creación:	02-06-2007 a las 12:53:50
				Última actualización:	02-06-2007 a las 22:43:20
valle_bannerfinish	0		1.0 KB	Creación:	02-06-2007 a las 12:53:50
				Última actualización:	02-06-2007 a las 12:53:50
valle_categories	12		7.8 KB	Creación:	02-06-2007 a las 12:53:50
				Última actualización:	30-09-2007 a las 14:35:12
valle_components	30		5.8 KB	Creación:	02-06-2007 a las 12:53:50

			Última actualización:	18-06-2007 a las 21:10:23
valle_contact_details	1	2.1 KB	Creación:	02-06-2007 a las 12:53:50
			Última actualización:	02-06-2007 a las 12:53:59
valle_content	16	66.1 KB	Creación:	02-06-2007 a las 12:53:50
			Última actualización:	11-10-2007 a las 19:32:53
valle_content_frontpage	12	2.1 KB	Creación:	02-06-2007 a las 12:53:50
			Última actualización:	21-09-2007 a las 21:09:40
valle_content_rating	4	2.1 KB	Creación:	02-06-2007 a las 12:53:50
			Última actualización:	18-09-2007 a las 21:54:29
valle_core_acl_aro	1	4.0 KB	Creación:	02-06-2007 a las 12:53:50
			Última actualización:	02-06-2007 a las 12:54:33
valle_core_acl_aro_groups	11	5.3 KB	Creación:	02-06-2007 a las 12:53:50
			Última actualización:	02-06-2007 a las 12:53:58
valle_core_acl_aro_sections	1	6.0 KB	Creación:	02-06-2007 a las 12:53:50
			Última actualización:	02-06-2007 a las 12:53:58
valle_core_acl_groups_aro_map	1	3.0 KB	Creación:	02-06-2007 a las 12:53:50
			Última actualización:	23-09-2007 a las 21:43:29
valle_core_log_items	64	2.8 KB	Creación:	02-06-2007 a las 12:53:50
			Última actualización:	14-10-2007 a las 17:32:42
valle_core_log_searches	3	1.1 KB	Creación:	02-06-2007 a las 12:53:50
			Última actualización:	30-06-2007 a las 23:09:26
			Table for event categories	
valle_extcal_categories	1	3.1 KB	Creación:	16-06-2007 a las 20:52:31
			Última actualización:	16-06-2007 a las 21:15:01
			Table for configurable parameters	
valle_extcal_config	81	9.3 KB	Creación:	16-06-2007 a las 20:52:31
			Última actualización:	16-06-2007 a las 21:15:01

			Table holding events and their attributes	
valle_extcal_events	0	1.0 KB	Creación:	16-06-2007 a las 20:52:31
			Última actualización:	16-06-2007 a las 20:52:31
			Table holding installed plugins	
valle_extcal_plugins	0	1.0 KB	Creación:	16-06-2007 a las 20:52:31
			Última actualización:	16-06-2007 a las 20:52:31
valle_groups	3	2.1 KB	Creación:	02-06-2007 a las 12:53:50
			Última actualización:	02-06-2007 a las 12:53:58
valle_mambots	20	5.6 KB	Creación:	02-06-2007 a las 12:53:50
			Última actualización:	21-09-2007 a las 21:39:40
valle_menu	37	9.2 KB	Creación:	02-06-2007 a las 12:53:50
			Última actualización:	11-10-2007 a las 19:54:31
valle_messages	0	1.0 KB	Creación:	02-06-2007 a las 12:53:50
			Última actualización:	02-06-2007 a las 12:53:50
valle_messages_cfg	0	1.0 KB	Creación:	02-06-2007 a las 12:53:50
			Última actualización:	02-06-2007 a las 12:53:50
valle_modules	42	10.8 KB	Creación:	02-06-2007 a las 12:53:50
			Última actualización:	22-09-2007 a las 00:39:40
valle_modules_menu	33	2.3 KB	Creación:	02-06-2007 a las 12:53:50
			Última actualización:	22-09-2007 a las 00:09:40
valle_newsfeeds	10	4.2 KB	Creación:	02-06-2007 a las 12:53:50
			Última actualización:	21-09-2007 a las 21:39:40
valle_poll_data	12	3.6 KB	Creación:	02-06-2007 a las 12:53:50
			Última actualización:	18-09-2007 a las 00:04:50
valle_poll_date	3	3.1 KB	Creación:	02-06-2007 a las 12:53:50
			Última actualización:	18-09-2007 a las 00:04:51
valle_poll_menu	1	2.0 KB	Creación:	02-06-2007 a las 12:53:50

			Última actualización:	02-06-2007 a las 18:10:13
valle_polls	1	2.1 KB	Creación:	02-06-2007 a las 12:53:50
			Última actualización:	18-09-2007 a las 00:09:32
valle_rd_rss	1	2.2 KB	Creación:	16-06-2007 a las 23:06:48
			Última actualización:	05-07-2007 a las 21:54:38
valle_sections	7	4.0 KB	Creación:	02-06-2007 a las 12:53:50
			Última actualización:	30-09-2007 a las 14:35:12
valle_session	1	3.3 KB	Creación:	02-06-2007 a las 12:53:50
			Última actualización:	11-10-2007 a las 19:54:31
valle_stats_agents	6	1.2 KB	Creación:	02-06-2007 a las 12:53:50
			Última actualización:	11-10-2007 a las 19:24:31
valle_template_positions	27	2.5 KB	Creación:	02-06-2007 a las 12:53:50
			Última actualización:	15-06-2007 a las 23:37:38
valle_templates_menu	2	2.1 KB	Creación:	02-06-2007 a las 12:53:50
			Última actualización:	22-09-2007 a las 00:09:40
valle_ugbannerspos	1	3.1 KB	Creación:	18-06-2007 a las 21:10:18
			Última actualización:	18-06-2007 a las 21:48:43
valle_ugbannerspos_client	1	2.0 KB	Creación:	18-06-2007 a las 21:10:18
			Última actualización:	18-06-2007 a las 21:17:11
valle_ugbannerspos_menu	1	2.0 KB	Creación:	18-06-2007 a las 21:10:18
			Última actualización:	18-06-2007 a las 21:18:18
valle_ugbannerspos_select_count	1	2.0 KB	Creación:	18-06-2007 a las 21:10:18
			Última actualización:	18-06-2007 a las 21:18:14
valle_users	1	4.3 KB	Creación:	02-06-2007 a las 12:53:50
			Última actualización:	11-10-2007 a las 19:54:31
valle_usertypes	7	2.1 KB	Creación:	02-06-2007 a las 12:53:50

			Última actualización:	02-06-2007 a las 12:53:58
			Creación:	02-06-2007 a las 12:53:50
valle_weblinks	7	3.9 KB	Última actualización:	14-10-2007 a las 17:34:19
44 tabla(s)	469	-- 210.8 KB		

Esta definición de tablas en mysql constituye la estructura principal del portal. Los campos rellenos hasta el momento lo es con datos de prueba, para constatar carga de visitas usuarios y ancho de banda admitido durante una sesión normal de trabajo del motor de bases de datos instalado en el servidor.

Las tablas que sin duda absorberán mayor número de transacciones, son la de artículos y comentarios, la de noticias del portal, y la de usuarios registrados de forma gratuita al portal.

DICCIONARIO DE DATOS DE VALLEDELLIMON.ES
valle_banner

Campo	Tipo	Nulo	Predeterminado
bid	int(11)	Sí	*NULL*
cid	int(11)	Sí	0
type	varchar(10)	Sí	banner
name	varchar(50)	Sí	
imptotal	int(11)	Sí	0
impmade	int(11)	Sí	0
clicks	int(11)	Sí	0
imageurl	varchar(100)	Sí	
clickurl	varchar(200)	Sí	
date	datetime	Sí	*NULL*
showBanner	tinyint(1)	Sí	0
checked_out	tinyint(1)	Sí	0
checked_out_time	datetime	Sí	0000-00-00 00:00:00
editor	varchar(50)	Sí	*NULL*
custombannercode	text	Sí	*NULL*

Índices :

Nombre de la clave	Tipo	Cardinalidad	Campo
PRIMARY	PRIMARY	3	bid
viewbanner	INDEX	Ninguna	showBanner

Espacio utilizado : Estadísticas de la fila :

Tipo	Uso
Datos	292 Bytes

Enunciado	Valor
Formato	dinámico/a

23

Índice	3,072	Bytes
Total	3,364	Bytes

Filas	3
Longitud de la fila ø	97
Tamaño de la fila ø	1,121 Bytes
Próxima Autoindex	4
Creación	02-06-2007 a las 12:53:50
Última actualización	22-09-2007 a las 00:09:40

valle_bannerclient

Campo	Tipo	Nulo	Predeterminado
cid	int(11)	Sí	NULL
name	varchar(60)	Sí	
contact	varchar(60)	Sí	
email	varchar(60)	Sí	
extrainfo	text	Sí	
checked_out	tinyint(1)	Sí	0
checked_out_time	time	Sí	NULL
editor	varchar(50)	Sí	NULL

Índices :

Nombre de la clave	Tipo	Cardinalidad	Campo
PRIMARY	PRIMARY	3	cid

Espacio utilizado :

Tipo	Uso	
Datos	176	Bytes
Índice	2,048	Bytes
Total	2,224	Bytes

Estadísticas de la fila :

Enunciado	Valor
Formato	dinámico/a
Filas	3
Longitud de la fila ø	58
Tamaño de la fila ø	741 Bytes
Próxima Autoindex	4
Creación	02-06-2007 a las 12:53:50
Última actualización	02-06-2007 a las 22:43:20

valle_bannerfinish

Campo	Tipo	Nulo	Predeterminado
bid	int(11)	Sí	NULL
cid	int(11)	Sí	0
type	varchar(10)	Sí	
name	varchar(50)	Sí	
impressions	int(11)	Sí	0
clicks	int(11)	Sí	0

imageurl	varchar(50)	Sí	
datestart	datetime	Sí	*NULL*
dateend	datetime	Sí	*NULL*

Índices :

Nombre de la clave	Tipo	Cardinalidad	Campo
PRIMARY	PRIMARY	0	bid

Espacio utilizado :

Tipo	Uso	
Datos	0	Bytes
Índice	1,024	Bytes
Total	1,024	Bytes

Estadísticas de la fila :

Enunciado	Valor
Formato	dinámico/a
Filas	0
Próxima Autoindex	1
Creación	02-06-2007 a las 12:53:50
Última actualización	02-06-2007 a las 12:53:50

valle_categories

Campo	Tipo	Nulo	Predeterminado
id	int(11)	Sí	*NULL*
parent_id	int(11)	Sí	0
title	varchar(50)	Sí	
name	varchar(255)	Sí	
image	varchar(100)	Sí	
section	varchar(50)	Sí	
image_position	varchar(10)	Sí	
description	text	Sí	
published	tinyint(1)	Sí	0
checked_out	int(11)	Sí	0
checked_out_time	datetime	Sí	0000-00-00 00:00:00
editor	varchar(50)	Sí	*NULL*
ordering	int(11)	Sí	0
access	tinyint(3)	Sí	0
count	int(11)	Sí	0
params	text	Sí	

Índices :

Nombre de la clave	Tipo	Cardinalidad	Campo
PRIMARY	PRIMARY	12	id
cat_idx	INDEX	Ninguna	section
			published

			access
idx_section	INDEX	Ninguna	section
idx_access	INDEX	Ninguna	access
idx_checkout	INDEX	Ninguna	checked_out

Espacio utilizado :

Tipo	Uso	
Datos	1,844	Bytes
Índice	6,144	Bytes
Residuo a depurar	296	Bytes
Efectivo/a	7,692	Bytes
Total	7,988	Bytes

Estadísticas de la fila :

Enunciado	Valor
Formato	dinámico/a
Filas	12
Longitud de la fila ø	129
Tamaño de la fila ø	666 Bytes
Próxima Autoindex	15
Creación	02-06-2007 a las 12:53:50
Última actualización	30-09-2007 a las 14:35:12

valle_components

Campo	Tipo	Nulo	Predeterminado
id	int(11)	Sí	NULL
name	varchar(50)	Sí	
link	varchar(255)	Sí	
menuid	int(11)	Sí	0
parent	int(11)	Sí	0
admin_menu_link	varchar(255)	Sí	
admin_menu_alt	varchar(255)	Sí	
option	varchar(50)	Sí	
ordering	int(11)	Sí	0
admin_menu_img	varchar(255)	Sí	
iscore	tinyint(4)	Sí	0
params	text	Sí	

Índices :

Nombre de la clave	Tipo	Cardinalidad	Campo
PRIMARY	PRIMARY	30	id

Espacio utilizado :

Tipo	Uso	
Datos	3,868	Bytes
Índice	2,048	Bytes
Total	5,916	Bytes

Estadísticas de la fila :

Enunciado	Valor
Formato	dinámico/a
Filas	30
Longitud de la fila ø	128
Tamaño de la fila ø	197 Bytes

Próxima Autoindex	31
Creación	02-06-2007 a las 12:53:50
Última actualización	18-06-2007 a las 21:10:23

valle_contact_details

Campo	Tipo	Nulo	Predeterminado
id	int(11)	Sí	NULL
name	varchar(100)	Sí	
con_position	varchar(50)	Sí	NULL
address	text	Sí	NULL
suburb	varchar(50)	Sí	NULL
state	varchar(20)	Sí	NULL
country	varchar(50)	Sí	NULL
postcode	varchar(10)	Sí	NULL
telephone	varchar(25)	Sí	NULL
fax	varchar(25)	Sí	NULL
misc	mediumtext	Sí	NULL
image	varchar(100)	Sí	NULL
imagepos	varchar(20)	Sí	NULL
email_to	varchar(100)	Sí	NULL
default_con	tinyint(1)	Sí	0
published	tinyint(1)	Sí	0
checked_out	int(11)	Sí	0
checked_out_time	datetime	Sí	0000-00-00 00:00:00
ordering	int(11)	Sí	0
params	text	Sí	
user_id	int(11)	Sí	0
catid	int(11)	Sí	0
access	tinyint(3)	Sí	0

Índices :

Nombre de la clave	Tipo	Cardinalidad	Campo
PRIMARY	PRIMARY	1	id

Espacio utilizado :

Tipo	Uso	
Datos	144	Bytes
Índice	2,048	Bytes
Total	2,192	Bytes

Estadísticas de la fila :

Enunciado	Valor
Formato	dinámico/a
Filas	1
Longitud de la fila ø	144
Tamaño de la fila ø	2,192 Bytes
Próxima Autoindex	2

Creación	02-06-2007 a las 12:53:50
Última actualización	02-06-2007 a las 12:53:59

valle_content

Campo	Tipo	Nulo	Predeterminado
id	int(11)	Sí	NULL
title	varchar(100)	Sí	
title_alias	varchar(100)	Sí	
introtext	mediumtext	Sí	
fulltext	mediumtext	Sí	
state	tinyint(3)	Sí	0
sectionid	int(11)	Sí	0
mask	int(11)	Sí	0
catid	int(11)	Sí	0
created	datetime	Sí	0000-00-00 00:00:00
created_by	int(11)	Sí	0
created_by_alias	varchar(100)	Sí	
modified	datetime	Sí	0000-00-00 00:00:00
modified_by	int(11)	Sí	0
checked_out	int(11)	Sí	0
checked_out_time	datetime	Sí	0000-00-00 00:00:00
publish_up	datetime	Sí	0000-00-00 00:00:00
publish_down	datetime	Sí	0000-00-00 00:00:00
images	text	Sí	
urls	text	Sí	
attribs	text	Sí	
version	int(11)	Sí	1
parentid	int(11)	Sí	0
ordering	int(11)	Sí	0
metakey	text	Sí	
metadesc	text	Sí	
access	int(11)	Sí	0
hits	int(11)	Sí	0

Índices :

Nombre de la clave	Tipo	Cardinalidad	Campo
PRIMARY	PRIMARY	16	id
idx_section	INDEX	Ninguna	sectionid
idx_access	INDEX	Ninguna	access
idx_checkout	INDEX	Ninguna	checked_out
idx_state	INDEX	Ninguna	state
idx_catid	INDEX	Ninguna	catid

idx_mask	INDEX	Ninguna	mask

Espacio utilizado :

Tipo	Uso	
Datos	59,504	Bytes
Índice	8,192	Bytes
Total	67,696	Bytes

Estadísticas de la fila :

Enunciado	Valor
Formato	dinámico/a
Filas	16
Longitud de la fila ø	3,719
Tamaño de la fila ø	4,231 Bytes
Próxima Autoindex	17
Creación	02-06-2007 a las 12:53:50
Última actualización	14-10-2007 a las 17:42:45

valle_content_frontpage

Campo	Tipo	Nulo	Predeterminado
content_id	int(11)	Sí	0
ordering	int(11)	Sí	0

Índices :

Nombre de la clave	Tipo	Cardinalidad	Campo
PRIMARY	PRIMARY	12	content_id

Espacio utilizado :

Tipo	Uso	
Datos	108	Bytes
Índice	2,048	Bytes
Total	2,156	Bytes

Estadísticas de la fila :

Enunciado	Valor
Formato	fijo
Filas	12
Longitud de la fila ø	9
Tamaño de la fila ø	180 Bytes
Creación	02-06-2007 a las 12:53:50
Última actualización	21-09-2007 a las 21:09:40

valle_content_rating

Campo	Tipo	Nulo	Predeterminado
content_id	int(11)	Sí	0
rating_sum	int(11)	Sí	0
rating_count	int(11)	Sí	0
lastip	varchar(50)	Sí	

Índices :

Nombre de la clave	Tipo	Cardinalidad	Campo
PRIMARY	PRIMARY	4	content_id

Espacio utilizado :

Tipo	Uso	
Datos	112	Bytes
Índice	2,048	Bytes
Total	2,160	Bytes

Estadísticas de la fila :

Enunciado	Valor
Formato	dinámico/a
Filas	4
Longitud de la fila ø	28
Tamaño de la fila ø	540 Bytes
Creación	02-06-2007 a las 12:53:50
Última actualización	18-09-2007 a las 21:54:29

valle_core_acl_aro

Campo	Tipo	Nulo	Predeterminado
aro_id	int(11)	Sí	*NULL*
section_value	varchar(240)	Sí	0
value	varchar(240)	Sí	
order_value	int(11)	Sí	0
name	varchar(255)	Sí	
hidden	int(11)	Sí	0

Índices :

Nombre de la clave	Tipo	Cardinalidad	Campo	
PRIMARY	PRIMARY	1	aro_id	
valle_gacl_section_value_value_aro	UNIQUE	1	section_value	100
			value	100
valle_gacl_hidden_aro	INDEX	Ninguna	hidden	

Espacio utilizado :

Tipo	Uso	
Datos	32	Bytes
Índice	4,096	Bytes
Total	4,128	Bytes

Estadísticas de la fila :

Enunciado	Valor
Formato	dinámico/a
Filas	1
Longitud de la fila ø	32
Tamaño de la fila ø	4,128 Bytes
Próxima Autoindex	11
Creación	02-06-2007 a las 12:53:50
Última actualización	02-06-2007 a las 12:54:33

valle_core_acl_aro_groups

Campo	Tipo	Nulo	Predeterminado
group_id	int(11)	Sí	*NULL*
parent_id	int(11)	Sí	0
name	varchar(255)	Sí	
lft	int(11)	Sí	0
rgt	int(11)	Sí	0

Índices :

Nombre de la clave	Tipo	Cardinalidad	Campo
PRIMARY	PRIMARY	11	group_id
parent_id_aro_groups	INDEX	Ninguna	parent_id
valle_gacl_parent_id_aro_groups	INDEX	Ninguna	parent_id
valle_gacl_lft_rgt_aro_groups	INDEX	Ninguna	lft rgt

Espacio utilizado :

Tipo	Uso	
Datos	348	Bytes
Índice	5,120	Bytes
Total	5,468	Bytes

Estadísticas de la fila :

Enunciado	Valor
Formato	dinámico/a
Filas	11
Longitud de la fila ø	31
Tamaño de la fila ø	497 Bytes
Próxima Autoindex	31
Creación	02-06-2007 a las 12:53:50
Última actualización	02-06-2007 a las 12:53:58

valle_core_acl_aro_sections

Campo	Tipo	Nulo	Predeterminado
section_id	int(11)	Sí	*NULL*
value	varchar(230)	Sí	
order_value	int(11)	Sí	0
name	varchar(230)	Sí	
hidden	int(11)	Sí	0

Índices :

Nombre de la clave	Tipo	Cardinalidad	Campo
PRIMARY	PRIMARY	1	section_id
value_aro_sections	UNIQUE	1	value
valle_gacl_value_aro_sections	UNIQUE	1	value

hidden_aro_sections	INDEX	Ninguna	hidden
valle_gacl_hidden_aro_sections	INDEX	Ninguna	hidden

Espacio utilizado :

Tipo	Uso	
Datos	24	Bytes
Índice	6,144	Bytes
Total	6,168	Bytes

Estadísticas de la fila :

Enunciado	Valor
Formato	dinámico/a
Filas	1
Longitud de la fila ø	24
Tamaño de la fila ø	6,168 Bytes
Próxima Autoindex	11
Creación	02-06-2007 a las 12:53:50
Última actualización	02-06-2007 a las 12:53:58

valle_core_acl_groups_aro_map

Campo	Tipo	Nulo	Predeterminado
group_id	int(11)	Sí	0
section_value	varchar(240)	Sí	
aro_id	int(11)	Sí	0

Índices :

Nombre de la clave	Tipo	Cardinalidad	Campo
group_id_aro_id_groups_aro_map	UNIQUE	1	group_id section_value aro_id

Espacio utilizado :

Tipo	Uso	
Datos	20	Bytes
Índice	3,072	Bytes
Total	3,092	Bytes

Estadísticas de la fila :

Enunciado	Valor
Formato	dinámico/a
Filas	1
Longitud de la fila ø	20
Tamaño de la fila ø	3,092 Bytes
Creación	02-06-2007 a las 12:53:50
Última actualización	23-09-2007 a las 21:43:29

valle_core_log_items

Campo	Tipo	Nulo	Predeterminado
time_stamp	date	Sí	0000-00-00
item_table	varchar(50)	Sí	
item_id	int(11)	Sí	0

| hits | int(11) | Sí | 0 |

Espacio utilizado :

Tipo	Uso	
Datos	1,792	Bytes
Índice	1,024	Bytes
Total	2,816	Bytes

Estadísticas de la fila :

Enunciado	Valor
Formato	dinámico/a
Filas	64
Longitud de la fila ø	28
Tamaño de la fila ø	44 Bytes
Creación	02-06-2007 a las 12:53:50
Última actualización	14-10-2007 a las 17:42:45

valle_core_log_searches

Campo	Tipo	Nulo	Predeterminado
search_term	varchar(128)	Sí	
hits	int(11)	Sí	0

Espacio utilizado :

Tipo	Uso	
Datos	60	Bytes
Índice	1,024	Bytes
Total	1,084	Bytes

Estadísticas de la fila :

Enunciado	Valor
Formato	dinámico/a
Filas	3
Longitud de la fila ø	20
Tamaño de la fila ø	361 Bytes
Creación	02-06-2007 a las 12:53:50
Última actualización	30-06-2007 a las 23:09:26

valle_extcal_categories

Comentarios de la tabla : Table for event categories

Campo	Tipo	Nulo	Predeterminado
cat_id	int(11)	Sí	*NULL*
cat_parent	int(11)	Sí	0
cat_name	varchar(150)	Sí	
description	text	Sí	
color	varchar(10)	Sí	#000000
bgcolor	varchar(10)	Sí	#EEF0F0
options	tinyint(4)	Sí	0
published	tinyint(1)	Sí	0
checked_out	int(11)	Sí	0
checked_out_time	datetime	Sí	0000-00-00 00:00:00

Índices :

Nombre de la clave	Tipo	Cardinalidad	Campo
PRIMARY	PRIMARY	1	cat_id
cat_id	UNIQUE	1	cat_id

Espacio utilizado :

Tipo	Uso	
Datos	68	Bytes
Índice	3,072	Bytes
Total	3,140	Bytes

Estadísticas de la fila :

Enunciado	Valor
Formato	dinámico/a
Filas	1
Longitud de la fila ø	68
Tamaño de la fila ø	3,140 Bytes
Próxima Autoindex	2
Creación	16-06-2007 a las 20:52:31
Última actualización	16-06-2007 a las 21:15:01

valle_extcal_config

Comentarios de la tabla : Table for configurable parameters

Campo	Tipo	Nulo	Predeterminado
name	varchar(40)	Sí	
value	varchar(255)	Sí	
checked_out	int(11)	Sí	0
checked_out_time	datetime	Sí	0000-00-00 00:00:00

Índices :

Nombre de la clave	Tipo	Cardinalidad	Campo
PRIMARY	PRIMARY	81	name

Espacio utilizado :

Tipo	Uso	
Datos	4,352	Bytes
Índice	5,120	Bytes
Residuo a depurar	1,728	Bytes
Efectivo/a	7,744	Bytes
Total	9,472	Bytes

Estadísticas de la fila :

Enunciado	Valor
Formato	dinámico/a
Filas	81
Longitud de la fila ø	32
Tamaño de la fila ø	117 Bytes
Creación	16-06-2007 a las 20:52:31
Última actualización	16-06-2007 a las 21:15:01

valle_extcal_events

Comentarios de la tabla : Table holding events and their attributes

Campo	Tipo	Nulo	Predeterminado
extid	int(11)	Sí	*NULL*
title	varchar(255)	Sí	
description	text	Sí	
contact	text	Sí	
url	varchar(100)	Sí	
email	varchar(120)	Sí	
picture	varchar(100)	Sí	
cat	tinyint(2)	Sí	0
day	tinyint(2)	Sí	0
month	smallint(2)	Sí	0
year	smallint(4)	Sí	0
approved	tinyint(1)	Sí	0
start_date	datetime	Sí	0000-00-00 00:00:00
end_date	datetime	Sí	0000-00-00 00:00:00
recur_type	varchar(16)	Sí	*NULL*
recur_val	tinyint(4)	Sí	0
recur_end_type	tinyint(1)	Sí	0
recur_count	tinyint(3)	Sí	0
recur_until	date	Sí	0000-00-00

Índices :

Nombre de la clave	Tipo	Cardinalidad	Campo
PRIMARY	PRIMARY	0	extid
extid	UNIQUE	0	extid
start_date	INDEX	Ninguna	start_date

Espacio utilizado :

Tipo	Uso	
Datos	0	Bytes
Índice	1,024	Bytes
Total	1,024	Bytes

Estadísticas de la fila :

Enunciado	Valor
Formato	dinámico/a
Filas	0
Próxima Autoindex	1
Creación	16-06-2007 a las 20:52:31
Última actualización	16-06-2007 a las 20:52:31

valle_extcal_plugins

Comentarios de la tabla : Table holding installed plugins

Campo	Tipo	Nulo	Predeterminado
plugin_id	int(11)	Sí	*NULL*
plugin_name	varchar(64)	Sí	
plugin_priority	tinyint(2)	Sí	50
plugin_path	varchar(255)	Sí	*NULL*

Índices :

Nombre de la clave	Tipo	Cardinalidad	Campo
PRIMARY	PRIMARY	0	plugin_id

Espacio utilizado :

Tipo	Uso	
Datos	0	Bytes
Índice	1,024	Bytes
Total	1,024	Bytes

Estadísticas de la fila :

Enunciado	Valor
Formato	dinámico/a
Filas	0
Próxima Autoindex	1
Creación	16-06-2007 a las 20:52:31
Última actualización	16-06-2007 a las 20:52:31

valle_groups

Campo	Tipo	Nulo	Predeterminado
id	tinyint(3)	Sí	0
name	varchar(50)	Sí	

Índices :

Nombre de la clave	Tipo	Cardinalidad	Campo
PRIMARY	PRIMARY	3	id

Espacio utilizado :

Tipo	Uso	
Datos	60	Bytes
Índice	2,048	Bytes
Total	2,108	Bytes

Estadísticas de la fila :

Enunciado	Valor
Formato	dinámico/a
Filas	3
Longitud de la fila ø	20
Tamaño de la fila ø	703 Bytes
Creación	02-06-2007 a las 12:53:50
Última actualización	02-06-2007 a las 12:53:58

valle_mambots

Campo	Tipo	Nulo	Predeterminado
id	int(11)	Sí	NULL
name	varchar(100)	Sí	
element	varchar(100)	Sí	
folder	varchar(100)	Sí	
access	tinyint(3)	Sí	0
ordering	int(11)	Sí	0
published	tinyint(3)	Sí	0
iscore	tinyint(3)	Sí	0
client_id	tinyint(3)	Sí	0
checked_out	int(11)	Sí	0
checked_out_time	datetime	Sí	0000-00-00 00:00:00
params	text	Sí	

Índices :

Nombre de la clave	Tipo	Cardinalidad	Campo
PRIMARY	PRIMARY	20	id
idx_folder	INDEX	Ninguna	published
			client_id
			access
			folder

Espacio utilizado :

Tipo	Uso	
Datos	2,704	Bytes
Índice	3,072	Bytes
Residuo a depurar	1,040	Bytes
Efectivo/a	4,736	Bytes
Total	5,776	Bytes

Estadísticas de la fila :

Enunciado	Valor
Formato	dinámico/a
Filas	20
Longitud de la fila ø	83
Tamaño de la fila ø	289 Bytes
Próxima Autoindex	25
Creación	02-06-2007 a las 12:53:50
Última actualización	21-09-2007 a las 21:39:40

valle_menu

Campo	Tipo	Nulo	Predeterminado
id	int(11)	Sí	NULL
menutype	varchar(25)	Sí	NULL
name	varchar(100)	Sí	NULL
link	text	Sí	NULL

type	varchar(50)	Sí	
published	tinyint(1)	Sí	0
parent	int(11)	Sí	0
componentid	int(11)	Sí	0
sublevel	int(11)	Sí	0
ordering	int(11)	Sí	0
checked_out	int(11)	Sí	0
checked_out_time	datetime	Sí	0000-00-00 00:00:00
pollid	int(11)	Sí	0
browserNav	tinyint(4)	Sí	0
access	tinyint(3)	Sí	0
utaccess	tinyint(3)	Sí	0
params	text	Sí	

Índices :

Nombre de la clave	Tipo	Cardinalidad	Campo
PRIMARY	PRIMARY	37	id
componentid	INDEX	Ninguna	componentid
			menutype
			published
			access
menutype	INDEX	Ninguna	menutype

Espacio utilizado :

Tipo	Uso	
Datos	5,332	Bytes
Índice	4,096	Bytes
Total	9,428	Bytes

Estadísticas de la fila :

Enunciado	Valor
Formato	dinámico/a
Filas	37
Longitud de la fila ø	144
Tamaño de la fila ø	255 Bytes
Próxima Autoindex	40
Creación	02-06-2007 a las 12:53:50
Última actualización	11-10-2007 a las 19:54:31

valle_messages

Campo	Tipo	Nulo	Predeterminado
message_id	int(10)	Sí	*NULL*
user_id_from	int(10)	Sí	0
user_id_to	int(10)	Sí	0
folder_id	int(10)	Sí	0
date_time	datetime	Sí	0000-00-00 00:00:00
state	int(11)	Sí	0

priority	int(1)	Sí	0
subject	varchar(230)	Sí	
message	text	Sí	

Índices :

Nombre de la clave	Tipo	Cardinalidad	Campo
PRIMARY	PRIMARY	0	message_id

Espacio utilizado :

Tipo	Uso	
Datos	0	Bytes
Índice	1,024	Bytes
Total	1,024	Bytes

Estadísticas de la fila :

Enunciado	Valor
Formato	dinámico/a
Filas	0
Próxima Autoindex	1
Creación	02-06-2007 a las 12:53:50
Última actualización	02-06-2007 a las 12:53:50

valle_messages_cfg

Campo	Tipo	Nulo	Predeterminado
user_id	int(10)	Sí	0
cfg_name	varchar(100)	Sí	
cfg_value	varchar(255)	Sí	

Índices :

Nombre de la clave	Tipo	Cardinalidad	Campo
idx_user_var_name	UNIQUE	0	user_id
			cfg_name

Espacio utilizado :

Tipo	Uso	
Datos	0	Bytes
Índice	1,024	Bytes
Total	1,024	Bytes

Estadísticas de la fila :

Enunciado	Valor
Formato	dinámico/a
Filas	0
Creación	02-06-2007 a las 12:53:50
Última actualización	02-06-2007 a las 12:53:50

valle_modules

Campo	Tipo	Nulo	Predeterminado
id	int(11)	Sí	NULL
title	text	Sí	

content	text	Sí	
ordering	int(11)	Sí	0
position	varchar(10)	Sí	*NULL*
checked_out	int(11)	Sí	0
checked_out_time	datetime	Sí	0000-00-00 00:00:00
published	tinyint(1)	Sí	0
module	varchar(50)	Sí	*NULL*
numnews	int(11)	Sí	0
access	tinyint(3)	Sí	0
showtitle	tinyint(3)	Sí	1
params	text	Sí	
iscore	tinyint(4)	Sí	0
client_id	tinyint(4)	Sí	0

Índices :

Nombre de la clave	Tipo	Cardinalidad	Campo
PRIMARY	PRIMARY	42	id
published	INDEX	Ninguna	published access
newsfeeds	INDEX	Ninguna	module published

Espacio utilizado :

Tipo	Uso	
Datos	6,960	Bytes
Índice	4,096	Bytes
Total	11,056	Bytes

Estadísticas de la fila :

Enunciado	Valor
Formato	dinámico/a
Filas	42
Longitud de la fila ø	165
Tamaño de la fila ø	263 Bytes
Próxima Autoindex	48
Creación	02-06-2007 a las 12:53:50
Última actualización	22-09-2007 a las 00:39:40

valle_modules_menu

Campo	Tipo	Nulo	Predeterminado
moduleid	int(11)	Sí	0
menuid	int(11)	Sí	0

Índices :

Nombre de la clave	Tipo	Cardinalidad	Campo
PRIMARY	PRIMARY	33	moduleid

			menuid

Espacio utilizado :

Tipo	Uso	
Datos	297	Bytes
Índice	2,048	Bytes
Total	2,345	Bytes

Estadísticas de la fila :

Enunciado	Valor
Formato	fijo
Filas	33
Longitud de la fila ø	9
Tamaño de la fila ø	71 Bytes
Creación	02-06-2007 a las 12:53:50
Última actualización	22-09-2007 a las 00:09:40

valle_newsfeeds

Campo	Tipo	Nulo	Predeterminado
catid	int(11)	Sí	0
id	int(11)	Sí	NULL
name	text	Sí	
link	text	Sí	
filename	varchar(200)	Sí	NULL
published	tinyint(1)	Sí	0
numarticles	int(11)	Sí	1
cache_time	int(11)	Sí	3600
checked_out	tinyint(3)	Sí	0
checked_out_time	datetime	Sí	0000-00-00 00:00:00
ordering	int(11)	Sí	0

Índices :

Nombre de la clave	Tipo	Cardinalidad	Campo
PRIMARY	PRIMARY	10	id
published	INDEX	Ninguna	published

Espacio utilizado :

Tipo	Uso	
Datos	1,268	Bytes
Índice	3,072	Bytes
Residuo a depurar	32	Bytes
Efectivo/a	4,308	Bytes
Total	4,340	Bytes

Estadísticas de la fila :

Enunciado	Valor
Formato	dinámico/a
Filas	10
Longitud de la fila ø	123
Tamaño de la fila ø	434 Bytes
Próxima Autoindex	11
Creación	02-06-2007 a las 12:53:50
Última actualización	21-09-2007 a las 21:39:40

valle_poll_data

Campo	Tipo	Nulo	Predeterminado
id	int(11)	Sí	*NULL*
pollid	int(4)	Sí	0
text	text	Sí	
hits	int(11)	Sí	0

Índices :

Nombre de la clave	Tipo	Cardinalidad	Campo	
PRIMARY	PRIMARY	12	id	
pollid	INDEX	Ninguna	pollid	
			text	1

Espacio utilizado :

Tipo	Uso	
Datos	624	Bytes
Índice	3,072	Bytes
Total	3,696	Bytes

Estadísticas de la fila :

Enunciado	Valor
Formato	dinámico/a
Filas	12
Longitud de la fila ø	52
Tamaño de la fila ø	308 Bytes
Próxima Autoindex	13
Creación	02-06-2007 a las 12:53:50
Última actualización	18-09-2007 a las 00:04:50

valle_poll_date

Campo	Tipo	Nulo	Predeterminado
id	bigint(20)	Sí	*NULL*
date	datetime	Sí	0000-00-00 00:00:00
vote_id	int(11)	Sí	0
poll_id	int(11)	Sí	0

Índices :

Nombre de la clave	Tipo	Cardinalidad	Campo
PRIMARY	PRIMARY	3	id
poll_id	INDEX	Ninguna	poll_id

Espacio utilizado :

Tipo	Uso	
Datos	75	Bytes
Índice	3,072	Bytes

Estadísticas de la fila :

Enunciado	Valor
Formato	fijo
Filas	3

Total	3,147	Bytes

Longitud de la fila ø	25
Tamaño de la fila ø	1,049 Bytes
Próxima Autoindex	4
Creación	02-06-2007 a las 12:53:50
Última actualización	18-09-2007 a las 00:04:51

valle_poll_menu

Campo	Tipo	Nulo	Predeterminado
pollid	int(11)	Sí	0
menuid	int(11)	Sí	0

Índices :

Nombre de la clave	Tipo	Cardinalidad	Campo
PRIMARY	PRIMARY	1	pollid
			menuid

Espacio utilizado :

Tipo	Uso	
Datos	9	Bytes
Índice	2,048	Bytes
Total	2,057	Bytes

Estadísticas de la fila :

Enunciado	Valor
Formato	fijo
Filas	1
Longitud de la fila ø	9
Tamaño de la fila ø	2,057 Bytes
Creación	02-06-2007 a las 12:53:50
Última actualización	02-06-2007 a las 18:10:13

valle_polls

Campo	Tipo	Nulo	Predeterminado
id	int(11)	Sí	*NULL*
title	varchar(100)	Sí	
voters	int(9)	Sí	0
checked_out	int(11)	Sí	0
checked_out_time	datetime	Sí	0000-00-00 00:00:00
published	tinyint(1)	Sí	0
access	int(11)	Sí	0
lag	int(11)	Sí	0

Índices :

Nombre de la clave	Tipo	Cardinalidad	Campo
PRIMARY	PRIMARY	1	id

Espacio utilizado :

Tipo	Uso	
Datos	92	Bytes
Índice	2,048	Bytes
Total	2,140	Bytes

Estadísticas de la fila :

Enunciado	Valor
Formato	dinámico/a
Filas	1
Longitud de la fila ø	92
Tamaño de la fila ø	2,140 Bytes
Próxima Autoindex	15
Creación	02-06-2007 a las 12:53:50
Última actualización	18-09-2007 a las 00:09:32

valle_rd_rss

Campo	Tipo	Nulo	Predeterminado
id	int(11)	Sí	*NULL*
catids	text	Sí	
name	varchar(255)	Sí	
published	tinyint(1)	Sí	0
created	datetime	Sí	0000-00-00 00:00:00
created_by	int(11)	Sí	0
modified	datetime	Sí	0000-00-00 00:00:00
modified_by	int(11)	Sí	0
checked_out_time	datetime	Sí	0000-00-00 00:00:00
checked_out	int(11)	Sí	0
state	tinyint(3)	Sí	0
params	text	Sí	

Índices :

Nombre de la clave	Tipo	Cardinalidad	Campo
PRIMARY	PRIMARY	1	id

Espacio utilizado :

Tipo	Uso	
Datos	220	Bytes
Índice	2,048	Bytes
Total	2,268	Bytes

Estadísticas de la fila :

Enunciado	Valor
Formato	dinámico/a
Filas	1
Longitud de la fila ø	220
Tamaño de la fila ø	2,268 Bytes
Próxima Autoindex	2
Creación	16-06-2007 a las 23:06:48
Última actualización	05-07-2007 a las 21:54:38

valle_sections

Campo	Tipo	Nulo	Predeterminado
id	int(11)	Sí	*NULL*
title	varchar(50)	Sí	
name	varchar(255)	Sí	
image	varchar(100)	Sí	
scope	varchar(50)	Sí	
image_position	varchar(10)	Sí	
description	text	Sí	
published	tinyint(1)	Sí	0
checked_out	int(11)	Sí	0
checked_out_time	datetime	Sí	0000-00-00 00:00:00
ordering	int(11)	Sí	0
access	tinyint(3)	Sí	0
count	int(11)	Sí	0
params	text	Sí	

Índices :

Nombre de la clave	Tipo	Cardinalidad	Campo
PRIMARY	PRIMARY	7	id
idx_scope	INDEX	Ninguna	scope

Espacio utilizado :

Tipo	Uso	
Datos	1,000	Bytes
Índice	3,072	Bytes
Residuo a depurar	20	Bytes
Efectivo/a	4,052	Bytes
Total	4,072	Bytes

Estadísticas de la fila :

Enunciado	Valor
Formato	dinámico/a
Filas	7
Longitud de la fila ø	140
Tamaño de la fila ø	582 Bytes
Próxima Autoindex	8
Creación	02-06-2007 a las 12:53:50
Última actualización	30-09-2007 a las 14:35:12

valle_session

Campo	Tipo	Nulo	Predeterminado
username	varchar(50)	Sí	
time	varchar(14)	Sí	
session_id	varchar(200)	Sí	0
guest	tinyint(4)	Sí	1
userid	int(11)	Sí	0
usertype	varchar(50)	Sí	

gid	tinyint(3)	Sí	0

Índices :

Nombre de la clave	Tipo	Cardinalidad	Campo
PRIMARY	PRIMARY	1	session_id
whosonline	INDEX	Ninguna	guest
			usertype

Espacio utilizado :

Tipo	Uso	
Datos	324	Bytes
Índice	3,072	Bytes
Residuo a depurar	256	Bytes
Efectivo/a	3,140	Bytes
Total	3,396	Bytes

Estadísticas de la fila :

Enunciado	Valor
Formato	dinámico/a
Filas	1
Longitud de la fila ø	68
Tamaño de la fila ø	3,396 Bytes
Creación	02-06-2007 a las 12:53:50
Última actualización	14-10-2007 a las 17:42:45

valle_stats_agents

Campo	Tipo	Nulo	Predeterminado
agent	varchar(255)	Sí	
type	tinyint(1)	Sí	0
hits	int(11)	Sí	1

Espacio utilizado :

Tipo	Uso	
Datos	172	Bytes
Índice	1,024	Bytes
Total	1,196	Bytes

Estadísticas de la fila :

Enunciado	Valor
Formato	dinámico/a
Filas	6
Longitud de la fila ø	28
Tamaño de la fila ø	199 Bytes
Creación	02-06-2007 a las 12:53:50
Última actualización	14-10-2007 a las 17:42:45

valle_template_positions

Campo	Tipo	Nulo	Predeterminado
id	int(11)	Sí	NULL
position	varchar(10)	Sí	
description	varchar(255)	Sí	

Índices :

Nombre de la clave	Tipo	Cardinalidad	Campo
PRIMARY	PRIMARY	27	id

Espacio utilizado :

Tipo	Uso	
Datos	540	Bytes
Índice	2,048	Bytes
Total	2,588	Bytes

Estadísticas de la fila :

Enunciado	Valor
Formato	dinámico/a
Filas	27
Longitud de la fila ø	20
Tamaño de la fila ø	96 Bytes
Próxima Autoindex	28
Creación	02-06-2007 a las 12:53:50
Última actualización	15-06-2007 a las 23:37:38

valle_templates_menu

Campo	Tipo	Nulo	Predeterminado
template	varchar(50)	Sí	
menuid	int(11)	Sí	0
client_id	tinyint(4)	Sí	0

Índices :

Nombre de la clave	Tipo	Cardinalidad	Campo
PRIMARY	PRIMARY	2	template menuid

Espacio utilizado :

Tipo	Uso	
Datos	68	Bytes
Índice	2,048	Bytes
Residuo a depurar	20	Bytes
Efectivo/a	2,096	Bytes
Total	2,116	Bytes

Estadísticas de la fila :

Enunciado	Valor
Formato	dinámico/a
Filas	2
Longitud de la fila ø	24
Tamaño de la fila ø	1,058 Bytes
Creación	02-06-2007 a las 12:53:50
Última actualización	22-09-2007 a las 00:09:40

valle_ugbannerspos

Campo	Tipo	Nulo	Predeterminado
bid	int(11)	Sí	NULL
cid	int(11)	Sí	0
type	varchar(10)	Sí	banner
name	varchar(50)	Sí	
imptotal	int(11)	Sí	0
impmade	int(11)	Sí	0
clicks	int(11)	Sí	0
imageurl	varchar(100)	Sí	
clickurl	varchar(200)	Sí	
date	datetime	Sí	NULL
showBanner	tinyint(1)	Sí	0
checked_out	tinyint(1)	Sí	0
checked_out_time	datetime	Sí	0000-00-00 00:00:00
editor	varchar(50)	Sí	NULL
custombannercode	text	Sí	NULL
ordering	int(11)	Sí	0
position	varchar(10)	Sí	NULL
width	int(4)	Sí	0
height	int(4)	Sí	0
size	tinyint(1)	Sí	0
view	tinyint(1)	Sí	0
dateexpire	datetime	Sí	0000-00-00 00:00:00

Índices :

Nombre de la clave	Tipo	Cardinalidad	Campo
PRIMARY	PRIMARY	1	bid
viewbanner	INDEX	Ninguna	showBanner

Espacio utilizado :

Tipo	Uso	
Datos	116	Bytes
Índice	3,072	Bytes
Total	3,188	Bytes

Estadísticas de la fila :

Enunciado	Valor
Formato	dinámico/a
Filas	1
Longitud de la fila ø	116
Tamaño de la fila ø	3,188 Bytes
Próxima Autoindex	2
Creación	18-06-2007 a las 21:10:18
Última actualización	18-06-2007 a las 21:48:43

valle_ugbannerspos_client

Campo	Tipo	Nulo	Predeterminado
cid	int(11)	Sí	*NULL*
name	varchar(60)	Sí	
contact	varchar(60)	Sí	
email	varchar(60)	Sí	
extrainfo	text	Sí	
checked_out	tinyint(1)	Sí	0
checked_out_time	time	Sí	*NULL*
editor	varchar(50)	Sí	*NULL*

Índices :

Nombre de la clave	Tipo	Cardinalidad	Campo
PRIMARY	PRIMARY	1	cid

Espacio utilizado : Estadísticas de la fila :

Tipo	Uso	
Datos	44	Bytes
Índice	2,048	Bytes
Total	2,092	Bytes

Enunciado	Valor
Formato	dinámico/a
Filas	1
Longitud de la fila ø	44
Tamaño de la fila ø	2,092 Bytes
Próxima Autoindex	2
Creación	18-06-2007 a las 21:10:18
Última actualización	18-06-2007 a las 21:17:11

valle_ugbannerspos_menu

Campo	Tipo	Nulo	Predeterminado
bid	int(11)	Sí	0
menuid	int(11)	Sí	0
published	tinyint(1)	Sí	0

Índices :

Nombre de la clave	Tipo	Cardinalidad	Campo
PRIMARY	PRIMARY	1	bid
			menuid

Espacio utilizado : Estadísticas de la fila :

Tipo	Uso	
Datos	10	Bytes

Enunciado	Valor
Formato	fijo

Índice	2,048	Bytes	Filas	1
Total	2,058	Bytes	Longitud de la fila ø	10
			Tamaño de la fila ø	2,058 Bytes
			Creación	18-06-2007 a las 21:10:18
			Última actualización	18-06-2007 a las 21:18:18

valle_ugbannerspos_select_count

Campo	Tipo	Nulo	Predeterminado
menuid	int(11)	Sí	0
position	int(11)	Sí	0
cantidad	int(11)	Sí	0

Índices :

Nombre de la clave	Tipo	Cardinalidad	Campo
PRIMARY	PRIMARY	1	menuid position

Espacio utilizado :

Tipo	Uso	
Datos	13	Bytes
Índice	2,048	Bytes
Total	2,061	Bytes

Estadísticas de la fila :

Enunciado	Valor
Formato	fijo
Filas	1
Longitud de la fila ø	13
Tamaño de la fila ø	2,061 Bytes
Creación	18-06-2007 a las 21:10:18
Última actualización	18-06-2007 a las 21:18:14

valle_users

Campo	Tipo	Nulo	Predeterminado
id	int(11)	Sí	NULL
name	varchar(50)	Sí	
username	varchar(25)	Sí	
email	varchar(100)	Sí	
password	varchar(100)	Sí	
usertype	varchar(25)	Sí	
block	tinyint(4)	Sí	0
sendEmail	tinyint(4)	Sí	0
gid	tinyint(3)	Sí	1
registerDate	datetime	Sí	0000-00-00 00:00:00
lastvisitDate	datetime	Sí	0000-00-00 00:00:00
activation	varchar(100)	Sí	
params	text	Sí	

Índices :

Nombre de la clave	Tipo	Cardinalidad	Campo
PRIMARY	PRIMARY	1	id
usertype	INDEX	Ninguna	usertype
idx_name	INDEX	Ninguna	name

Espacio utilizado :

Tipo	Uso	
Datos	280	Bytes
Índice	4,096	Bytes
Residuo a depurar	108	Bytes
Efectivo/a	4,268	Bytes
Total	4,376	Bytes

Estadísticas de la fila :

Enunciado	Valor
Formato	dinámico/a
Filas	1
Longitud de la fila ø	172
Tamaño de la fila ø	4,376 Bytes
Próxima Autoindex	63
Creación	02-06-2007 a las 12:53:50
Última actualización	11-10-2007 a las 19:54:31

valle_usertypes

Campo	Tipo	Nulo	Predeterminado
id	tinyint(3)	Sí	0
name	varchar(50)	Sí	
mask	varchar(11)	Sí	

Índices :

Nombre de la clave	Tipo	Cardinalidad	Campo
PRIMARY	PRIMARY	7	id

Espacio utilizado :

Tipo	Uso	
Datos	144	Bytes
Índice	2,048	Bytes
Total	2,192	Bytes

Estadísticas de la fila :

Enunciado	Valor
Formato	dinámico/a
Filas	7
Longitud de la fila ø	20
Tamaño de la fila ø	313 Bytes
Creación	02-06-2007 a las 12:53:50
Última actualización	02-06-2007 a las 12:53:58

valle_weblinks

Campo	Tipo	Nulo	Predeterminado
id	int(11)	Sí	*NULL*
catid	int(11)	Sí	0
sid	int(11)	Sí	0
title	varchar(250)	Sí	
url	varchar(250)	Sí	
description	varchar(250)	Sí	
date	datetime	Sí	0000-00-00 00:00:00
hits	int(11)	Sí	0
published	tinyint(1)	Sí	0
checked_out	int(11)	Sí	0
checked_out_time	datetime	Sí	0000-00-00 00:00:00
ordering	int(11)	Sí	0
archived	tinyint(1)	Sí	0
approved	tinyint(1)	Sí	1
params	text	Sí	

Índices :

Nombre de la clave	Tipo	Cardinalidad	Campo
PRIMARY	PRIMARY	7	id
catid	INDEX	Ninguna	catid
			published
			archived

Espacio utilizado :

Tipo	Uso	
Datos	940	Bytes
Índice	3,072	Bytes
Total	4,012	Bytes

Estadísticas de la fila :

Enunciado	Valor
Formato	dinámico/a
Filas	7
Longitud de la fila ø	134
Tamaño de la fila ø	573 Bytes
Próxima Autoindex	8
Creación	02-06-2007 a las 12:53:50
Última actualización	14-10-2007 a las 17:34:19

Requisitos funcionales y no funcionales del sitio web y análisis de los mismos.

Desde hace varios años hemos estado valorando la posibilidad. de que los agricultores de la zona, entre las que me incluyo, tuviésemos un escaparate en internet donde poder ofrecer, contactar, informarnos, compartir todo lo referente al mundo agrícola de los cítricos. Pensamos en hacerlo con nuestros propios medios, contratar a una empresa para que implantase los dispositivos, programase la web y el portal y contratar todos los servicios web incluyendo dominios. Al enterarnos de esta subvención que lanzó la Consejería de Innovación Ciencia y Empresa, decidí preparar todo lo necesario para elaborar la documentación y participar en dicha subvención, que de una vez permitiera realizar nuestro objetivo.

Las necesidades funcionales de la web, que queríamos publicar en internet, se extrajeron al lanzar entre todos tormenta de ideas, sobre cosas y detalles, como con que colectivos queríamos contar, que estructura darle, y que toque darle sin más estática que dinámica. También se han estado realizando distintas entrevistas con personas de la comarca, agricultores de la zona, actores políticos como concejales de pueblos cercanos y partícipes de este nombre como es el Valle del Limón, de que podían esperar de hacer una web con distintos contenidos de interés, y nos encontramos con la afirmación de todos de que para divulgar una comarca, un municipio siempre es poco, y que no sólo valen portales municipales e institucionales, sino que también era necesario de otros portales más ciudadanos y más cercanos a los principales actores de este proyecto, los agricultores, los cultivos, sus problemáticas, sus tecnologías, sus técnicas, sus herramientas y lo más importante de todo como prosperar y seguir avanzando.

En cuanto a los requisitos de datos decir que la información que el portal va a almacenar son datos de usuarios que se quieran inscribir de forma totalmente gratuita, datos de noticias semanales o mensuales sobre la comarca. Todo almacenado en las bases de datos que les envié hace algunos días, en el que decidimos usar Mysql como gestor de bases de datos. Librerias fotográficas de la comarca, tomadas por técnico del proyecto. Otra de forma automatizada tomadas por Webcam industrial así como el video en formato Mpeg.

Contenidos de subvenciones de distintas administraciones como la Junta de Andalucía., Fondos Europeos y Ayudas Ministeriales a los cultivos, mejoras de ellos, implantación de sistemas de regadíos, adquisición de maquinaria, etc…

Para los requisitos de interfaz el usuario navegará por el portal, accediendo a unos menús e hiperlinks que les llevará a otras pantallas del sitio, y dentro del portal a filtrar de las bases de datos esos contenidos y lanzarlos en pantalla. Este esquema lo adjunto en el fichero "Mapa de navegación de la entrada".

Paso a detallarles en las siguientes líneas, la relación de requisitos funcionales sobre todo del PORTAL que a continuación les muestro la pantalla principal.

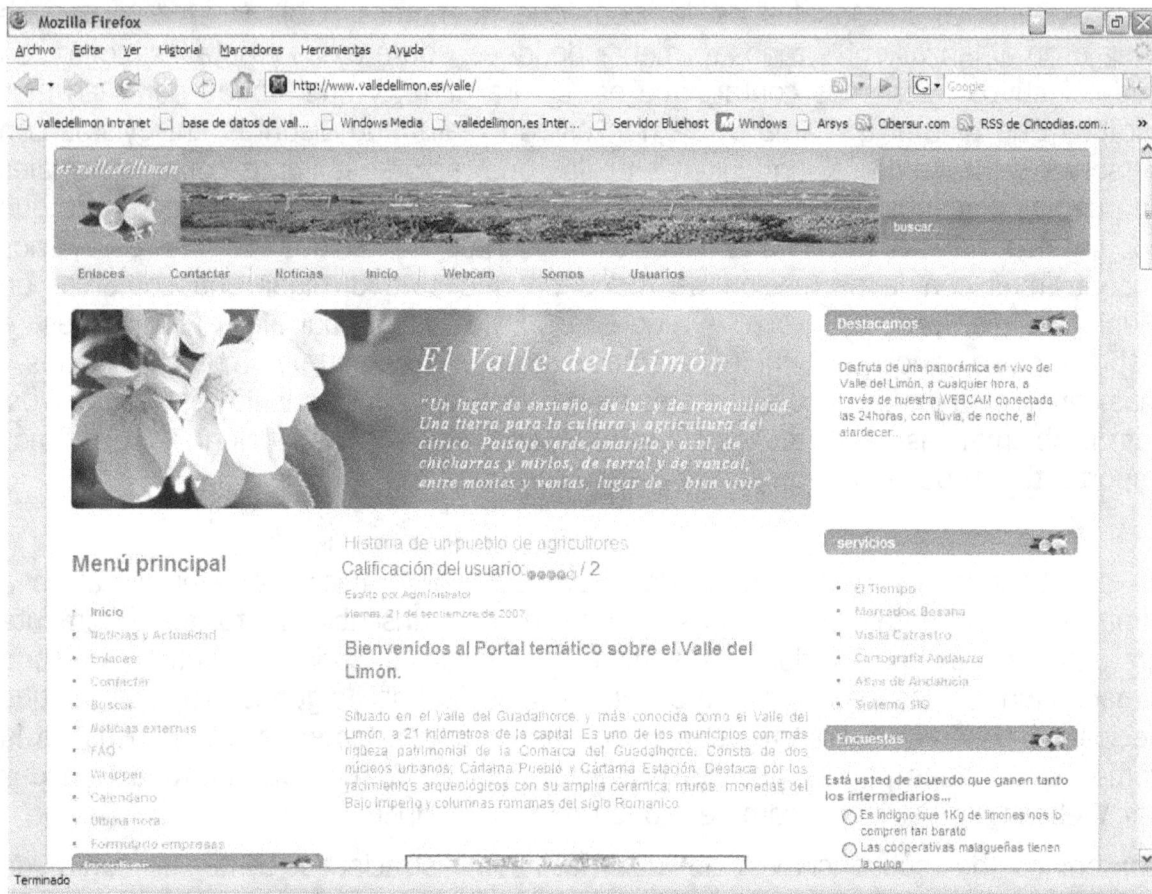

Especificación Textual

Título:

"Portal de contenidos cítricos de la Comarca del Valle del Limón"

Introducción:

El objetivo general del Portal valledellimon.es es registrar, publicar, informar, gestionar y administrar noticias y contenidos de la comarca, así como de grupos de personas allegadas a la agricultura de la zona que pueden tener necesidades comunes, como por ejemplo: grupos de trabajo, colaboraciones, compra-venta de materiales, herramientas, equipos etc., a través de las funciones siguientes: definición de los tópicos de las noticias ó post de usuarios, elaboración de las noticias de acuerdo a diferentes requerimientos y formatos, almacenamiento de información individual, almacenamiento de información corporativa (colectiva), consulta sobre los contenidos individuales o de grupo, consultas gráficas y tareas de administración del sistema, sólo por usuarios avanzados:

- Definir tópicos: Un usuario puede introducir contenidos relacionados con la comarca y el Valle.
- Elaborar Noticia: A partir de la información almacenada en el sistema, se podrá elaborar las noticias de acuerdo a diferentes requerimientos y formatos.
- Introducir información individual: Un usuario puede introducir los contenidos que estime conveniente. Textos, gráficos,etc...
- Introducir información corporativa: Un usuario puede introducir datos de un grupo de personas, para añadirlos al grupo correspondiente, como sección.
- Realizar consultas: Los usuario pueden obtener los contenidos y de grupos de trabajo. Estos contenidos pueden añadirse al sistema de foros y poder ser replicados y apoyados con comentarios.
- Tareas de administración: El administrador puede conceder permisos a los usuarios del sistema para poder o no realizar las funciones antes descritas.

Todas las salidas de información deben poder emitirse en PHP, XML y RSS A partir de estas salidas se pueden generar varias vistas y varios formatos.

Otras salidas:

- Interfaz de Administrador: Para gestionar la aplicación. Dar permisos a los distintos usuarios del sistema, gestionar los usuarios que se registran, definir tópicos.
- Interfaz de usuario: El usuario debe estar registrado. Se pueden consultar datos individuales y colectivos completos y además introducir datos de personas y sus trabajos.
- Interfaz pública: Se pueden realizar consultas de todas las noticias individuales y colectivos, en un formato contextual avanzado.

En todos los interfaces se pueden visitar una relación de enlaces externos con portales de la comarca vecinas, ayuntamientos, administraciones locales, autonómicas y estatales.

Además de noticias servidas por gestores de noticias en tiempo real, especializados en temas agrícolas de Andalucía y generales de España.

Acceder a la Webcam industrial para contemplar panorámicas del Valle, con imágenes y videos en constante actualización.

Objetivos generales:

Debe ser fácil de aprender, sencillo de usar y en su contexto: efectivo, eficiente y satisfactorio para el usuario. Debe ser tolerante a los errores y su funcionamiento ser correcto. Muchos factores serán influyentes por el servidor que aloje el portal.

Facilita el acceso a los recursos garantizando su disponibilidad, seguridad y salvaguardia. El sistema se encarga de gestionar las restricciones de acceso y autenticación de los distintos usuarios registrados, para mantener los datos seguros, controlar el acceso y distribuir el control. Proporciona, por tanto, algún tipo de identificación por medio la inserción del nombre de usuario y contraseña.

Debe satisfacer las necesidades de la audiencia para dar soporte a las consultas relativas a toda las bases de datos que almacenan información tanto gráfica con textual de interés sobre la comarca y los contenidos cítricos y agrícolas..

Debe ofrecer la posibilidad a los usuarios de realizar distintas operaciones y consultas, según el nivel de permisos que posean.

Debe ofrecer la posibilidad de trabajar con XML tanto en la entrada como en la salida.

Debe funcionar en un entorno web, con varios usuarios conectados.

Usuarios:

Un usuario es aquella persona que accede a la aplicación. Podrá incluir todos sus datos personales o no. Un usuario puede tener varios perfiles o roles, según los permisos asignados por el administrador. Los usuarios pueden tener estos tres perfiles: Administrador, usuario registrado y usuario invitado:

- Definición de usuario administrador: Un usuario con permisos de administrador es un usuario que está registrado en el sistema y puede realizar o acceder a todas las funciones, por medio de un mecanismo de identificación. No tiene ninguna restricción. Los permisos específicos del administrador son:
  1. Dar permisos a otros usuarios.
  2. Gestionar usuarios.
  3. Introducir, modificar, eliminar tópicos.
  4. Introducir o modificar datos de personas, los trabajos individuales de éstas y trabajos de una o varias personas con dependencias o referencias cruzadas.
  5. Consulta de post y noticias de una persona o de un grupo de trabajo.
- Definición de usuario registrado: Un usuario con permisos de usuario registrado (desde ahora en adelante se denomina así a este perfil), es aquél que tiene un nombre de usuario y una clave asociada para acceder al sistema, de forma que esté identificado al realizar distintas acciones. Los permisos característicos del usuario registrado son los siguientes:
  1. El usuario registrado puede introducir o modificar datos personales relacionados con él, sus trabajos individuales y los trabajos de un grupo de personas en el que esté incluido o referenciado.
  2. El usuario registrado puede consultar las noticias completas del portal de una persona o de un grupo de trabajo.
- Definición de usuario invitado: es una persona que accede a las funciones públicas del sistema. Los permisos del usuario que accede al sistema como usuario invitado son:
  1. Visitar y consultar contenidos del portal.
  2. No puede postear contenidos ni noticias de interés.
- La información necesaria para identificar a un usuario registrado o un administrador es un nombre de usuario único (no debe haber ningún nombre de usuario repetido). Además, es obligatorio almacenar, para cada usuario registrado o administrador, los siguientes datos: su correo electrónico, su nombre y sus apellidos.
- Estos datos se registrarán en un fichero dado de alta en la oficina de protección de datos, para los datos de carácter personal de nivel básico.

Funciones de los usuarios:

Según el perfil particular de cada usuario, éste puede realizar distintas funciones. Las funciones que pueden realizar los usuarios y qué usuarios pueden acceder a ellas, se definen a continuación:

Acceder a las funciones privadas:

Esta función es para los usuarios que están registrados en el sistema, tanto para acceder a permisos de administrador como para acceder a permisos de usuario registrado:

Los usuarios registrados y los administradores deben introducir un identificador único asignado al usuario y su clave asociada. Si son correctos los datos, entonces, el usuario puede acceder a funciones privadas: Si el usuario que se registra tiene permisos de usuario registrado, puede acceder a funciones establecidas para los usuarios registrados.

Incluido la lectura de Artículos y Noticias privadas. Si el usuario que se registra tiene permisos de usuario administrador, puede acceder a funciones establecidas para los usuarios administradores y usuarios registrados. Si no son correctos los datos (identificador-clave), el usuario no puede acceder a las funciones privadas. El usuario administrador y el usuario registrado se identifican una vez en cada sesión, para acceder a las funciones privadas.

El identificador no debe coincidir con otro ya existente en el sistema y la clave debe ser mayor de seis caracteres.

Dar permisos:

Esta función solo pueden realizarla los usuarios administradores. No pueden realizarla los usuarios registrados ni los usuarios invitados.

El administrador puede conceder o quitar permisos a cualquier usuario. Según los permisos que conceda el administrador, el usuario tendrá un perfil u otro.

El administrador puede conceder permisos de administrador (ver definición del perfil de usuario administrador en usuarios), a cualquier usuario.

El administrador puede conceder permisos de usuario registrado (ver definición del perfil de usuario registrado en usuarios), a cualquier usuario. Si concede permisos de usuario registrado a un usuario administrador, entonces, éste dejaría de tener permisos de usuario administrador.

El administrador puede quitar permisos de administrador y de usuario registrado. En el momento que a un usuario le haya quitado los permisos de administrador o usuario registrado, solo pueden acceder al sistema, estos usuarios, como usuarios invitados, hasta que el administrador les vuelva a conceder a estos usuarios permisos de administrador o usuario registrado.

Gestionar diferentes tipos de usuarios:

Gestionar los diferentes tipos de usuarios supone poder darlos de alta, actualizarlos o darlos de baja. Dar de alta y dar de baja a un usuario, lo puede realizar el usuario con permisos de administrador y no pueden realizar esta acción los usuarios registrados y los usuarios invitados. Actualizar los datos de un usuario, lo puede realizar el usuario al que pertenecen los datos, no pueden realizarlo el resto de usuarios:

Dar de alta a un usuario. El administrador asigna un nombre de usuario y contraseña únicos a un usuario que haya solicitado el alta en el sistema. Este usuario se ha registrado y ha suministrando al administrador el nombre, apellidos y correo electrónico. El administrador puede concederle permiso de usuario registrado o permiso de administrador.

Actualizar los datos de un usuario. Esta función puede realizarla el propietario de la cuenta de usuario administrador y usuario registrado. Ellos pueden modificar su contraseña y su correo electrónico.

Dar de baja a un usuario. Esta función solo la realiza un usuario con permisos de administrador. El usuario al que se da de baja deja de estar registrado y no podrá acceder al sistema como usuario con permisos de administrador o usuario registrado.

Introducir o modificar las materias o tópicos del modelo de noticia.

Esta función la puede realizar un usuario con los permisos de administrador. No pueden realizarla los usuarios registrados y a los usuarios invitados.

El usuario administrador puede introducir nuevos tópicos en el modelo de las noticias. El usuario administrador al introducir los tópicos debe especificar para cada tópico: el nombre del tópico en la noticia, el nombre de la etiqueta XML de ese tópico, el tipo de contenido del tópico y el lugar que ocupará en la noticia, su ubicación. Además puede suministrar también información sobre si el tópico es público o privado y si es obligatorio o no.

El tópico o conjunto de tópicos que introduzca el administrador deben cumplir una serie de reglas para que sean correctos:

El nombre y la etiqueta del tópico deben ser únicos en el mismo ámbito.

El tipo de contenido debe ser uno de los predeterminados.

La ubicación debe ser correcta en cuanto a estructura de ficheros.

El usuario administrador puede modificar tópicos existentes en el modelo de noticias. Puede modificar el nombre del tópico, el nombre de la etiqueta XML y RSS, la ubicación, el tipo de contenido, si es público o privado y si es obligatorio o no.

El administrador debe señalar qué tópico quiere modificar. Para realizar esto, se debe especificar la ubicación y el nombre del tópico, antes de ser modificado. Si quiere modificar la ubicación debe suministrar la nueva ubicación, la cual debe ser correcta (definición en contenido de la noticia). Si modifica el tipo de contenido, debe elegir entre las posibilidades que proporciona el gestor de contenidos. Si modifica el nombre y la etiqueta XML y RSS del tópico, éstos deben ser únicos en su ámbito.

Si el administrador desea borrar un tópico la noticia, debe señalar la ubicación y el nombre del tópico y eliminar el tópico correspondiente del modelo de la noticia, siempre que se salga de contexto y sea abusiva o no este de acorde con los fines de este portal temático.

Introducir datos del foro y noticias.

Esta función la pueden realizar tanto los usuarios con permisos de administrador, como los usuarios con permisos de usuario registrado. El usuario con permisos de administrador, puede introducir las noticias y post que desee.

Los datos posteados en los foros se incluirán de acuerdo al tema o apartado seleccionado, y se irán acumulando de más antiguo a más actual de los comentarios e inserciones. Introducir los datos relativos a una noticia consiste en introducir el párrafo o texto correspondiente, incluyendo si el usuario estima adecuado fotos o videos.

Los datos que el usuario puede introducir se explican a continuación:

El usuario puede introducir datos personales en cuanto a experiencias personales: Los datos de la noticia son aquellos que están definidos en los tópicos de la noticia, y relacionados con ella. Para que los datos incluidos se consideren correctos deben añadirse de forma correcta sin que afecte al resto del portal, la ubicación para una correcta organización de ficheros y el tipo de contenido de los tópicos la noticia. Si se quiere añadir a un grupo o varios grupos de trabajo una noticia, debe estar especificado el nombre del grupo o grupos a los que pertenece esta noticia ya que debe guardar relación. Si estos grupos no existen en el sistema, se crearían nuevos grupos, para incluir a esa persona. Siempre que algún usuario los proponga.

Si ese tema no existe en el sistema, se añade a los grupos en los que esté incluido. Por lo tanto debe especificarse siempre el grupo o grupos a los que pertenece una noticia.

Consultar Noticias:

Las restricciones serán nulas, para consultar cualquiera de estos dos tipos de noticias, y nunca dependerán del perfil del usuario.

Consulta resumida: pueden realizarla los usuarios con permisos de administrador, con permisos de usuarios registrados y los usuarios no registrados. A éstos últimos se les denomina invitados. No está restringida a ningún usuario. En este tipo de consulta se obtiene la noticia resumida.

Consulta completa: El invitado, El usuario registrado y el administrador pueden consultar noticias completas, es decir, pueden obtener toda la información de la noticia.

Según el contenido que se desea obtener, los usuarios pueden realizar todo tipo de consultas.

La única diferencia entre una y otra será el clic que despliega la noticia completa de la resumida.

El sistema realizará la búsqueda de información por medio de estos datos.

Muestra una lista de noticias agrupadas, si coinciden alguno de los datos para que el usuario elija uno. Al elegir el usuario del grupo de noticias se pueden obtener los datos individuales de cada noticia.

Secciones:

Opción y Apartado que crea normalmente el Administrador, y cuyo objetivo es poder agrupar todas las noticias, con las categorías y artículos. Es necesario agrupar las Noticias y los artículos de forma homogénea, y a su vez sub-agruparlas en Categorías de un mismo tema, para luego separarlas bien de las secciones.

En un periódico por ejemplo las Secciones son corazón, nacional, deportes, Economia etc...

Categoria:

Opción y Apartado que crea normalmente el Administrador, y cuyo objetivo es poder sub-agrupar las noticias y artículos. De forma automática y por sindicación RSS para las noticias y manual para los artículos.

En un periódico digital por ejemplo las Categorias seria de la Sección Deportes, futbol, 1ª División , 2ª División de baloncesto, liga ACB, Liga EBA etc..

Noticias:

Una noticia es un producto realizado por una o más personas, para publicarlo en el portal. Cuyo objetivo es informar sobre algo en concreto. La inmediatez, veracidad y claridad son importantes. Existen varios tipos de noticias. Puede ser un artículo, un video, una imagen con texto, sólo texto etc. Cada tipo de noticia debe estar descrito por los tópicos correspondientes. El contenido de los tópicos del tipo de noticia describe a cada noticia en particular.

Las Noticias en principio se insertan de forma automática por lector RSS de distintos portales temáticos agrícolas.

Artículos:

Un Artículo es un producto realizado por una o más personas, para publicarlo en el portal. El Artículo a diferencia de la Noticia, las escribimos los usuarios y aportamos información y datos que veamos de interés en concreto. Existen varios tipos de Artículos. Puede ser algo mixto, un video, una imagen con texto, sólo texto etc. Cada tipo de Artículo debe estar descrito por los tópicos correspondientes. El contenido de los tópicos del tipo de noticia describe a cada noticia en particular.

El Artículo contiene los tópicos que describen los datos de cada noticia en concreto ó Artículo. El Artículo está estructurado según los tópicos, en distintos niveles. Esta estructura de las materias o tópicos de los Artículos estará definida en un modelo de Noticia/Artículo. Será este modelo el que estructure el contenido del artículo, es decir, los tópicos del Artículo.

Modelo del Artículo: Define la estructura del contenido del Artículo. Está formado por los tópicos ...

Contenido del Artículo: El contenido del Artículo está estructurado por los tópicos siguiendo un modelo que define cómo es dicha estructura. Los tópicos son los que definen qué datos puede almacenar el Artículo:

Tópicos:

Definición: Estructuran el Artículo y definen las distintas materias que componen el Artículo.

La información que define a los tópicos es:

Ubicación o posición en el Artículo: señala ubicación dónde se encuentra el tópico. Son los padres del tópico hasta la raíz, en el árbol de tópicos que forma el Artículo.

Etiqueta en el documento XML: nombre de la etiqueta, debe ser único en su ámbito. En la misma ubicación no puede haber dos nombres de tópicos iguales.

Nombre: nombre completo del tópico en el Artículo.

Tipo de dato que contiene: el dato que contenga un tópico, debe coincidir con el tipo de dato de está definido para ese tópico.

Existen tópicos obligatorios, los cuales deben contener siempre el tipo de información requerido y otros opcionales, que pueden quedar sin información.

Los tópicos pueden ser públicos: son aquellos que aparecen en los Artículos resumido y Artículo privado. Son públicos porque pueden aparecer en el Artículo resumido que pueden consultar los usuarios invitados, por consiguiente todos los usuarios. Suelen ser los tópicos más significativos o aquellos que el administrador considere que se pueden mostrar a todo tipo de usuario

Los tópicos pueden ser privados: son aquellos que aparecen solo en el Artículo completo. Están restringidos para los usuarios invitados. No aparece en el Artículo público.

Los tópicos se almacenan en un modelo que define el contenido del Artículo. Según este modelo que contenga la información sobre la estructura y contenido de los tópicos, variará el contenido del Artículo.

La gestión de los tópicos es realizada por el usuario con permisos de administrador. El administrador puede modificar el modelo de Artículo al introducir, modificar o eliminar tópicos de la estructura del Artículo y de la Noticia.

Los usuarios pueden obtener los Artículos de forma simple y sin formatos. Se elabora un contenido del Artículo, para luego sin distinción del tipo de usuario, se generará una vista general de las Noticias y Artículos según los filtros de fechas, sección ó Categoria se indaga en las bases de datos.

Gestión y Administración del Back-End

Introducción

Con esta nueva Web de divulgación de una zona de la Comarca del Guadalhorce, dedicada a la agricultura y a la explotación del limón, se intentan cumplir tres objetivos fundamentales: Dar mayor información sobre todo lo relacionado con la zona y con este mundo agrícola, presentar una webcam que difundirá imágenes en vivo de este Valle y por último enlazar con otros sites municipales de la Comarca, así como empresas y cooperativas del sector, todo aglutinado en un mismo sitio en internet. www.valledellimon.es

Para que se den todos estos objetivos se ha intentado simplificar la usabilidad para un manejo fácil, dinámico, potente lo máximo posible, estable, y para ello se optó por usar Joomla como gestor de contenidos, parametrizados en bases de datos bajo Mysql y php como lenguaje de programación.

La parametrización usada en el entorno hace posible que una web como esta dinámica, a un fichero se le puedan pasar distintos parámetros y variables, con lo que sus resultados mostrados y filtrados de las bases de datos sean diferentes, pero pegados en el navegador en el mismo fichero.

Además siguiendo con los objetivos propuestos por los nuevos paradigmas de la sociedad de la información y por las iniciativas de la Junta de Andalucía, se aboga por la accesibilidad a esta nueva Web y fomentar el uso de software libre, habilitando el uso de los diversos navegadores presentes en el mercado actual.

La Web

Con un entorno amigable, con todos los estándares de usabilidad, navegabilidad que el CMS Joomla posee en la actualidad. Presentamos este Portal de Contenidos Citricos del Valle del Limón. La web en todo momento presenta una completa estructura parametrizada bajo lenguaje .PHP y almacenado en Mysql como gestor de bases de datos. En todo momento el visitante, dispone de acceso a determinadas áreas públicas y cierto control del portal y acceder a todos los contenidos cítricos que vamos dando de alta. En el caso que se quiera inscribir de forma gratuita, entonces tendrá un mayor control sobre la documentación e información, además de permitirle que personalice cada usuario su entorno.

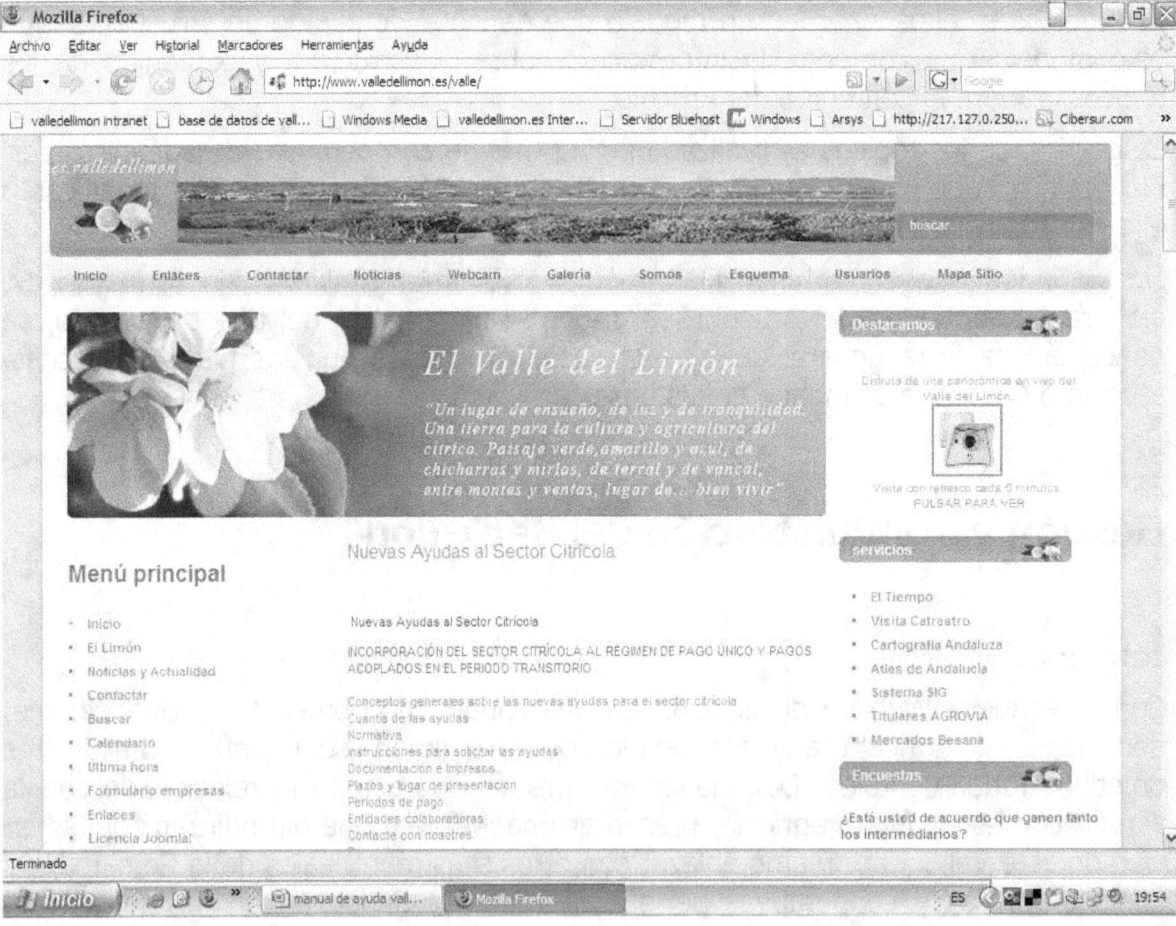

Un listado completo de todas las opciones del Portal, también denominado Mapa del sitio, les detallo a continuación.

Mapa del Sitio

Menú del usuario

- Detalles de usuario.
- Enviar noticias.
- Enviar enlace.
- Comprobar artículos.
- Salir.

Menú principal

- Inicio.
- El Limón.
- Noticias y Actualidad.
- Contactar.
- Buscar.
- Calendario.
- Última hora.
- Formulario empresas.
- Enlaces.
- Licencia Joomla!.

Menú superior

- Inicio.
- Enlaces.
- Contactar.
- Noticias.
- Webcam.
- Galería.
- Somos.
- Usuarios.

- Mapa Sitio.

Recursos Agricultura

- Subvenciones Estatales.

- Europeas.

- Documentos recomendados.

- Seguros Agrarios.

Sectores

- Agricultores de Málaga.

- Cosechado.

- Cooperativas Agrícolas.

- Regadios y Sistemas.

- Herramientas Agrícolas.

- Ensayos e Innovación.

- Directorio Industrial.

- Contactar empresas.

- Revistas agrarias.

servicios

- El Tiempo.

- Mercados Besana.

- Visita Catrastro.

- Cartografia Andaluza.

- Atlas de Andalucía.

- Sistema SIG.

- Titulares AGROVIA.

La Comarca del Valle del Guadalhorce

La Comarca del Valle del Guadalhorce

- COAG Andalucía.

- Empresas y servicios de Cártama y la Estación.

Las noticias

Actualidad

- Lanzamiento de un nuevo producto al mercado.

- Periódico Agrícola.

- Tractores y Maquinaria.

Últimas noticias

- Titulares de AGROVIA.

- Última hora de actualidad del Sector.

Links de Interés

Distintas Administraciones

- Documentos de Interés.

- Enlaces.

Subvenciones a la actividad agrícola

Ayudas al Fomento de la calidad agroalimentaría

- Artículo de Subvenciones.

Ayudas y Subvenciones al Desarrollo

- Ayudas a los cítricos hasta 2010.

- Un Valle de agricultores.

Última hora

Destacados

- Destacamos 2.

- Destacamos 3.

Muchas de estas opciones van cambiando, dependiendo de la cantidad de noticias, secciones. Destacados y titulares que vayamos dando de alta. Siempre contando con los contenidos que nos envíen los colaboradores, público registrado, vecinos de la comarca, empresas del sector,así como Ayuntamientos y entidades relacionadas con la agricultura de la Comarca.

Registro

Una de las cosas que permitimos a los visitantes es poder registrarse en esta Web, es decir, obtener su usuario y password únicos que le permitirán manejar su propio entorno de visita compartiendo zonas grupales y abiertas entre todos los visitantes y usuarios registrados, entidades y cooperativas.

En el registro no se toman ningún dato relevante que comprometa al usuario, sólo un Nick y una contraseña que desee. Y donde poder contactar con el en una cuenta de correo.

Una vez que haya dado de alta su Nick podrá acceder de forma personalizada a su portal, parametrizado.

Entre las opciones de navegabilidad y de menús están las siguientes (aún se están añadiendo nuevas opciones que supongan un valor añadido al portal).

MENÚ HORIZONTAL SUPERIOR

En la parte central de la misma, observará que se le dan las opciones de Enlaces de interés, Contactar con nosotros a través de email, acceder a Noticias de actualidad del sector agrícola en Málaga, retornar al Inicio, visitar la Webcam, información sobre nosotros, acceso a usuarios registrados al portal.

Todas estas opciones llaman a fichero de PHP (entregado mapa distribución de ficheros de todo el portal en email anterior, llamado "Estructura de ficheros del portal valledellimon.es").

Muchos de ellos vuelcan en el mismo front, los datos que el portal lea de la bases de datos, y las url con pase de variables pueden tener el siguiente formato.

http://www.valledellimon.es/valle/index.php?option=com_registration&task=register

Como se puede observar el fichero llamado es el mismo index.php con el parámetro siguiente:

?option=com_registration&task=register

Aunque se programaron algunos .html al poseer la gran mayoría programación .php un mismo fichero puede lanzar distintas url incluso en algunos casos una decena, con lo que la complejidad y extensión del mapa del sitio de sacarlo completo. Por ello me he limitado en describir la navegabilidad a través de los menús y opciones del portal, dejando un Mapa del Sitio básico detallado anteriormente.

Menú principal

- Inicio
- Noticias y Actualidad
- Enlaces
- Contactar
- Buscar
- Noticias Externas
- FAQ
- Calendario
- Última hora
- Formulario empresas

En este menú principal, ponemos a disposición de los visitantes hacer clicks sobre unas opciones que consideramos importantes como retornar al Inicio, acceso a noticias y Actualidad, Enlaces de interés, Contactar con nosotros, Buscar información en todo el portal, Noticias Externas con sindicación RSS, FAQ sobre manejo, Calendario con meses, Última hora y Formulario de empresas.

Estas opciones no poseen ningún submenú, con lo que la infomación se vuelca sobre la página central y las columnas laterales no varían, tampoco el encabezado y el pie del site

En este bloque lateral definido como Menú y llamado Servicios, insertamos

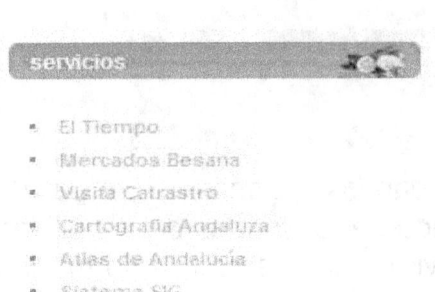

unas opciones a webs externas donde el usuario puede acceder a unos Mercados Hortofrutícolas, el Tiempo previsto, sistemas de Cartografía y de Altlas para poder acceder a zonas de la provincia y la región a través de estos servicios.

- El Tiempo
- Mercados Besana
- Visita Catrastro
- Cartografía Andaluza
- Atlas de Andalucía
- Sistema SIG

SERVICIOS

La estructural del portal, define una parte central de noticias de interés. Y a ambos lados en columnas, insertamos en bloques distintos objetos interesantes para los visitantes. Como por ejemplo podemos visitar el tiempo a través de webs públicas dedicadas a dar esta información. Otros sites turísticos de interés, distintos Menús de opciones.

Además de bloques, donde enlazan a los foros del Valle, accesos a la Webcam industrial, distintas estadísticas de noticias, usuarios, enlaces. Servicios de noticias, loterías, revistas y publicaciones.

Sindicación RSS de noticias. Esta es una faceta que el entorno CMS Joomla, gestiona de forma muy potente y activa.

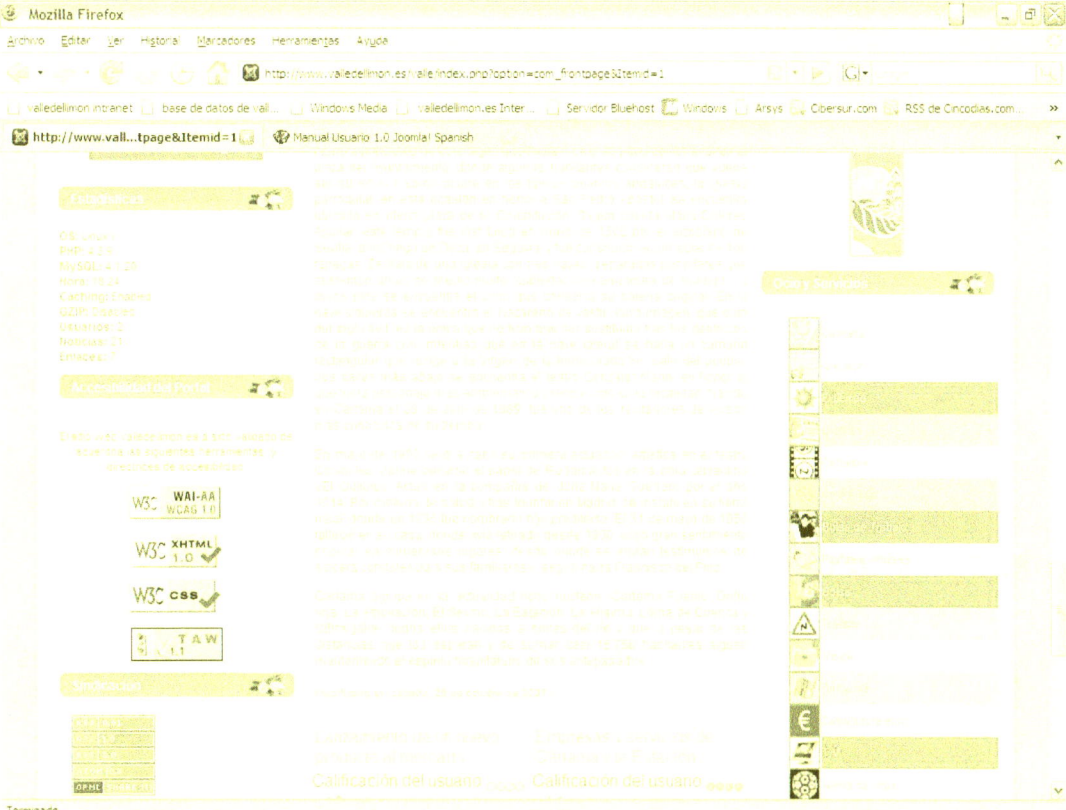

Figura donde se muestra distintos servicios de utilidad

Las distintas noticias, se van incluyendo y se toman de servidores de noticias exclusivos del sector agrícola, de agencias de noticias de uso gratuitos. Así como de webs de organismos relacionadas con la agricultura, la comarca del Guadalhorce y su entorno.

Noticia sobre un acto de renovación de acuerdos relacionados con la Comarca

MENÚ DE USUARIO

Desde el Menú de usuario, podemos acceder a distintas opciones personalizadas para cada usuario, con sus noticias, sus datos personales, cambios en la configuración del portal y otros detalles.

Es necesario ser usuario dado de alta previamente, para acceder a todas las ventajas del portal.

RECURSOS AGRÍCOLAS

Otro Menú interesante, es el relacionado con Recursos de Agricultura. Como subvenciones Estatales y europeas. Documentos de interés creados por organismos oficiales, y de uso público.

SERVICIOS

Desde las opciones del Menú servicios, podemos acceder a diversos contenidos interesantes. Como la Cartografía Andaluza, Un Atlas también regional. Titulares de Noticias de Agrovia, El Tiempo, Mercados de valores de productos agrícolas Besana, incluso una visita a datos catastrales de la provincia malagueña.

DESTACAMOS

Otro de los apartados brillantes es el de asuntos destacados. Con ello se consigue transmitir en un bloque en primera página y buen sitio ubicado, pequeñas noticias automatizadas de distinta naturaleza.

En este caso, se lanza información sobre la Webcam, incluso poder clikar y acceder directamente a ella.

Estas pequeñas noticias destacadas, se programan fácilmente y la temporalidad de las mismas.

ALEATORIAS

Otro bloque llamativo del portal, es el de imágenes aleatorias. De una carpeta completa de imágenes de la comarca y del valle, este pequeño script, sincroniza aleatoriamente distintas imágenes, con efectos simpáticos entre las transacciones de las fotos.

Este script, personalizado, permite hacer distintos efectos transitorios, con tiempos y retardos, así como movimientos entre las fotos que lanza.

SECTORES

En este Menú, se puede acceder a distintos Sectores dentro de la Agricultura y para el interés de los visitantes. Sistemas de Regadíos, Cosechado, Ensayos, revistas Agrarias, Cooperativas agrícolas, todo lo relacionado con herramientas, utillaje, aperos y mecanización. Distintas tecnologías e innovación agraria. Procesos industrializados en sistemas de producción y recolección de productos agrícolas.

FOROS AGRÍCOLAS

En el foro Agrícola accedemos a una relación de Secciones de opinión, relacionadas con distintas temáticas. Subvenciones, necesidades y ayudas.

Los Foros son abiertos y cualquier persona puede dar su opinión, sus sugerencias. Se pueden crear nuevas e interesantes Secciones y Subsecciones.

- **Regadios y Fumigaciones**
- **Riego por goteo automatizado**
- **Riego por inundación**
- **Equipos y Herramientas**
- **Venta de aperos de segunda mano**
- **Vehículos, remolques y tractores**

71

- **Ayudas y Subvenciones a los cultivos**
- **Subvenciones a la implantación de sistemas de riego**

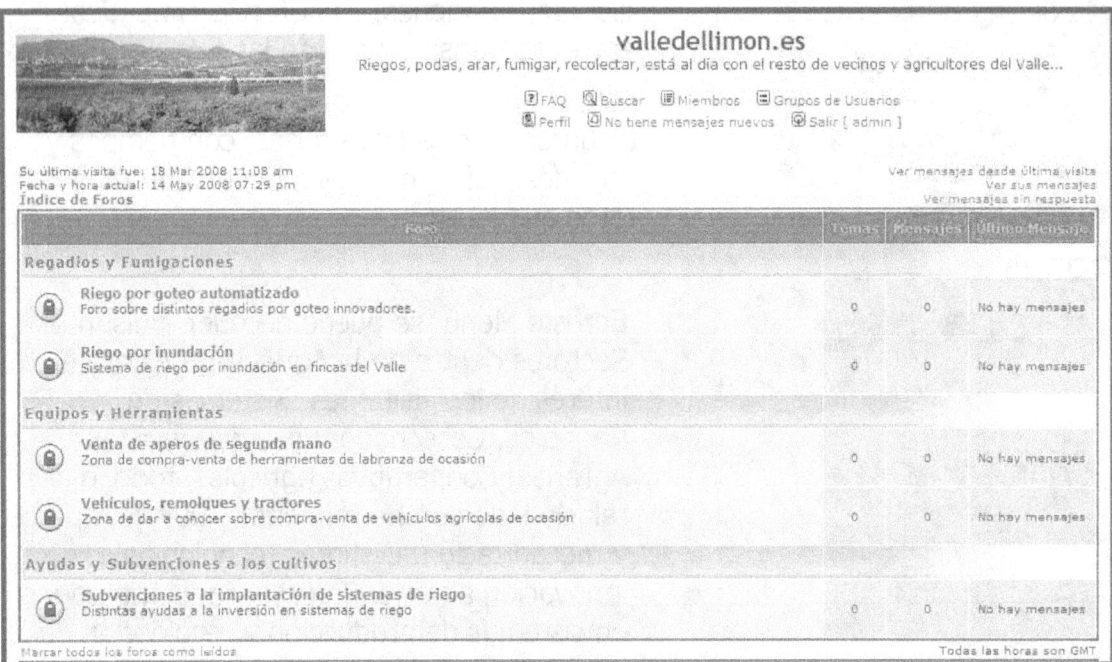

En la pantalla de arriba, les indico las distintas secciones abiertas que hay para inscripción de los usuarios. La inscripción en los foros se hace de forma rápida y de forma totalmente gratuita. Siempre velaremos a través del usuario moderador de los comentarios ofensivos, de mal gusto ó con contenidos inadecuados para este foro de temática agrícola.

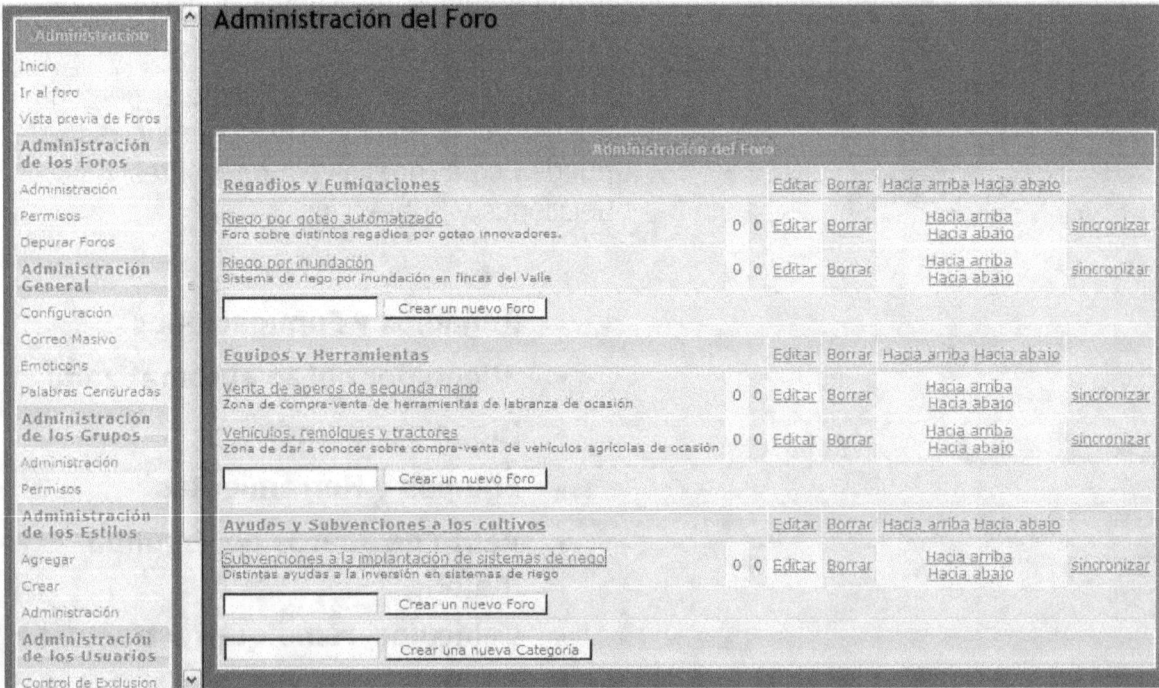

La pantalla de Moderación, Gestión y Administración de los contenidos, usuarios, comentarios y diseño de los foros se accede con los provilegios de Superusuario,

OPCIONES Y DETALLES DEL FORO AGRÍCOLA

Acerca del acceso (login) y registro
¿Por qué no puedo entrar?
¿Por qué me tengo que registrar para todo?
¿Por qué mi sesión de usuario expira automáticamente?
¿Cómo evito aparecer en las listas de usuarios conectados?
¡He perdido mi contraseña!
¡Me he registrado y no puedo entrar!
Hace un tiempo me registré, pero ahora no puedo entrar

Preferencias de usuario y configuraciones
¿Cómo puedo cambiar mi configuración?
¡El tiempo en los foros no es correcto (horas)!
He cambiado la zona horaria en mi perfil, pero el tiempo sigue siendo incorrecto
¡Mi idioma no está en la lista!
¿Cómo puedo poner una imagen abajo de mi nombre de usuario?
¿Cómo puedo cambiar mi RANK?
Cuando hago click sobre el enlace del e-mail, me pide que me registre.

Publicación de mensajes
¿Cómo puedo publicar un mensaje en el foro?
¿Cómo puedo editar o borrar un mensaje?
¿Cómo puedo agregar una firma a mi mensaje?
¿Cómo creo una encuesta?
¿Cómo edito o borro una encuesta?
¿Por qué no puedo acceder a algún foro?
¿Por qué no puedo votar en las encuestas?

Formateo de mensajes y tipos de temas
¿Qué es el código BBCode?
¿Puedo usar HTML?
¿Qué son los Emoticons?
¿Puedo enviar imágenes?
¿Qué son los anuncios?
¿Qué son los Temas Importantes?
¿Qué son los temas cerrados o bloquedados?

Niveles de usuario y grupos
¿Qué son los administradores?
¿Qué son los moderadores?
¿Qué son los grupos de usuarios?
¿Cómo puedo pertenecer a un grupo de usuarios?
¿Cómo me convierto en el moderador de un grupo de usuarios?

Mensajería privada

¡No puedo enviar mensajes privados!

Quiero evitar mensajes privados no deseados

¡He recibido spam o correos maliciosos de alguien en este foro!

Acerca del acceso (login) y registro

¿Por qué no puedo entrar?

¿Ya se registró? Debe registrarse en el sistema antes de poder acceder a él. ¿Ha sido bloqueado en el foro (si es así le aparecerá un mensaje)?. Si esto sucede envíe un mensaje al administrador del foro para encontrar la causa. Si se ha registrado y no ha sido bloqueado verifique que su nombre de usuario y contraseña coincidan, es el problema más habitual. Si está seguro de que los datos son correctos, envíe un mensaje al administrador, es posible que el foro esté mal configurado y/o tenga fallos en la programación.

¿Por qué me tengo que registrar para todo?

No está obligado a hacerlo, la decisión la toman los administradores y moderadores. Sin embargo estar registrado le da muchas ventajas que como usuario invitado no disfrutaría, como tener su gráfico personalizado (avatar), mensajes privados, suscripción a grupos de usuarios, etcétera. Sólo le llevará unos segundos, es muy recomendable.

¿Por qué mi sesión de usuario expira automáticamente?

Si no activa la casilla *Entrar automáticamente* cuando entra al foro, sus datos se guardan en una cookie que se elimina al salir de la página o en cierto tiempo. Esto previene que su cuenta pueda ser usada por alguien más. Para que el sistema le reconozca automáticamente active la casilla al entrar. NO es recomendable si accede al foro desde una computadora compartida (café-internet, biblioteca, colegio...).

¿Cómo evito aparecer en las listas de usuarios conectados?

En su perfil, encontrará la opción Ocultar mi estado de conexión, si activa esta opción aparecerá sólo para los administradores, moderadores y para sí mismo, para los demás será un usuario oculto.

¡He perdido mi contraseña!

Calma, si su contraseña no puede ser recuperada, puede desactivarla o cambiarla. Para hacer esto diríjase a la página de registro y haga click en Olvidé mi contraseña, siga las instrucciones, y en muy poco tiempo podrá volver a entrar en el foro.

¡Me he registrado y no puedo entrar!

Primero verifique sus datos (usuario y contraseña). Si todo es correcto hay dos posibles razones. Si el Sistema de Protección Infantil (COPPA) está activado y cuando se registró eligió la opción Soy menor de 13 años, entonces tendrá que seguir algunas instrucciones que se le darán para activar la cuenta. En otros casos el administrador pide que las cuentas se activen mediante un correo electrónico, así que revise su correo y confirme su suscripción. Algunos foros necesitan confirmación de registro. Si no sucede nada de esto, contacte con el administrador del foro.

Hace un tiempo me registré, pero ahora no puedo entrar

Las posibles razones son: introdujo un nombre de usuario o contraseña incorrectos (verifique el mensaje que se le envía al registrarse). Es posible que el administrador haya borrado su cuenta, lo cual es muy frecuente, pues si no ha escrito ningún mensaje en cierto tiempo, el administrador puede borrar el usuario para que la base de datos no se sature de registros. Si es así, regístrese de nuevo y participe :)

Preferencias de usuario y configuraciones

¿Cómo puedo cambiar mi configuración?

Todos sus datos y configuraciones (si está registrado) están archivados en la base de datos. Para modificarlos haga click en el enlace Perfil, que generalmente se encuentra en la parte de arriba de cada página.

¡El tiempo en los foros no es correcto (horas)!

Las horas son correctas, es posible que esté viendo las horas correspondientes a otra zona horaria. Si éste es el caso, entre en su perfil y defina su zona horaria de acuerdo con su ubicación (ejemplo: Londres, París, Nueva York, Sydney, etcétera). Haciendo esto las horas deben aparecer de acuerdo con su zona y tiempo. Si no se ha registrado, es el momento de hacerlo :)

He cambiado la zona horaria en mi perfil, pero el tiempo sigue siendo incorrecto

Si está seguro de que la zona horaria es correcta, es posible que se deba a los horarios de verano implantados por algunos países.

¡Mi idioma no está en la lista!

Esto se puede deber a que el administrador no ha instalado el paquete de tu lenguaje para el foro.

¿Cómo puedo poner una imagen abajo de mi nombre de usuario?

Hay dos tipos de imágenes debajo de tu nombre de usuario, la primera es el RANK, que está asociada con el número de mensajes que has escrito en el foro (generalmente son estrellas o bloques), la segunda es el AVATAR, que es un gráfico generalmente único y personal. El administrador decide si se pueden usar o no, si es posible usarlos puede introducirlo en su perfil. En caso de que no exista esa opción, contacte con el administrador y pida que sea activada esa opción :)

¿Cómo puedo cambiar mi RANK?

No puede cambiar su RANK directamente, ya que éste está relacionado directamente con el número de mensajes enviados o su estado de moderador, administrador o RANKs especiales. Por favor, no abuse enviando mensajes innecesariamente para incrementar su RANK.

Cuando hago click sobre el enlace del e-mail, me pide que me registre.

Para poder enviar e-mail a un usuario vía formulario (si el administrador lo tiene activado) necesita estar registrado. Esto es necesario para evitar el SPAM o los mensajes maliciosos de usuarios anónimos.

Publicación de mensajes

¿Cómo puedo publicar un mensaje en el foro?

Fácil, regístrese como miembro del foro (haciendo click en el enlace de registro, generalmente en la parte de arriba de cada página). Después del registro haga click en Enviar nuevo mensaje. Entonces se le presentará un panel con el que podrá fácilmente publicar un mensaje :)

¿Cómo puedo editar o borrar un mensaje?

Si no es el administrador o moderador del foro, sólo puede borrar los mensajes que haya enviado usted mismo. Puede editar un mensaje haciendo click en editar. Si alguien ya ha respondido a su mensaje, encontrará un pequeño texto en el suyo diciendo que ha sido modificado y las veces que se ha hecho. No aparece si fue un moderador o el administrador el que lo editó (la mayoría de las veces dejan un mensaje aclaratorio).

¿Cómo puedo agregar una firma a mi mensaje?

Para insertar una firma en su mensaje primero debe crear una. Esto se hace modificando su perfil. Una vez creada, active la opción *Agregar firma* cuando envíe un mensaje. También puede hacer que todos sus mensajes tengan su firma, activando la opción en su perfil.

¿Cómo creo una encuesta?

Crear una encuesta es fácil, cuando inicie un nuevo tema observará que aparece la opción *Crear una encuesta*. Introduzca los datos de la encuesta, como título y opciones. Tiene la posibilidad de poner límite al número de participantes (0 es infinito).

¿Cómo edito o borro una encuesta?

Si usted es quien inició la encuesta, puede editarla de la misma manera que un mensaje. Sin embargo, esto sólo funcionará si la encuesta aún no tiene respuestas, pues de tenerlas sólo el administrador o moderadores podrán editarla o borrarla.

¿Por qué no puedo acceder a algún foro?

Algunos foros están limitados a ciertos grupos de usuarios. Para verlos, enviar, editar, etcétera, necesita tener ciertas autorizaciones, las cuales sólo se las puede dar un moderador o administrador del foro.

¿Por qué no puedo votar en las encuestas?

Sólo miembros registrados pueden votar en las encuestas (para prevenir resultados trucados). Si se has registrado pero no puede votar, es posible que no tenga autorización para votar en esa encuesta :(

Formateo de mensajes y tipos de temas

¿Qué es el código BBCode?

BBCode es una implementación especial del HTM. La forma en la que el BBCode se usa es determinada por el administrador. Es muy similar al HTML, las etiquetas van entre corchetes [y] para más información puede ver el manual de BBCode. El enlace al manual aparece cada vez que vaya a publicar un mensaje.

¿Puedo usar HTML?

Depende de que el administrador tenga habilitada la opción y de qué etiquetas HTML estén activadas, ya que muchas etiquetas HTML podrían dañar severamente la estructura del mensaje.

¿Qué son los Emoticons?

Los smileys o emoticonos son pequeños gráficos que pueden ser usados para expresar emociones. Aparecen introduciendo un pequeño código. Por ejemplo :) significa feliz, :(significa triste. La lista completa de Emoticons se despliega al enviar un mensaje.

¿Puedo enviar imágenes?

Las imágenes pueden ser adheridas al mensaje, insertándolas en el momento de redactarlo. No puede haber imágenes de sitios de correo, búsqueda o cualquier autentificación (Yahoo, Hotmail...).

¿Qué son los anuncios?

Los anuncios contienen información importante para los usuarios.

¿Qué son los Temas Importantes?

Los Temas Importantes aparecen debajo de los anuncios y sólo en la primera página, es información muy importante que debería leer :)

¿Qué son los temas cerrados o bloquedados?

Los temas cerrados o bloqueados son precisamente eso, temas en los que ya no se puede enviar más mensajes. Esto lo decide el administrador o los moderadores.

Niveles de usuario y grupos

¿Qué son los administradores?

Los administradores son personas designadas con alto nivel de control sobre el foro entero. Pueden controlar permisos, moderadores y todo tipo de configuraciones.

¿Qué son los moderadores?

Moderadores son personas que tienen el poder de editar o borrar foros, cerrarlos o abrirlos. Son designados por el administrador, y tienen menos opciones que éste.

¿Qué son los grupos de usuarios?

Los grupos de usuarios es una de las formas en las que el administrador del foro puede agrupar usuarios. Un usuario puede pertenecer a varios grupos. Esto se hace con el fin de conceder permisos selectivos sobre el foro (como volver a todo un grupo moderadores).

¿Cómo puedo pertenecer a un grupo de usuarios?

Haga click en Grupos de usuarios y pida su inscripción, recibirá un correo si es aceptado. No todos los grupos son abiertos.

¿Cómo me convierto en el moderador de un grupo de usuarios?

Sólo el administrador puede asignar ese permiso, contacte con él :)

Mensajería privada

¡No puedo enviar mensajes privados!

Hay tres posibles razones: no está registrado o no ha entrado; el administrador deshabilitó el sistema completo de mensajes privados; o el administrador ha deshabilitado la opción de mensajería sólo para usted.

Quiero evitar mensajes privados no deseados

En un futuro será agregada la característica de ignorar mensajes, por ahora sólo envíe un mensaje al administrador si recibe mensajes no deseados :(

¡He recibido spam o correos maliciosos de alguien en este foro!

Lo sentimos mucho, la característica de mandar emails tiene criterios amplios de seguridad y privacidad. Envíe el email al administrador, tal como le llegó, incluyendo encabezamientos y demás. El administrador tomará las medidas necesarias.

CALENDARIO

Con esta herramienta Calendario, el visitante puede incluir distintos eventos, que de forma privada y sólo en su perfil puede controlar, o bien de forma abierta y global, insertar eventos y alertas de distintos tipos de circunstancias y periodos dentro de la agricultura.

WEBCAM INDUSTRIAL M22M

El portal de contenidos cítricos del Valle del limón, dispone de una Webcam que emite durante las 24 horas, una panorámica de la zona. Tanto emisiones en directo de fotogramas (Slideshow) cada 1 minuto. Si lo desea el visitante, también puede visualizar video en tiempo real, que según la configuración de cada usuario y el ancho de banda que ellos tengan, podrán visualizar el video con una velocidad o con otra un poco más lenta.

Este dispositivo de alta tecnología, trabaja las 24 horas sin bajar su rendimiento ni un solo minuto. La pantalla para poder visitar estas panorámicas, contiene 2 enlaces uno para conectar con la webcam y otro para ver el video almacenado en un reportaje cultura de tiempo atrás, y con panorámicas de distintos meses y días.

Desde PDA también se puede visitar el Valle del Limón. Automáticamente lanza al teléfono la imagen en formato 160X160 ó en alta calidad para Smartphones 320X200. Y directamente las resoluciones son de 800X600, 1024X768 y 1200X1024.

Una de las secciones más atractivas del Portal de contenidos cítricos. La tecnología usada al máximo nivel, permite visualizar distintas panorámicas del Valle a cualquier hora, de día ó de noche, lloviendo ó con un calor de verano.

La tecnología Wireless es empleada para enviar la señal al punto del proveedor de acceso a internet, en lugar totalmente desprovisto de teléfono y donde ninguna operadora quiere montar sus tarjetas y torretas de comunicaciones.

En dicha sección podemos encontrarnos con distintos botones, para poder interactuar con la visión de la panorámica fotograma a fotograma con pocos segundos de retardo, (es normal debido a los distintos routers por donde circula y se envía la señal digital de video). Para poder visualizar la panorámica fotograma a fotograma pulsaremos en el botón REFRESCO MANUAL.

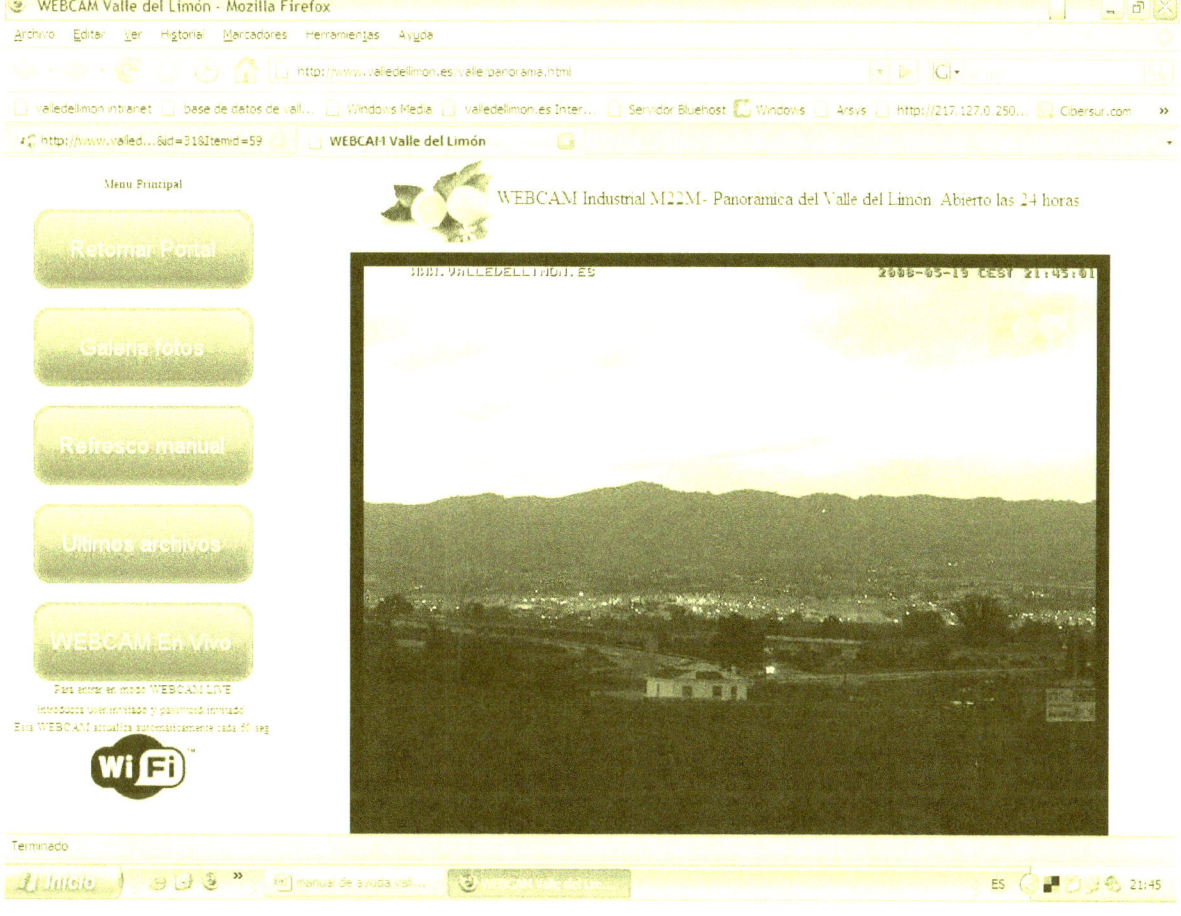

Si pulsamos en WEBCAM En Vivo, nos saldrá un cuadro de diálogo donde debemos insertar el login (*invitado*) y la contraseña (*invitado*) para poder visitar la cámara en video y en tiempo real, a través de un plugins personalizado expresamente para este modelo de Webcam.

Si pulsamos en Retornar Portal, volveremos a la página principal del Portal de Cítricos.

En esta sección nos aparecerá un cuadro de diálogo con las siguientes características:

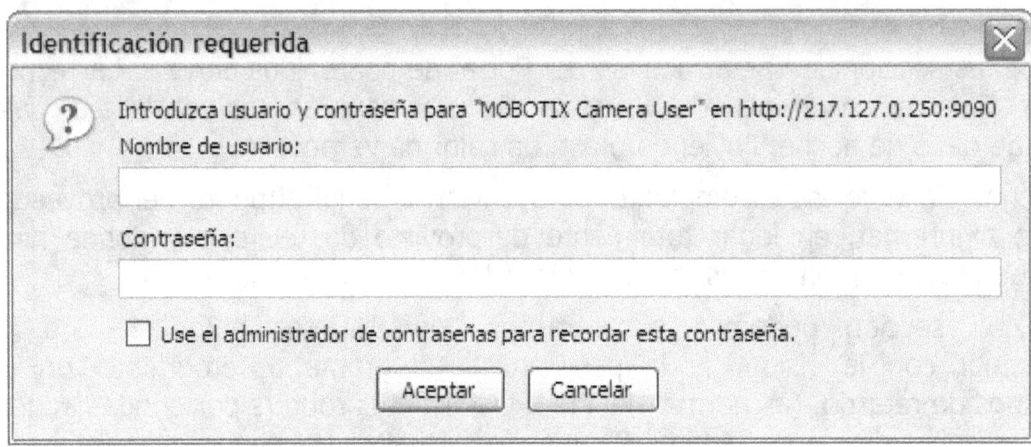

Si entramos con Firefox 3.0

Si entramos con Microsoft Explorer 8.0 ó superior.

Por segunda vez la propia cámara nos lanza el diálogo
para insertar la contraseña (invitado) y el password (invitado).

GALERIA MULTIMEDIA DE IMÁGENES Y VIDEOS

Todas las imágenes que temporalmente se almacena de la panorámica y videos que la webcam va emitiendo, se ordenan en la Sección Galería.

En esta galería se pueden inscribir los usuarios para poder contemplar las imágenes, aunque también se puede observar si necesidad de darse de alta.

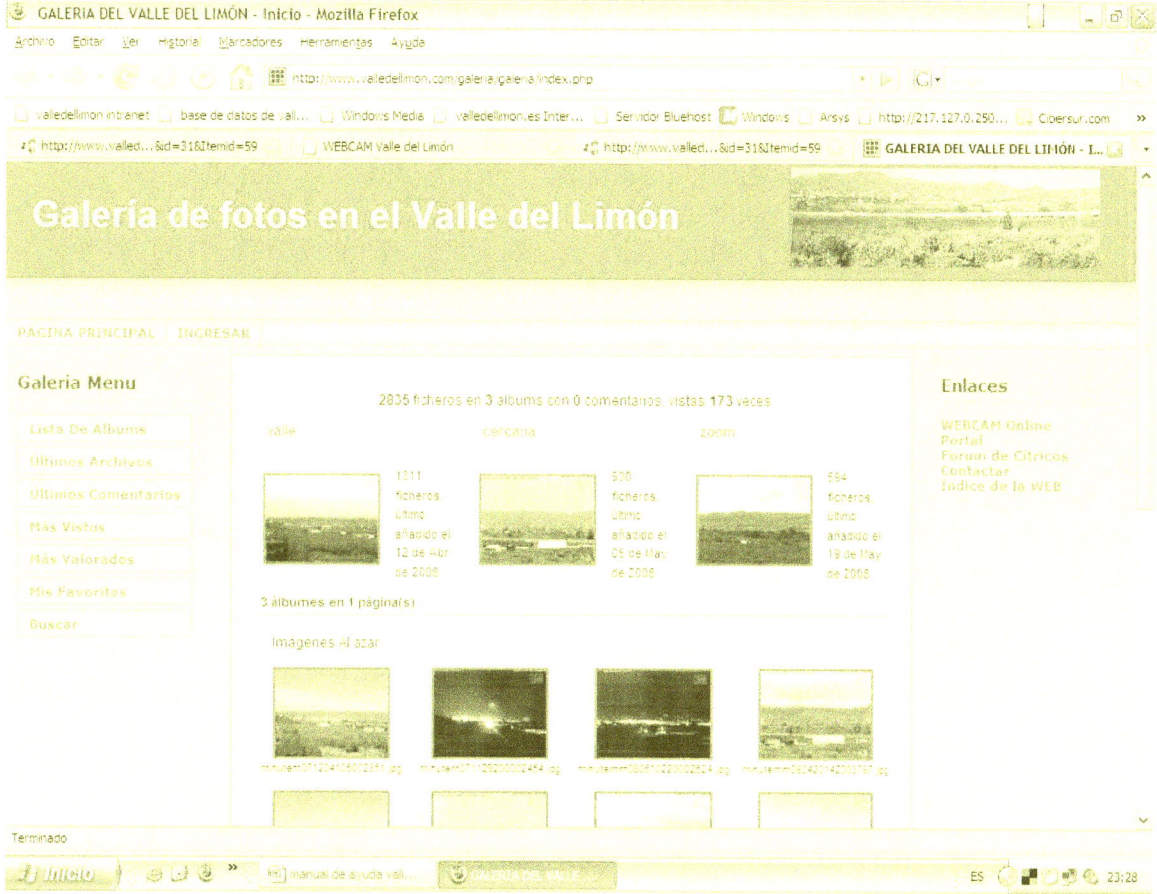

Distintas panorámicas pueden contemplarse de días enteros de emisión. Todos los ficheros están organizados en álbumes, que tiene que ver con las variaciones en la perspectiva de la webcam.

En la actualidad hay más de 50 Gigas de información entre videos y más de 14.000 imágenes en distintas panorámicas, durante todas las épocas del año verano, intensas lluvias de otoño, frio en invierno, amaneceres, atardeceres y de noche.

http://www.valledellimon.es/galeria/galeria

http://www.valledellimon.com/galeria/galeria/thumbnails.php?album=lastup&cat=-4

http://www.youtube.com/watch?v=08LJRPxkFi4

http://www.youtube.com/watch?v=srrKXUFxKlE

Administración De Joomla

Administración de Valledellimon.es

Introducción

En este manual queremos reflejar aquellos apartados necesarios para la correcta Administración y Gestión de la estructura del Portal de Contenidos cítricos del Valle del Limón. Esta estructura se creó con un Gestor de Contenidos universalmente conocido y usado como es Joomla.

Una vez pasada la fase de instalación, la Gestión y Administración de los recursos, contenidos, multimedia, imágenes, usuarios, noticias, plugins, mambos, bloques, y demás se realiza dentro del apartado de Administración, y que veremos desglosado en explicaciones de ayuda al usuario, para una correcta Administración del Portal.

ACCESO COMO ADMINISTRADOR

Cuando esté listo, pulse el enlace Administración del Menú Principal (o escriba la URL:

http://www.sudominio.com/administrator).

Esto mostrará el Formulario de Acceso de la figura de abajo.

Introduzca el Nombre de Usuario y la Contraseña tal y como se mostraron en el Paso 4 del proceso de instalación. Pulse el botón Validarse para Entrar y ahora debería ver el Panel de Control del Administrador.

Si no es la primera vez que accede al Administrador, ya sabrá qué es lo siguiente. Sino, siga leyendo. La instalación ha sido completada, ya está listo para utilizar Joomla.

A esta pantalla de autenticación, accede no sólo el Administrador, sino todos aquellos usuarios que tengamos dados de alta con distintos grados de privilegios, para poder realizar cada perfil el trabajo que tenga encomendado. Insertar noticias, sacar backups, operadores de imágenes y videos, redactores, programadores y gestores de módulos, secciones, plugins, bloques, templates etc...

Descripción de los Elementos Básicos del Back-end de Valledellimon

Introducción

Ahora que ha completado la instalación de Joomla presentaremos los diferentes elementos de configuración de este sitio web, Valledellimon.

Plantillas

La plantilla (template) y sus archivos asociados proporcionan el 'aspecto visual y el manejo'del sitio web y se mantienen separados del contenido del sitio. Esta se almacena en una base de datos MySQL.

La instalación habitual de Joomla incluye 2 plantillas pre-instaladas: 'madeyourweb' y 'rhuk_solaflare_ii'. Existen muchas webs que ofrecen plantillas gratuitas o comerciales.

Es muy importante saber bien como instalar una Plantilla, ya que puede ocasionar que la estructura se desconfigure y aparezcan errores de php por todos lados y líneas de código. Muy importante asegurase antes de que versión de Jommla tenemos instalada, que versión de Plantillas vamos a instalar y la compatibilidad con la versión, esto es fundamental sino queremos correr riesgos. Aunque siempre nos queda hacer copias de seguridad con los últimos cambios elaborados, así evitaremos tener que empezar desde cero instalando otra vez la estructura.

Los archivos de la plantilla se ubican en la carpeta 'templates' en la carpeta de instalación de Joomla. Habitualmente constan de los siguientes:

Nombre del Archivo

index.php-→ Este archivo contiene código HTML, PHP y posiblemente JavaScript, y proporciona el soporte para el diseño de su sitio web. Además, en combinación con los archivos .css y las imágenes, determinan la estructura del diseño y los elementos de contenido del sitio.

templateDetails.xml →Este archivo contiene los detalles descriptivos de la plantilla y las referencias a todos los archivos usados, ejemplo: index.php, el archivo css...

template_thumbnail.png →Este archivo se usa, en el Administrador de Plantillas para proporcionar, si está activado, una imagen en miniatura del diseño del sitio web. Debe estar situado en el directorio raíz de la plantilla.

Template_css.css →Situado en la carpeta 'css' del directorio de la plantilla, esta Hoja de Estilos en Cascada (CSS) contiene el código que define el estilo visual del sitio web, ejemplo: tamaños de

letra, colores... Pueden existir tantos archivos CSS como usted desee proporcionar en la referencia HTML del archivo

index.php. Por ejemplo:

<?php echo "<link rel=\"stylesheet\"href=\"$GLOBALS
[mosConfig_live_site]/templates/$GLOBALS[cur_template]
/css/template_css.css\" type=\"text/css\"/>" ; ?>

Nota: Aunque en este ejemplo se ha dividido el código en tres líneas, en la práctica no deben existir espacios.

Archivos de Imagen →Estos archivos están situados en la carpeta 'images' y pueden ser .gif, .jpg o .png. Constituyen los elementos gráficos del diseño del sitio web.

Componentes

Los Componentes son elementos del núcleo de Joomla con una funcionalidad determinada y que se muestran en el cuerpo principal de la plantilla del sitio web. El código para el cuerpo principal aparecerá en la plantilla del siguiente modo: <?php mosMainBody.php ();?>.

Dependiendo del diseño de la plantilla utilizada, suelen estar en el centro de la página web.

La instalación estándar de Joomla incluye los componentes: Banners (anuncios), Contactos, Noticias Externas, Encuestas y Enlaces Web.

Diferentes miembros de la comunidad Joomla producen componentes de terceros sobre la base de Joomla. Eche un vistazo al Directorio de Extensiones Joomla o al Sitio del Desarrollador, para obtener una lista de los componentes disponibles para la descarga.

Los componentes enriquecen mucho la estructura del portal de contenidos y aplican muchas ventajas, herramientas y objetos de desarrollo y de administración.

Módulos

Los Módulos amplían las posibilidades de Joomla proporcionando nueva funcionalidad al software. Un Módulo es un pequeño artículo de contenido que puede mostrarse en cualquier parte que la plantilla lo permita. Los módulos son muy fáciles de instalar en el Administrador.

Joomla incluye los módulos: Menú Principal, Menú Superior, Selector de Plantilla, Encuestas, Noticias Externas, Contador de Accesos, etc.

Diferentes miembros de la comunidad Joomla producen módulos de terceros sobre la base de Joomla. Eche un vistazo al Directorio de Extensiones Joomla o al Sitio del Desarrollador, para obtener una lista de los módulos disponibles para la descarga.

Un ejemplo del código de un módulo es: <?php mosLoadModules ('module position');?>.

Mambots

Un Mambot es una pequeña función orientada a una tarea que intercepta cierto tipo de contenido y lo manipula de algún modo. Joomla proporciona varios Mambots en la distribución original. Ejemplos: Editores WYSIWYG, {mosimage} y {mospagebreak}...

Usuarios de Valledellimon

Tipos de Usuarios y Permisos de Acceso

Los Usuarios de sitios web Joomla pueden dividirse en dos categorías principales:
• Invitados

• Usuarios Registrados

Los Invitados son sencillamente usuarios de Joomla que han navegado hasta encontrar su sitio web. Dependiendo de cómo el administrador ha configurado el sitio, los invitados podrán navegar libremente por todo el contenido o tener restringido el acceso a cierto tipo de contenidos, reservados para usuarios registrados.

Los Usuarios Registrados están registrados en su sitio con un nombre de usuario y contraseña.

Este nombre de usuario y contraseña les permite acceder al área restringida del sitio, recibiendo privilegios especiales no disponibles para los invitados. Los usuarios registrados se dividen en dos grupos:

• Usuarios del Sitio
• Usuarios del Administrador

Registro

Además del Súper-Administrador (admin) creado por defecto en la instalación de Joomla,existen dos formas para que los invitados pueden registrarse como miembros de un sitio web Joomla:

1. Pueden registrarse por sí mismos utilizando el enlace 'registro' del formulario de acceso (si está disponible).

2. Un Administrador o un Súper-Administrador puede añadirlos directamente usando el Panel del Administrador .

A continuación se muestran dos imágenes del Formulario de Acceso, con y sin el enlace de Registro.

El Formulario de Acceso muestra el enlace de Registro por defecto. El Súper-Administrador puede deshabilitar esta opción. Para registros directos, existe una opción de activación por correo electrónico que asegura que los usuarios proporcionen una dirección de correo electrónico válida. Esta opción también esta 'habilitada' por defecto. En este caso, el usuario recibirá un correo electrónico con un enlace de activación, que debe ser utilizado para completar el proceso de registro.

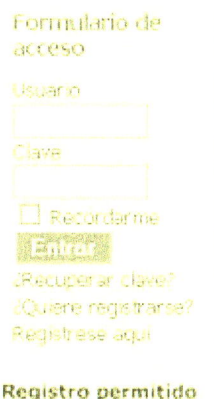
Registro permitido

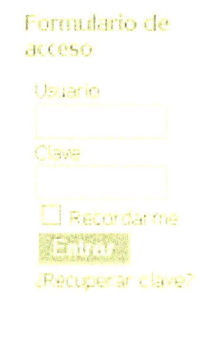
Registro no permitido

Gestión del Contenido

Este apartado es la piedra angular del Portal de contenidos, ya que es donde se actualiza y se dinamiza la información, que debe ser veráz y al día. Muy importante saber de donde se toman los datos que se publican y pedir permiso mediante solicitud expresa de los contenidos.

En general, la gestión de contenido incluye las siguientes tres operaciones:

1. Envío de nuevo contenido al sistema (Artículo de Contenido).

2. Corrección y edición de ese contenido si es necesario.

3. Publicación del contenido.

En el esquema de gestión de contenidos de Joomla, los Autores generalmente son los responsables de enviar el contenido, los Editores son los responsables de editar el contenido y los Supervisores son los responsables de publicar el contenido. No obstante, tanto los Editores como los Supervisores pueden enviar contenido y un Supervisor también puede editar.

Para el objeto de este capítulo, asumiremos que los Autores son los creadores del contenido,los Editores los que hacen la edición y los Supervisores los que publican el contenido.

Como dijimos previamente, los usuarios pueden tener diferentes roles en un sistema Joomla.

Por defecto, los nuevos usuarios reciben el rol de Usuario Registrado. Este tipo de usuario no puede enviar contenido (a menos que se les asignen otros privilegios).

La ventana que se explica en la siguiente página, tiene tres zonas principales.

1. La primera zona contiene unos campos de entrada en los que el Autor puede titular el nuevo artículo y seleccionar una Categoría determinada.

Nota: Las categorías disponibles dependen del modo en que se ha organizado el contenido del sitio. En general, si sólo se ha creado una Sección, estarán disponibles todas las Categorías de esa Sección. Si se han creado múltiples Secciones, será necesario crear múltiples enlaces en el Menú del Usuario: uno para cada Sección. También dispone de los botones de la barra de herramientas: Guardar, Aplicar y Cancelar.

Nota: La opción 'Guardar' guardará los datos y cerrará la ventana, mientras que la opción 'Aplicar' guardará los datos sin cerrar la pantalla de Añadir Contenido.

2. La segunda zona principal de la pantalla contiene el editor WYSIWYG, donde el Autor introduce el contenido. El editor WYSIWYG incluido por defecto en Joomla es el TinyMCE, y contiene muchas de las características disponibles en un típico programa de edición HTML. Con este editor puede escribir y darle formato al contenido sin tener nociones de HTML.

A continuación mostramos algunas de las características de este editor:

• Seleccionar el tamaño, estilo y color de la letra.
• Insertar listas con numeración o viñetas.
• Justificar el texto a la izquierda, centro o derecha.
• Insertar hipervínculos.

• Crear y editar tablas para insertar contenido tabulado.

Observará que existen dos paneles de edición WYSIWYG separados. La razón para esto es que el primero de ellos le permite escribir un Texto de Introducción para su artículo. Este Texto de Introducción sirve como resumen del artículo y puede usarse como reseña del artículo completo cuando se visualiza el contenido bajo ciertas circunstancias, como un artículo de la Página de Inicio, o en el estilo de página blog soportado por Joomla. Sin embargo, no es necesario que divida el artículo de este modo, usted puede escribir simplemente el artículo completo en la ventana del Texto de Introducción.

El editor puede actualizarse ó bien cambiarse, por otro que queramos descargarnos de webs de programadores, y existen versiones profesionales que por una pequeña cantidad económica se pueden descargar.

Cuando un Autor pulsa el enlace Enviar Noticias en el Menú del Usuario, se le presenta una pantalla titulada Las Noticias / Artículo de Contenido.

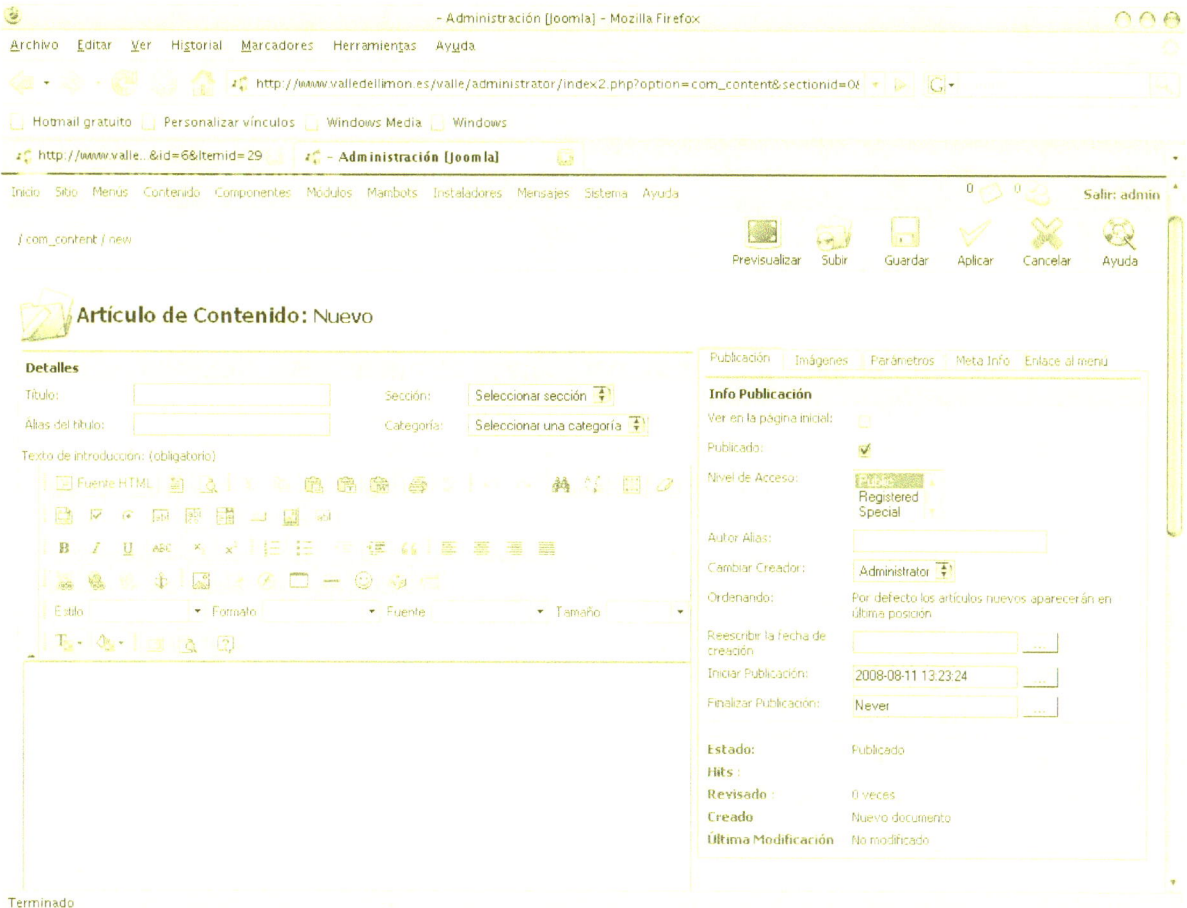

Este panel de edición WYSIWYG está destinado al Texto Principal. Esta área es opcional ya que puede introducirse todo el texto en el área del Texto de Introducción. En ciertas ocasiones y debido al formato y estructura de lasnoticias, puede ser interesante dividir el cuerpo de la noticia en una pequeña introducción con hipervínculo,que al clickar saltará a la noticia Principal.

Ese texto es el que se introduce en la parte de abajo del Editor.

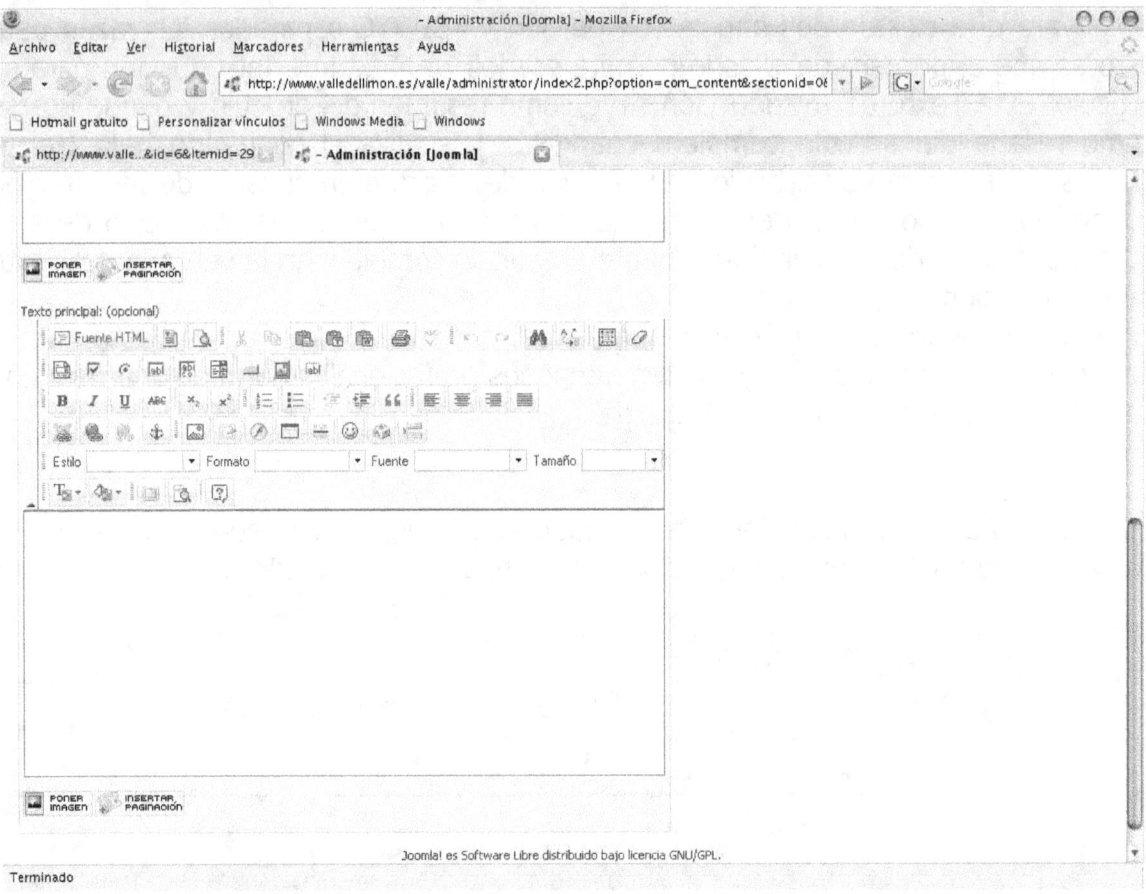

Además del formato de escritura HTML estándar, también puede introducir imágenes en su publicación. El procedimiento para insertar imágenes utilizando el editor TinyMCE es diferente al que puede haber usado en programas como Dreamweaver. En el Portal se usa etiquetas,{mosimage}, en el artículo que identifican la posición de las imágenes; el sistema inserta las imágenes en el momento en que los usuarios del sitio web acceden al artículo.

Justo debajo del editor WYSIWYG podrá ver dos botones. El primer botón denominado Poner imagen permite insertar la etiqueta de imagen en cualquier parte del texto. Cuando haga esto, observará que el editor simplemente inserta la etiqueta {mosimage} en el texto.

El segundo botón, denominado Insertar Paginación inserta un salto de página en un punto particular del documento. Pulsando este botón se insertará la etiqueta {mospagebreak mediante etiquetas {mospagebreak} en su documento.

Los documentos con saltos de página presentarán automáticamente un Índice del Artículo cuando se visualice el documento. Y se mostrarán los enlaces Anterior y Siguiente, en la parte inferior del documento, para facilitar la navegación de una página a la siguiente.

En esta pantalla puede observarse el formato y disposición de una noticia donde aparece una foto justificada a la izquierda. El título "Los limones y sus bondades" y todo el cuerpo dela noticia en el mismo bloque (Noticia en el Texto Introducción).

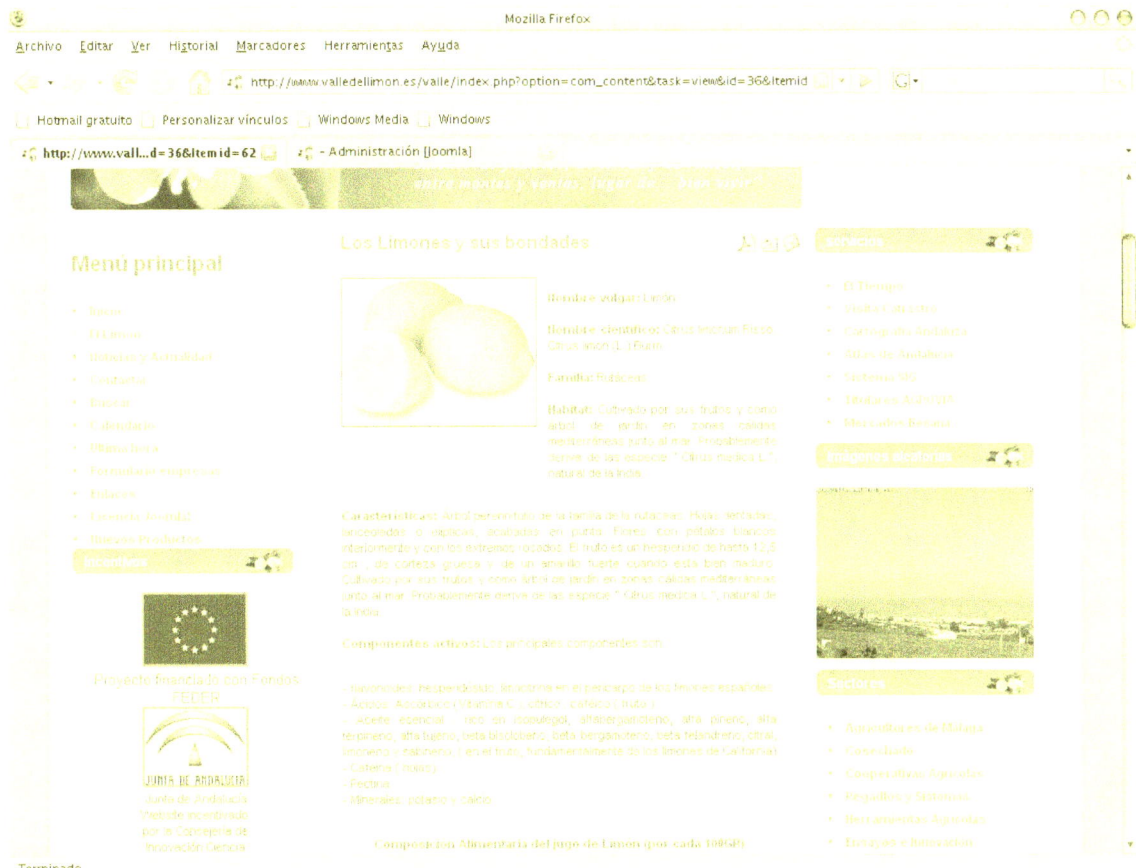

La última de las tres zonas contiene tres Pestañas tituladas: Imágenes, Publicación y Metadatos. Estas pestañas se usan para controlar varios aspectos del contenido, tales como las imágenes asociadas a etiquetas {mosimage}, la configuración de la fecha de publicación y la especificación de metadatos para el artículo. Además de poder cambiar aspectos de tamaños y pixels en las imágenes, poder elegir tipo de imagen como .jpg .gif .png u otra extensión y tipo de fichero, siempre que los demos de alta en la configuración del portal de contenidos como extensión aceptada. Es importante saber que según tipo de Editor que tengamos instalado, esta acción de editar y subir imágenes puede variar bastante el procedimiento de envio. Con un editor básico como el que trae Joomla, es necesario subir por FTP antes las imágenes para luego poder linkarlas y gestionarlas bien, en otros casos no será necesario, ya que el propio editor nos permite subirlas y elegir la ubicación de destino de ellas.

Respecto a la fecha de publicación de la noticia, es un apartado muy interesante igual que reconfigurar fecha de publicación, iniciar publicación ó terminar publicación.

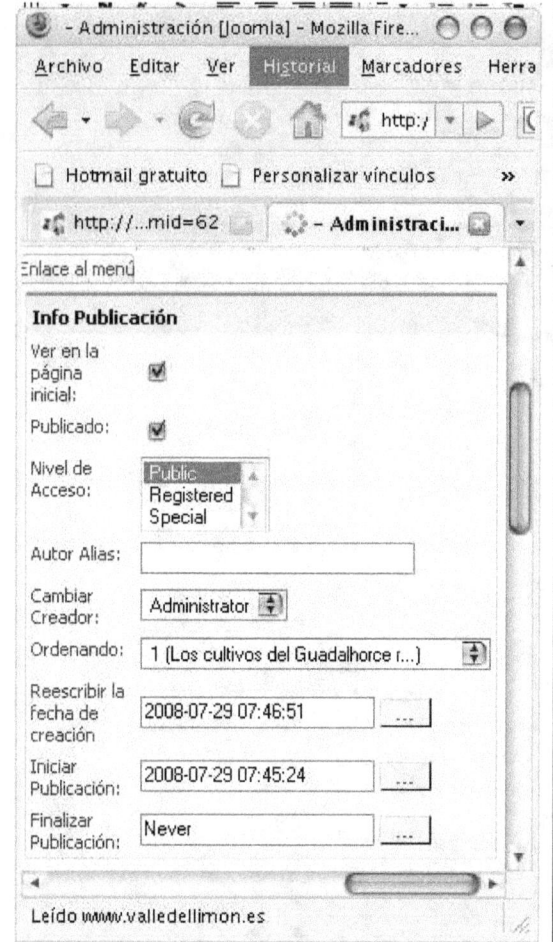

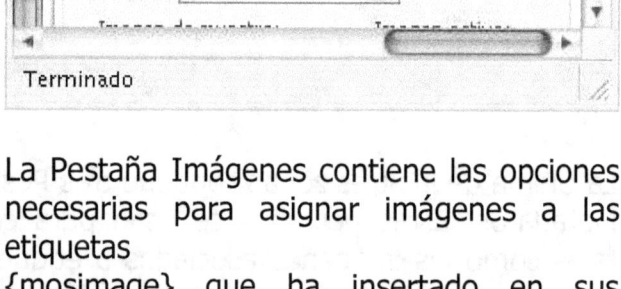

En esta parte de la pantalla correspondiente a la tercera zona que describimos anteriormente, se complementan una serie de datos que tienen que ver con el acceso a la noticia y su nivel de privacidad.

Ver en la página principal ó no, publicar o despublicar la noticia. El creador de la noticia.

Otro apartador como fechas de edición, de creación, finalizar la publicación de la noticia y almacenarla, son muy interesantes a la hora de gestionar y administrar los contenidos para poder archivarlos, localizarlos rápidamente etc...

La Pestaña Imágenes contiene las opciones necesarias para asignar imágenes a las etiquetas {mosimage} que ha insertado en sus documentos. Un aspecto importante es tener en cuenta que las imágenes se visualizarán en los documentos en el orden que ellas aparezcan en el campo Imágenes del contenido. Puede usar las flechas de icono Subir y Bajar para ajustar el orden de las imágenes.

La columna de la derecha contiene varios atributos que puede asignar a la imagen seleccionada. Estos atributos incluyen la alineación de la imagen, cualquier texto alternativo que quiera mostrar cuando el usuario pase el ratón sobre la imagen, un pie de foto de la imagen y la posición en que aparecerá este pie de foto. Una vez que haya ajustado los atributos deseados para la imagen, pulse el botón Aplicar.

Pestaña Publicación

La siguiente Pestaña de esta zona se denomina Publicación. Permite al Autor especificar:

• El tipo de usuarios que podrán ver el contenido.
• Las fechas de inicio y final de publicación propuestas.
• Si el artículo será mostrado en la Página de Inicio del sitio web.

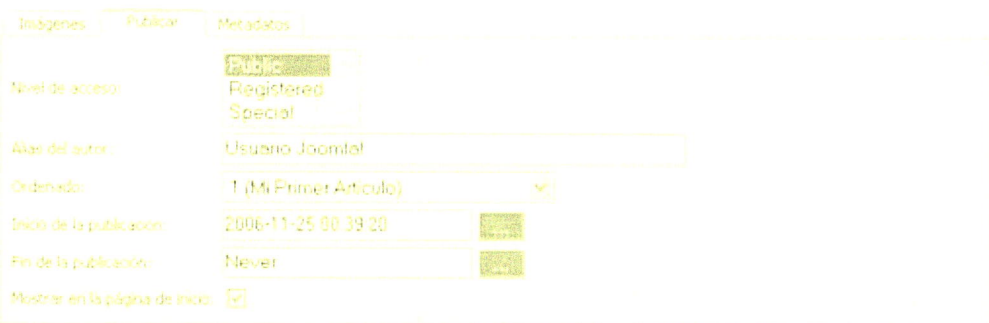

Pestaña Metadatos

La última Pestaña en esta zona de atributos es la Pestaña Metadatos, que se usa para ajustar
los Metadatos asociados con el artículo que el Autor está editando.

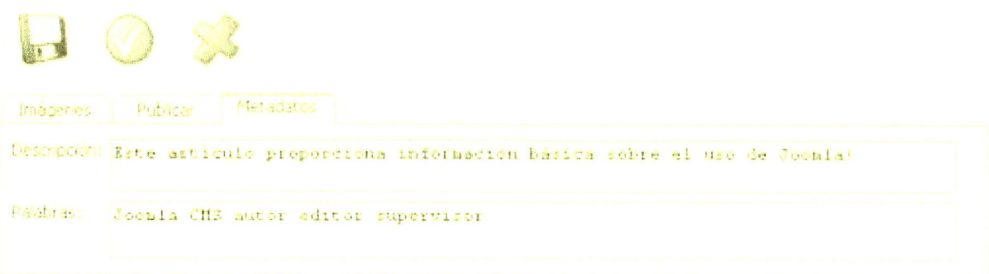

Editor

Con este CMS, los Autores pueden editar su propio contenido una vez que ha sido publicado.

Adicionalmente, los Editores y Supervisores también pueden editar el contenido enviado por cualquier Autor del sitio. La edición implica el mismo proceso que el utilizado para enviar un nuevo contenido. Todas las pantallas son las mismas y ejecutan la misma función. La única ligera diferencia que necesita conocer es cómo acceder al artículo para poder editarlo.

Cuando acceden al sistema de gestión de contenidos, los Autores, Editores y Supervisores pueden ver un pequeño icono de Edición al lado de los artículos de los que son responsables de su autoría, edición o publicación. Pulsando este icono se mostrará una página de edición del contenido que contendrá las mismas pantallas que hemos descrito para la creación de artículos de contenido. Desde aquí se puede editar el contenido y guardar el artículo una vez más.

Los Supervisores tienen todos los privilegios de los Autores y Editores, y además disponen de capacidad para publicar los artículos en el sitio web. Los Supervisores tienen acceso a los mismos controles de envío y edición de contenido que hemos visto previamente. Por tanto, los Supervisores también pueden crear sus propios contenidos, editar el contenido de otros Autores o Editores y publicar el contenido en el sitio web.

La diferencia más notable que un Supervisor advertirá al acceder al sitio web es la aparición de un nuevo campo denominado Estado en la Pestaña Publicación, cuando crea un nuevo contenido o edita un Artículo de Contenido existente.

En la pantalla de Administración de Artículos creados (pueden estar Publicados ó no), se observa la autoría de los contenidos, fechas, orden de presentación, si lo puede ver el público en general, o es contenido sólo para registrados.

Enviar Enlaces Web

El Enlace Web es otra forma de contenido que utilizamos en el Portal de Contenidos.Los enlaces web son simples vínculos a otros sitios de interés, y pueden ser enviados por cualquier usuario Registrado en valledellimon.es

Puede acceder a esta función pulsando el vínculo Enviar Enlace del Menú del Usuario. Como puede ver en la siguiente imagen, cuando pulsa el artículo de menú Enviar Enlace se presenta una ventana que permite introducir el Nombre, Sección, URL y la Descripción del enlace web que desea enviar.

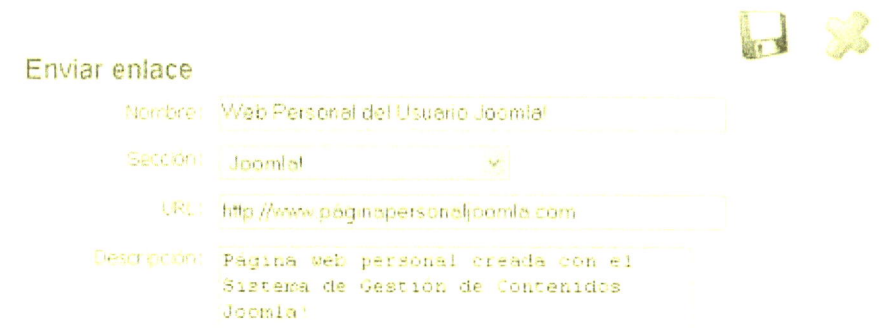

Comprobar Mis Artículos

Cuando se trabaja en una de las ventanas de edición, por ejemplo, cuando un Autor crea un nuevo contenido, se debe pulsar siempre los iconos Cancelar o Guardar para salir de la página. La razón de esto es que Joomla bloquea el contenido mientras lo está editando, para evitar que otros usuarios, como Editores o Supervisores, puedan acceder al contenido. Se observa bien porque aparece un candado en la noticia bloqueada.

Cuando se sale de forma inadecuada de estas ventanas de edición, el Artículo de contenido queda bloqueado para otros usuarios. A continuación mostramos algunos de los casos que podrían causar este error:

• El usuario puede cerrar accidentalmente la ventana del navegador sin haber cancelado o guardado el trabajo.

• El usuario puede utilizar las funciones de navegación del navegador para salir del sitio sin haber cancelado o guardado el trabajo.

• También puede ocurrir un fallo eléctrico que apague el PC en un mal momento. Independientemente de la razón, si no se guarda o cancela el trabajo correctamente, se bloqueará el acceso posterior de los usuarios al artículo.

Si pulsa un icono Editar, para editar un artículo y ve el siguiente mensaje de alerta, esto significa que alguien no ha guardado o cancelado una sesión de edición correctamente.

Para corregir esto, el usuario que bloqueó el artículo debe hacer una las siguientes opciones:

• Usar la opción Comprobar Mis Artículos del Menú del Usuario.

• Entrar en el Artículo para completar, o cancelar, la edición que estaba realizando.

• Avisar a un Súper-Administrador para que lleve a cabo una Validación Global.

El Panel de Control

Una vez que haya iniciado sesión se presentará el Panel de Control, también conocido como Página de Inicio de la Administración. Podrá volver a esta pantalla en el momento que desee, utilizando la opción de menú Inicio.

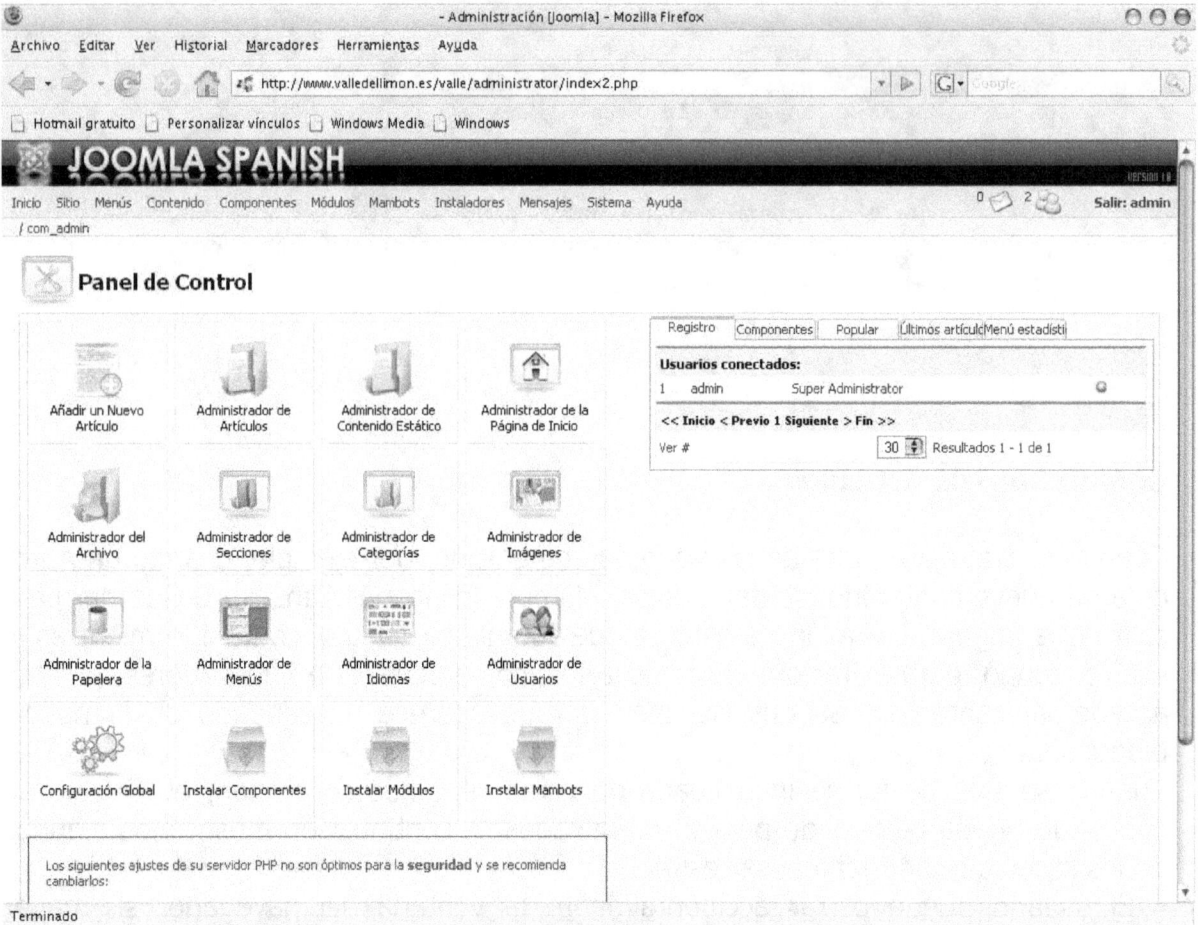

El Panel de Control consta de tres áreas diferentes:

Opciones de Menú

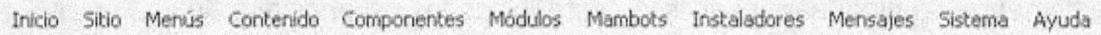

El menú proporciona acceso a todas las funciones disponibles en el Administrador del Portal. Las opciones de menú y submenú mostradas variarán dependiendo de su Nivel de Usuario, ya sea: Mánager, Administrador o Súper-Administrador.

Módulos del Administrador

Estos módulos muestran información de los Usuarios conectados, los Componentes instalados,los Artículos de Contenido más Populares, los Últimos Artículos de Contenido publicados, y los Menús con el número de enlaces por menú.

El orden y la configuración de los módulos mostrados, puede controlarse desde la opción de menú:

Pestaña Componentes

Como se observa en la pantalla, se muestran los componentes instalados, banners, contactos, noticias externas etc... Muestra una lista de los Componentes instalados. Pulse el título de un Componente para acceder a la página de dicho componente.

Pestaña Popular

Muestra una lista ordenada con los Artículos de Contenido más populares del sitio. Incluyendo las fechas de creación de los artículos de contenido y el número de accesos o visualizaciones. Pulse el nombre de un Artículo de Contenido para editar dicho artículo.

Este apartado nos permite acceder rápidamente a editar las noticias, artículos, sección más leídas, teniendo en cuenta que la fecha de creación del artículo ó noticia y la ordenación de las fechas nos permite ordenar dicha información y contenidos.

El número de accesos de cada noticia puede reinicializarse y ponerse a cero.

Pestaña Últimos Artículos

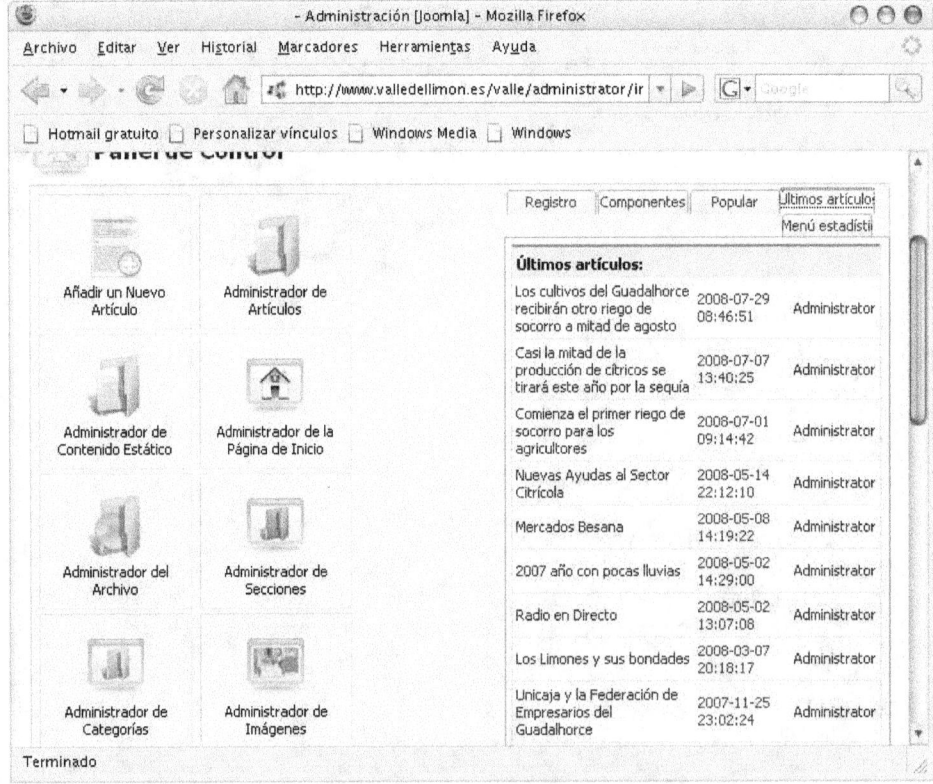

Muestra una lista con los Artículos de Contenido más recientes. Incluyendo las fechas de creación y el autor de los artículos de contenido. Pulse el nombre de un Artículo de Contenido para editar dicho artículo.

Menú Estadística

Menú	# Enlaces
mainmenu	10
othermenu	5
topmenu	4
usermenu	5

ICONOS DEL PANEL DE CONTROL

ICONO	FUNCIÓN	DESCRIPCIÓN
	Añadir un Nuevo Artículo	Muestra la pantalla Artículo de Contenido: Nuevo
	Administrador de Artículos	Muestra la pantalla Administrador de Artículos de Contenido [Sección: Todas]
	Administrador de Contenido Estático	Muestra la pantalla Administrador de Contenido Estático
	Administrador de la Página de Inicio	Muestra la pantalla Administrador de la Página de Inicio
	Administrador de Secciones	Muestra la pantalla Administrador de Secciones
	Administrador de Categorías	Muestra la pantalla Administrador de Categorías [Contenido: Todo]
	Administrador de Imágenes	Muestra la pantalla Administrador de Imágenes

	Administrador de la Papelera	Muestra la pantalla Administrador de la Papelera
	Administrador de Menús	Muestra la pantalla Administrador de Menús
	Administrador de Idiomas	Muestra la pantalla Administrador de Idiomas [Sitio]
	Administrador de Usuarios	Muestra la pantalla Administrador de Usuarios
	Configuración Global	Muestra la pantalla Configuración Global

ICONOS DE LA BARRA DE HERAMIENTAS

ICONOS	FUNCIÓN	DESCRIPCIÓN
	Guardar	Permite almacenar los datos de lapantalla en uso y regresar a la pantalla de listado apropiada.
	Aplicar	Permite guardar los datos de la pantalla en uso y permanecer en ella.
	Cancelar, Cerrar Sesión	Permite abandonar una pantalla deentrada de datos de forma correcta o forzar la salida del sistema a un usuario.
	Ayuda	Permite acceder al sistema de ayudaintegrado. Está disponible en todas las pantallas y en el menú del administrador.

ICONOS DEL MENÚ DE ARTÍCULOS, SECCIONES Y COMPONENTES DE EDITORIAL

	Publicar, Defecto, Asignar y Enviar E-mail	Permite controlar la publicación de Secciones. Categorías y Artículos de Contenido, asignar una Plantilla o enviar un Correo Masivo.
	No Publicar	Permite controlar la publicación de Secciones, Categorías y Artículos de contenido.
	Borrar, Eliminar, Desinstalar	Permite eliminar de la base de datos,enviar a la papelera, o desinstalar un Componente. Módulo o Mambot.
	Editar	Permite editar Secciones, Categorías...
	Nuevo	Permite crear nuevos Artículos de Contenido...
	Subir	Permite subir imágenes al Administrador de Imágenes
	Editar HTML	Permite editar un archivo HTML de una Plantilla
	Editar CSS	Permite editar un archivo .css de una Plantilla
	Restaurar	Permite restaurar artículos enviados al Administrador de la Papelera
	Copiar	Permite copiar Artículos de Contenido...
	Mover	Permite mover Artículos de Contenido Entre secciones/categorías...
	Archivar	Permite archivar Artículos de Contenido

ADMINISTRAR IMÁGENES

En la pantalla siguiente se muestra la carpeta global de imágenes, ejemplo: www.sudominio.com/images.
Le será útil recordar la estructura de esta pantalla para seleccionar la sub-carpeta de imágenes correcta cuando suba imágenes durante la edición de Artículos de Contenidos.
Normalmente, podrá observar las siguientes sub-carpetas dentro de la carpeta images:
• M_images: contiene las imágenes prediseñadas de Joomla.

• banners: carpeta para almacenar las imágenes de banners o anuncios del sitio.

• smilies: imágenes de emoticonos utilizadas por el editor de texto.

• stories: usada para almacenar las imágenes de los Artículos de Contenido.

...Además verá varias imágenes en la propia carpeta 'images'.

Algunos componentes de terceras partes, por ejemplo Zoom Gallery, crean sus propias subcarpetas dentro de la carpeta images.

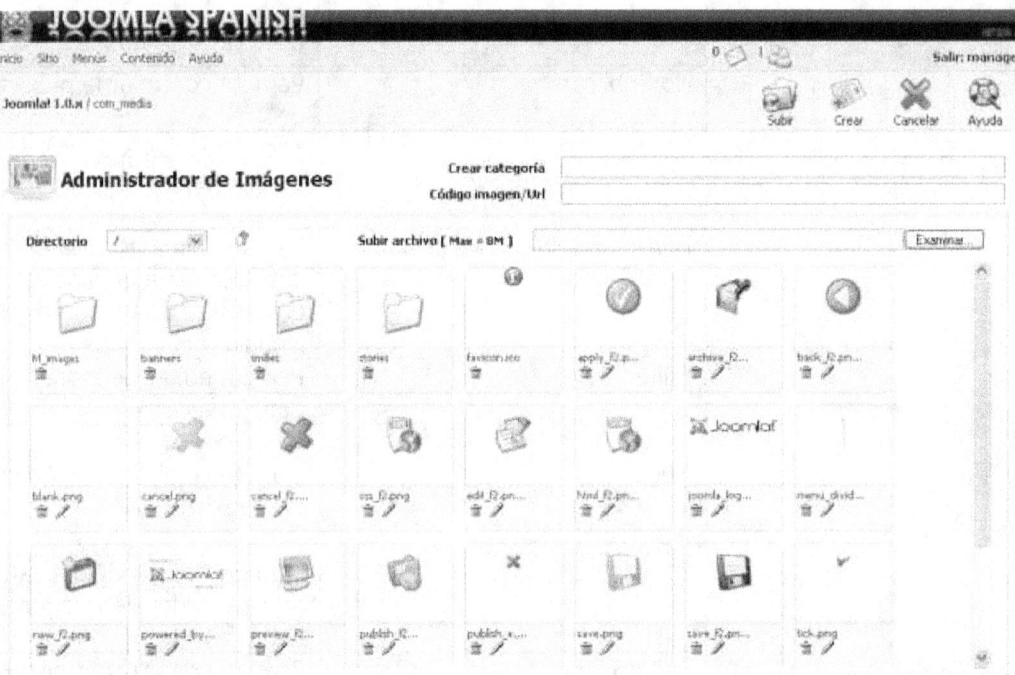

Ahora veremos las siguientes funciones:

• Crear una sub-carpeta.

• Subir una imagen.

• Eliminar una imagen.

• Usar el código URL de la Imagen.

Crear una Sub-carpeta

Pulse el icono de la sub-carpeta stories, o seleccione la carpeta en la lista del 'Directorio'.

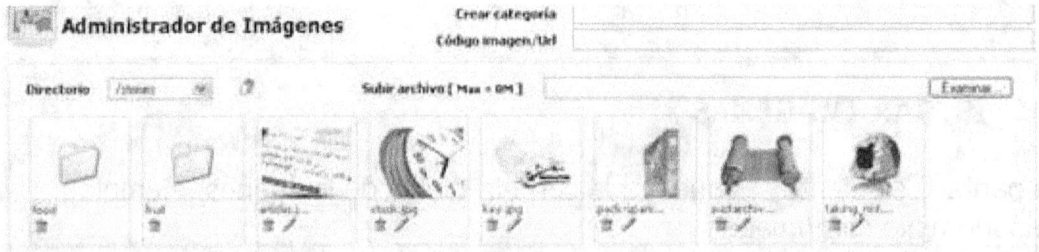

Introduzca un nombre en el campo 'Crear Directorio'.

Nota: Lo ideal es escribir todo en minúsculas, sin espacios o con un guión bajo y de forma breve, por ejemplo: articulos_noticias.

Luego, pulse el icono Crear. Cuando se refresque la pantalla, se mostrará la nueva carpeta añadida a la sub-carpeta images/stories.

Subir y Eliminar una Imagen

Ahora que ha creado una sub-carpeta, suba una imagen. Use el botón Examinar para localizar la imagen que desea subir.

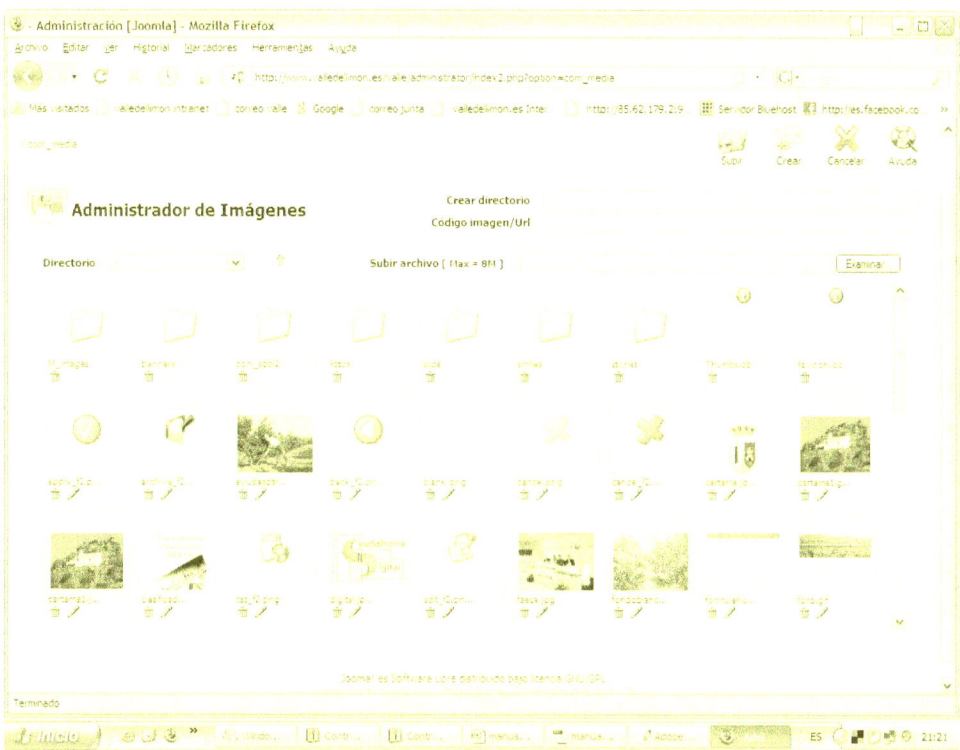

En esta pantalla se observa la estructura de Directorios y ficheros que tenemos en el servidor de Valledellimon.es podemos subir las imágenes incluso crear nuevas carpetas para almacenarlas y ordenarlas por fechas ú otro criterio.

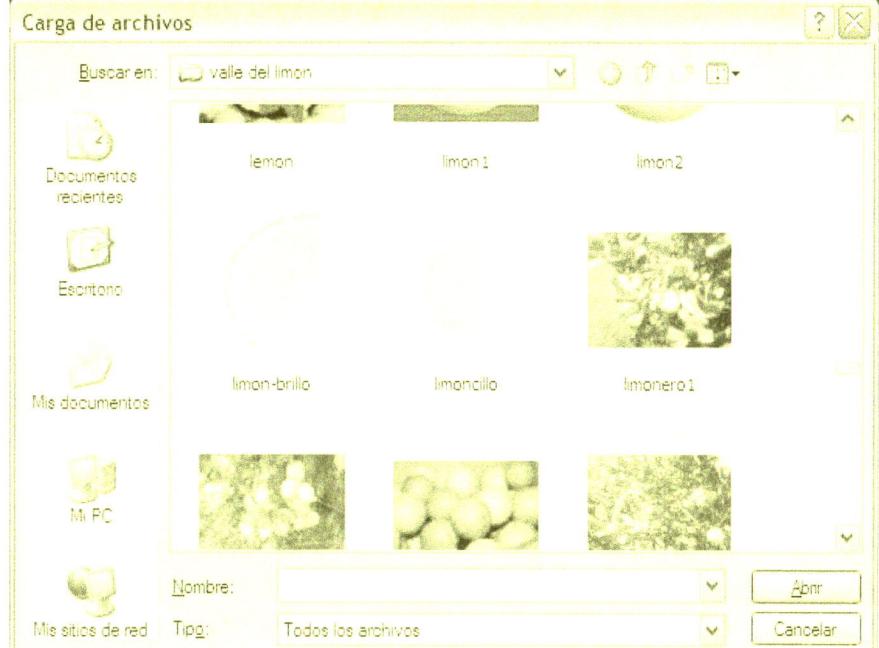

Pulsamos en Examinar y se nos abre un diálogo donde podemos elegir que imagen queremos subir y a que carpeta la enviamos.

Desde la ventana **Carga de Archivos** pulse la imagen seleccionada y pulse **Abrir**. Se mostrará el nombre de la ruta de la imagen seleccionada en la casilla 'Subir Imagen'. Luego pulse el icono **Subir**.

Al finalizar la subida del archivo se mostrará un mensaje de confirmación, 'Subida completada', y podrá observar una miniatura de la imagen en /stories subcarpeta. Esta miniatura presentará dos iconos:

1. El icono **Eliminar** le permite eliminar la imagen de la carpeta.

2. El icono **Editar** le permite editar el nombre de la imagen.

NOTAS SOBRE LAS IMÁGENES

1. Es mejor utilizar nombres de archivo de imágenes lo más breves posibles. Usar letras minúsculas y/o números sin espacios. También se puede usar el guión bajo, _ , para marcar intervalos en el nombre de un archivo si es necesario,ejemplo: camp_verano.gif.

2. Recuerde utilizar archivos de imágenes de poco peso (kb de la imagen).

3. Tamaño de Imagen – Puede preguntarse, por qué una página web con una única imagen pequeña y una gran cantidad de texto tarda más de 1 minuto en cargar.
La respuesta es simple:
La imagen original, que es grande, es redimensionada a un tamaño de imagen más pequeño en el explorador y, de este modo, todavía mantiene el mismo tamaño de archivo. Cuando redimensiona una imagen en su página web, nada cambia en el tamaño del archivo. Lo que realmente está haciendo es decirle al navegador que re-escale la imagen 'al vuelo'. Este comportamiento supone una gran cantidad de trabajo para el navegador.
Cuando usa una programa de edición de imágenes para redimensionar la imagen, y la guarda como .jpg o .gif, entonces sí está creando una imagen más pequeña,y por lo tanto de menor tamaño de archivo.

4. Formato de Imagen – Si quiere optimizar sus imágenes, el primer aspecto que necesita conocer son los tres formatos de imagen reconocidos por su navegador web. Estos formatos son el .gif, el jpg/jpeg y el .png. Los tres formatos comprimen la imagen. Esto significa que la información se organiza dentro del archivo de un modo especial para minimizar su tamaño. La diferencia entre los archivos jpg, gif y png es el modo en que comprimen los datos.

• La compresión JPG está diseñada para optimizar fotografías o imágenes con graduaciones finas de color.

• La compresión GIF está diseñada para optimizar las imágenes con grandes áreas continuas de color, tales como las ilustraciones.

• La compresión PNG fue diseñada específicamente por un comité de internet que lo liberó como patente libre. El formato de imagen PNG proporciona diversas mejoras sobre el formato GIF. Como un GIF, un archivo PNG está comprimida en un modo con pocas pérdidas (esto significa que la información de la imagen se restaura cuando se descomprime el archivo al visualizarlo). El formato PNG no pretende sustituir el formato JPEG, el cual supone 'pérdidas' pero permite al creador hacer un balance entre el tamaño del archivo y la calidad de la imagen al comprimir el archivo.

Habitualmente un archivo PNG puede tardar entre un 10 a 30%. Una imagen de un tamaño sobre 19.5K tarda aproximadamente 3.5 segundos en descargarse con una conexión a 56Kbps. Aunque el acceso a internet por banda ancha está incrementándose, no olvide diseñar su sitio para el denominador común más bajo. El acceso por dial-up todavía representa un número significativo de usuarios de Internet.

5. Dimensiones de la Imagen – Tenga en cuenta las dimensiones de su plantilla para evitar añadir una imagen que "supere" el ancho de su plantilla, particularmente si está usando una tabla con un ancho fijo. Por ejemplo, si tiene una tabla con un ancho fijo de 760 píxeles y un bloc en el lado izquierdo de 150 píxeles para el menú, esto deja 610 píxeles para usar con el cuerpo principal del sitio. Si inserto una imagen con un ancho de 500 píxeles y quiero ajustar el texto alrededor de ella, tan sólo quedarán 110 píxeles para el texto. Esto podría ser demasiado estrecho.

Usar el Código Imagen/URL

El Código Imagen/URL permite insertar la etiqueta <img>, con su ruta de directorio correcta, dentro de un Artículo de Contenido sin usar la etiqueta {mosimage}.

Desde el Administrador de Imágenes pulse el botón Editar para generar el código en el campo 'Código Imagen/URL'.

Copie el código del campo 'Código Imagen/URL' y péguelo en el Artículo de Contenido usado en cualquier pantalla en la que pueda introducir HTML, ejemplo: como en el campo de descripción de una Categoría.

Previsualizar

La función Previsualizar permite visualizar el sitio web desde el Panel del Administrador.

Acceso: Seleccione Sitio -> Previsualizar

El menú Previsualizar, situado bajo la opción de menú Sitio tiene tres sub-opciones, que serán explicadas a continuación.

El menú Previsualizar, situado bajo la opción de menú Sitio tiene tres sub-opciones, que serán explicadas a continuación.

En una Nueva Ventana

Esta opción abrirá el portal de Contenidos Valledellimon.es en una nueva ventana del navegador.

En Línea

Esta opción abrirá el portal de Contenidos Valledellimon.es dentro de la interfaz del Administrador. En esta pantalla se mostrará la opción Abrir en una Nueva Ventana que permite visualizar el sitio web en una nueva ventana del navegador.

Administrar Artículos de Menú

Esta sección tratará sobre:
• Como añadir un nuevo artículo de menú
• Publicar y despublicar artículos de menú
• Mover artículos de menú
• Copiar artículos de menú
• Eliminar artículos de menú
• Usar la opción de menú Inicio para controlar el diseño de la Página de Inicio

Nota: La función de crear y borrar Menús está reservada a los usuarios con nivel de acceso de Administrador o Súper-Administrador.
Por defecto la instalación básica del portal genera los Menús: 'mainmenu', 'othermenu', 'topmenu'
y 'usermenu'.

El Administrador de Menús
Acceso: Seleccione Menús -> [mainmenu]
Se mostrará la pantalla Administrador de Menús [mainmenu].

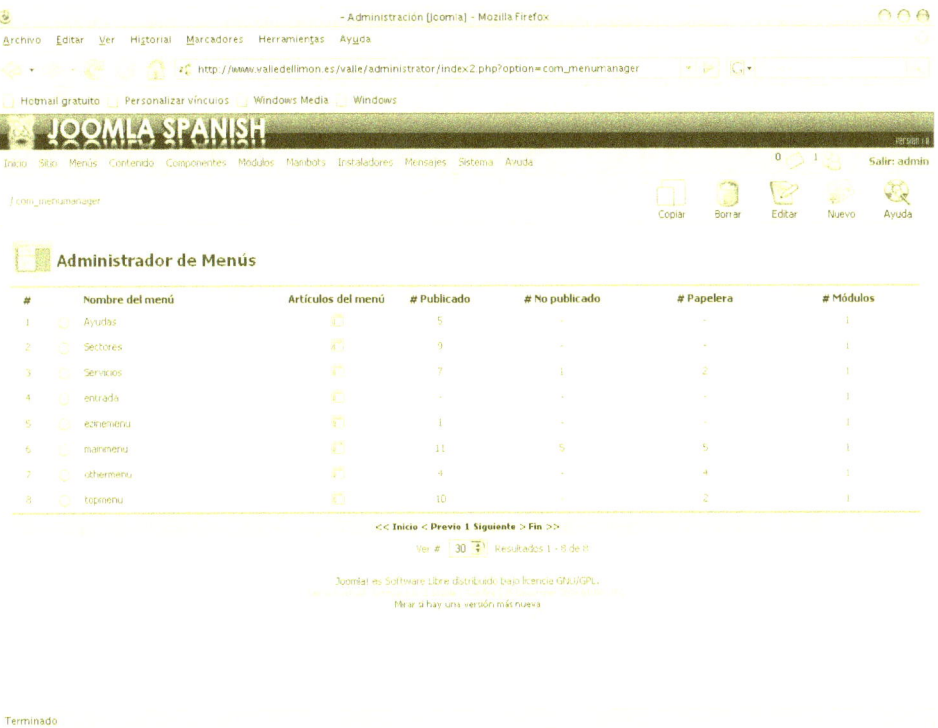

Iconos de la Barra de Herramientas

En esta pantalla dispone de las siguientes funciones: Copiar, Borrar, Editar, Nuevo y Ayuda.

Filtrar

Puede introducir un texto en el campo Filtro para refinar el listado en base a la presencia de dicho texto en el título de los artículos de menú. Escriba cualquier texto y pulse la tecla 'Enter'. También puede seleccionar el número de Niveles Máximos de artículos de menú que se mostrarán. Esto es útil si se tiene una compleja jerarquía de menú.

Descripción de las Columnas de los Menú Artículos

Columnas	Detalles/Opciones
Selección	Pulse está casilla para seleccionar un Artículo de Menú. Si aparece un icono Candado en lugar de la casilla de selección, el artículo está bloqueado, sólo podrá desbloquearlo si usted es el autor del Artículo de Menú o si tiene privilegios de Súper-Administrador.
Artículo de Menú	Este es el nombre del Artículo de Menú tal como aparece en el Sitio (Front-End). Pulse el Nombre para editar un Artículo de Menú. Publicado Muestra si el Artículo de Menú está publicado o no. Pulse el icono para cambiar el estado de Publicado a No Publicado o viceversa.
Reordenar	Pulse las flechas de icono para mover el Artículo de Menú Arriba o Abajo, y así cambiar el orden en el

	listado.
Orden	Muestra el orden de los Artículos de Menú tal y como se mostrarán en el Menú. También puede ordenar los Artículos de Menú introduciendo un valor en el campo orden y pulsando el icono Guardar. Nota: Las columna Orden muestra las posiciones relativas de los Artículos de Menú anidados y los Artículos de Menú padres. Al mover un Artículo de Menú padre se moverán también los Artículos de Menú anidados. Su orden se muestra en relación al Artículo de Menú padre.
Accesos	Muestra qué tipo de usuarios pueden utilizar el Artículo de Menú. Pulse el título del nivel de acceso para escoger otro valor: Public (Público), Registered (Registrado), Special (Especial).
Tipo	Este es el tipo de enlace usado para este Artículo de Menú. En el caso de Enlaces a Artículos de Contenido o Enlaces a Contenido Estático podrá editar directamente el contenido pulsando el tipo del Artículo de Menú.
CID	Este es el Número de Identificación de Componente del Artículo de Menú específico en la base de datos.

Añadir un Nuevo Artículo de Menú

Para crear un nuevo Artículo de Menú pulse el icono Nuevo.
Se mostrará la pantalla Nuevo Artículo de Menú.

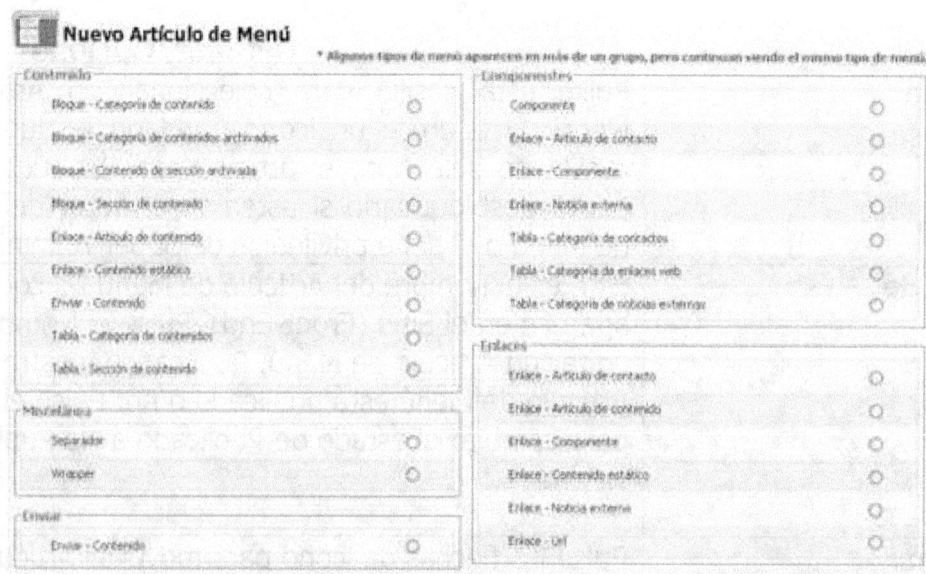

Nota: Tenga en cuenta que algunos tipos de menú aparecen en más de un grupo, pero todos ellos corresponden al mismo tipo de menú. Puede pulsar los botones de selección y luego el icono 'Siguiente' o simplemente pulsar el nombre de la opción deseada.

En el siguiente ejemplo crearemos un artículo de menú para mostrar la información de salida de un Componente. Pulse el enlace Componente del bloque Componentes. Se mostrará la pantalla Añadir Artículo de Menú: Componente.

GESTIÓN DE ARTÍCULOS DE MENÚ

Campo	Detalles/Opciones
Nombre	Escriba el Nombre que se mostrará en el menú.
Componente	Seleccione el Componente pulsando su nombre en la lista.
Artículo Padre	Por defecto, el artículo de menú se añade en el nivel Superior bajo la opción Padre. Si desea crear un submenú, seleccione el artículo Padre apropiado.
Nivel de Acceso	Por defecto, el artículo de menú estará disponible para el acceso Público. Si desea restringir el acceso a el, seleccione el Nivel de Acceso: Public (Público), Registered (Registrado) o Special (Especial).
Publicado	Seleccione Sí o No. Por defecto, el artículo de

	menú será publicado

Publicar y Despublicar un Artículo de Menú

La Publicación y Despublicación de artículos de menú es fácil de realizar. Dispone de dos opciones:
1. Pulsar el icono Publicado para despublicar el artículo de menú o pulsar el icono Despublicado para publicar el artículo de menú.
2. Seleccionar la casilla de selección del artículo de menú y pulsar el icono Publicar o No Publicar según sea lo apropiado.

Mover un Artículo de Menú

Seleccione el artículo(s) de menú que se quiere mover y pulse el icono Mover de la barra de herramientas del Administrador de Menús.

Se mostrará una nueva pantalla denominada Mover Artículos de Menú.

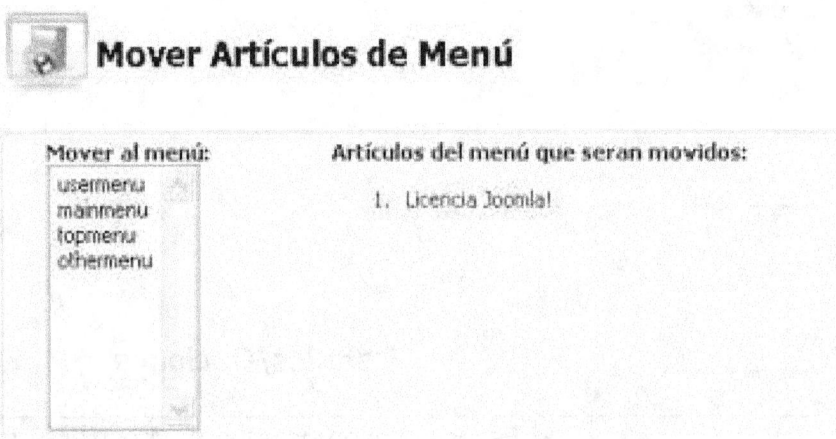

Esta función permite mover artículo(s) de menú entre menús. Dispone de las opciones: **Mover**
o **Cancelar**.
1. Seleccione el menú al que quiere mover el artículo(s) de menú.
2. Pulse el botón **Mover**. Regresará a la pantalla del **Administrador de Menús**.

Copiar un Artículo de Menú

Seleccione el artículo(s) de menú que se quiere copiar y pulse el icono Copiar de la barra de herramientas del Administrador de Menús.

Se mostrará una nueva pantalla denominada Copiar Artículos de Menú.
Esta función permite copiar artículo(s) de menú a otros menús. Dispone de las opciones:
Copiar o Cancelar.

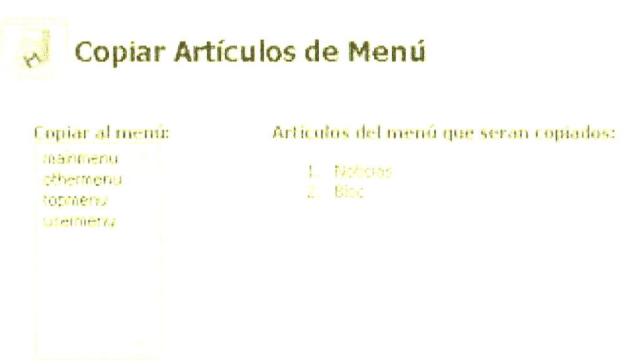

Esta función permite copiar artículo(s) de menú a otros menús. Dispone de las opciones:
Copiar o Cancelar.
1. Seleccione el menú en el que quiere copiar el artículo(s) de menú.
2. Pulse el botón Copiar. Regresará a la pantalla del Administrador de Menús.

Eliminar un Artículo de Menú

Seleccione el artículo(s) de menú que se quiere eliminar y pulse el icono Eliminar de la barra de herramientas del Administrador de Menús.

Nota: Se mostrará la leyenda Número de Artículo(s) de Menú enviados a la Papelera, en la parte superior de la pantalla.
Nota: El Administrador de la Papelera permite restaurar aquellos artículos de menú que han sido enviados a la papelera.
Nota: Se mostrará la leyenda (Número de Artículos) Artículos de Menú copiados a (Nombre del Menú) en la parte superior de la pantalla.
Nota: Se mostrará la leyenda (Número de Artículos) Artículos de Menú movidos a (Nombre del Menú) en la parte superior de la pantalla.

Usar la Opción de Menú Inicio para Controlar el Diseño de la Página de Inicio

Esta sección explica como puede variar la disposición de los Artículos de Contenido en la Página de Inicio mediante el uso del Artículo de Menú Inicio.

OPCIONES DE CONFIGURACIÓN DEL DISEÑO
Usted puede controlar el modo en que los Artículos de Contenido se muestran en la Página de Inicio. Pulse la opción de menú 'Inicio' para editarlo:
Existen cuatro opciones que pueden ser configuradas:

- El número de artículos Principales.
- El número de artículos de los que se muestra el Texto de Introducción.
- El número de columnas para mostrar los artículos con Texto de Introducción.
- El número de artículos cuyos títulos se muestran como Enlaces.

Los siguientes ejemplos ilustran diferentes tipos de opciones:

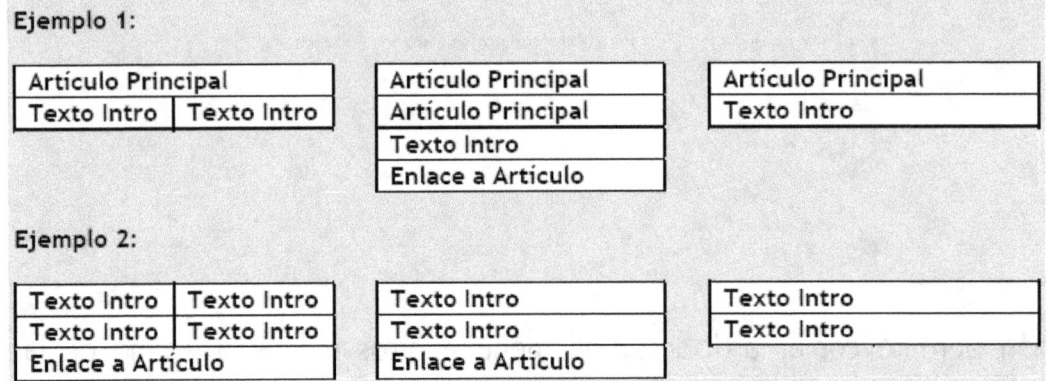

Administrar Contenido

En el Sistema de Gestión de Contenido de Valledellimon, basado en el CMS Joomla, existe una jerarquía de organización del contenido en tres niveles:

1. Secciones: Contenedores principales; en su interior están las Categorías.
2. Categorías: Contenedores secundarios; en su interior están los Artículos de Contenido.
3. Artículos de Contenido: Son los textos e imágenes que usted muestra en una página.

Debe tener en cuenta que no podrá crear un Artículo de Contenido a menos que tenga creadas una Sección y una Categoría en donde incluirlo.
Puede imaginar esta estructura como una jerarquía en la que: **las Secciones son cajones, las Categorías son carpetas y los Artículos de Contenido son documentos de papel.**

• Si usted tiene los documentos de papel desperdigados por cualquier parte de su habitación, esto resultaría en un gran desorden. Si tiene los documentos distribuidos en carpetas, pero las carpetas están desperdigadas por la habitación, no sería mucho mejor. Si tiene los documentos en un cajón, pero sin organizarlos en carpetas,tampoco sería mejor.
• Por lo tanto, mantenga las cosas organizadas, ponga sus documentos (Artículos de Contenido) dentro de carpetas (Categorías) y éstas dentro de cajones (Secciones).
Un aspecto importante es que, al organizar los documentos en Secciones y Categorías, les podrá asignar diferentes plantillas.

El diagrama de la izquierda ilustra una plantilla típica de tres columnas:

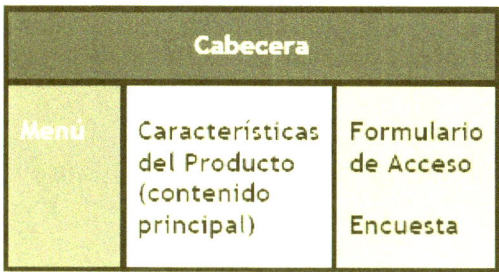
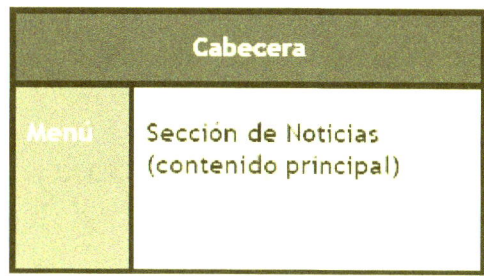

No obstante si usted quiere mostrar la sección Noticias en dos columnas, podrá hacerlo.

Nota: Además de esta estructura de organización en Secciones y Categorías, existe otro tipo de contenido que no se incluye en la jerarquía de Secciones y Categorías; se llama 'Artículo de Contenido Estático'. Esto no significa que se esté oponiendo estático vs. dinámico, si no que simplemente no está asignado a una Sección y Categoría.

De este modo, usted debe pensar en cómo organizará su sitio, y en los aspectos del diseño sobre como se mostrarán las diferentes partes.

Los siguientes apartados tratarán el proceso para administrar:
• Secciones
• Categorías
• Artículos de Contenido
• Artículos de Contenido Estático

Administrar Categorías

En este apartado, se describirá como podemos gestionar y administrar todo lo referente a Categorias:

Acceso: Seleccione Contenido -> Administrador de Categorías.

Otra opción: Pulse Administrador de Categorías desde el Panel de Control.

Se mostrará la pantalla Administrador de Categorías.

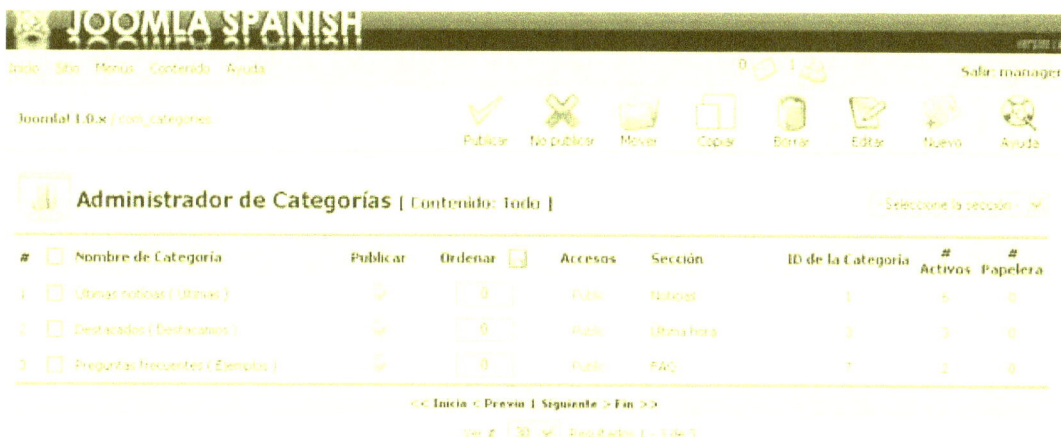

Podemos ver los distintos iconos en la parte superior para poder publicar, no publicar, mover, copiar, borrar, editar, nuevo y ayuda. Todo relativo a Categorias.

Y para crear una nueva Categoría fíjese en los siguientes campos y complételos.

Título de la Categoría

Escriba aquí el título breve para la nueva Categoría, tal y como quiere que se muestre en los menús.

Nombre de la Categoría

Escriba aquí el nombre largo para la nueva Categoría. Este nombre se utilizará en las cabeceras del Sitio.

Sección

Seleccione, en la lista desplegable, la Sección a la que pertenecerá la Categoría. Esta opción no estará disponible una vez guarde o aplique la Categoría (en su lugar aparecerá la Sección asignada a la Categoría).

Orden

Seleccione el orden de la Categoría tal como aparecerá en el listado del Administrador de Categorías.

Imagen

Seleccione la imagen a mostrar junto al texto de Descripción de la Categoría. La lista desplegable muestra las imágenes de la carpeta images/stories.

Posición de la Imagen

Seleccione la posición de la imagen en relación al texto de Descripción de la Categoría: Izquierda o Derecha.

Nivel de Acceso

Seleccione el tipo de usuario que podrá visualizar esta Categoría: Public (Público), Registered (Registrado) o Special (Especial).

Publicado

Seleccione Sí para mostrar el contenido de la Categoría en el Sitio o No para no mostrarlo.

Descripción de la Categoría

Escriba aquí, si lo desea, un texto que describa la Categoría. Este texto se mostrará (si así se decide) cuando la Categoría se visualice como tabla, blog... Las opciones de formato dependen del Editor de Texto que utilice. Se recomienda no insertar saltos de página.

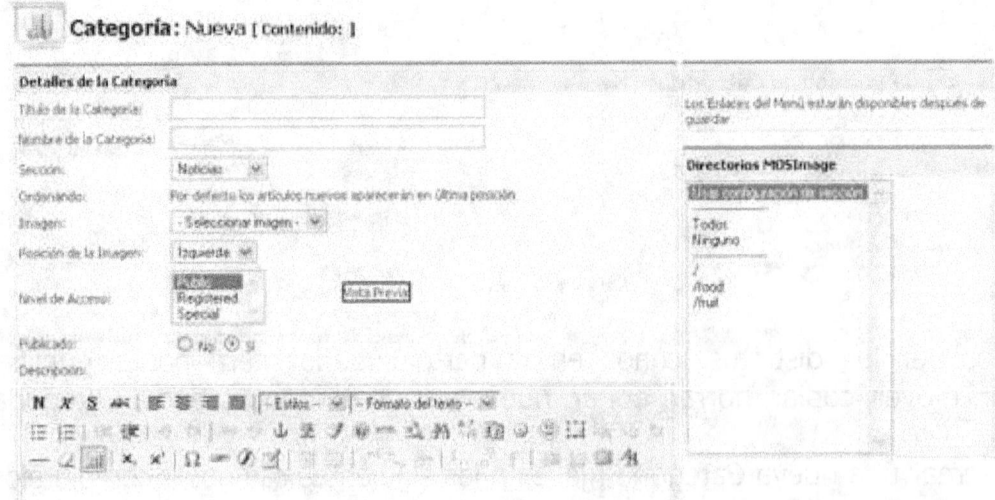

Administrar Artículos de Contenido

Los Mánagers, Administradores y Súper-Administradores pueden crear, editar y gestionar los Artículos de Contenido desde el Administrador o desde el Sitio.

El Administrador de Artículos de Contenido
Acceso: Seleccione Contenido -> Todos los Artículos de Contenido.
Otra opción: Seleccione Panel de Control -> Administrador de Artículos de Contenido.
Se mostrará la pantalla Administrador de Artículos de Contenido.

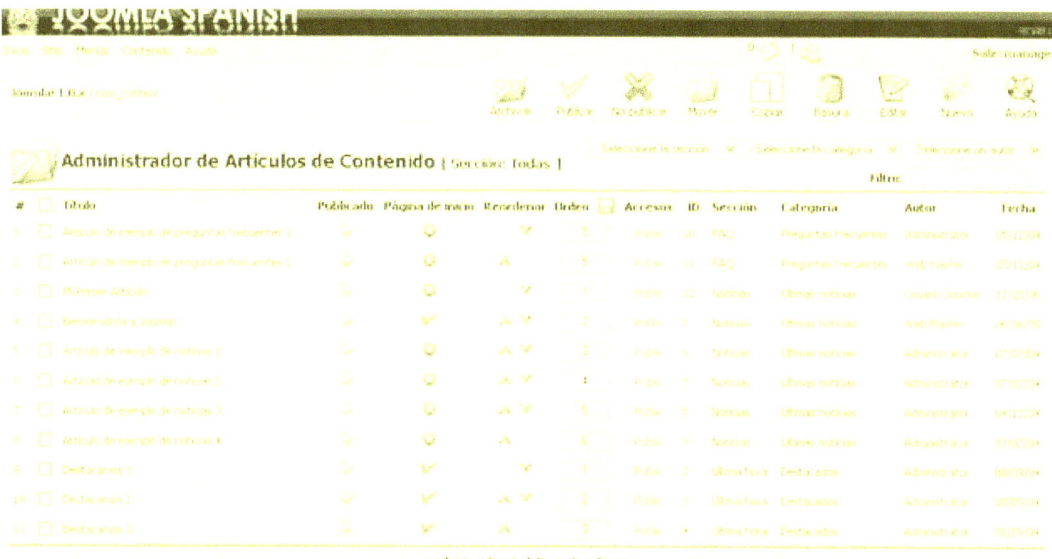

El Administrador de Artículos de Contenido muestra un listado de todos los Artículos de Contenido de su sitio.

Iconos de la Barra de Herramientas

En esta pantalla dispone de las siguientes opciones: Archivar, Publicar, No Publicar, Mover,Copiar, Borrar, Editar, Nuevo y Ayuda.

Información de la Publicación

En la parte inferior de la página hay varios iconos que explican el estado de publicación de los artículos de contenido:

• Publicado, pero Pendiente: Este icono indica si un artículo de contenido está publicado pero está pendiente de aprobación.

• Publicado y Funcionando: Este icono indica que el artículo de contenido está publicado actualmente.

• Publicado, pero Expirado: Este icono indica que el artículo de contenido está publicado pero ha expirado, lo que significa que no estará visible en el sitio.

• No Publicado: Este icono indica que el artículo de contenido no está publicado todavía.

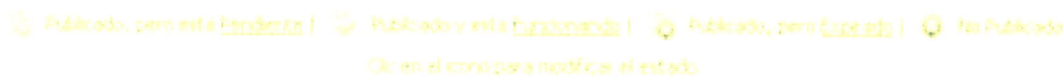

Administrar la Papelera

Los Artículos de Contenido y de Menú que han sido enviados a la papelera, están esperando en el Administrador de la Papelera hasta su eliminación definitiva. No obstante, también pueden ser restaurados a su ubicación original.

El Administrador de la Papelera

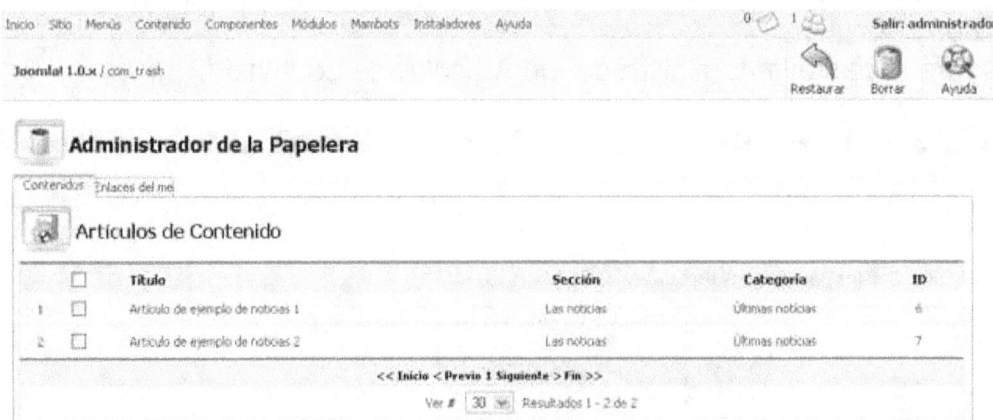

Esta pantalla muestra un listado con los Artículos de Contenido y los Artículos de Menú que han sido enviados a la papelera.

Iconos de la Barra de Herramientas

En esta pantalla dispone de las siguientes opciones: Restaurar, Borrar y Ayuda.

Pulse la casilla de selección a la izquierda de los artículos si desea eliminarlos o restaurarlos y luego pulse el icono Borrar o el icono Restaurar, según sea lo apropiado.

Administrar Componentes Externos

Los Componentes son elementos funcionales del núcleo de Joomla y se muestran en el cuerpo principal de la plantilla del sitio web, ejemplo: mainbody.php. Dependiendo del diseño de la plantilla en uso, podrán situarse en el centro de la página web o en cualquier otro lugar determinado.

Una instalación típica de Joomla contiene los componentes: Banners, Contactos, Noticias Externas, Encuestas y Enlaces Web.

Los miembros de la comunidad Joomla producen componentes de terceras partes de forma continua. Puede encontrar muchos componentes disponibles para la descarga en el creciente Directorio de Extensiones de Joomla, en el Centro de Descargas Joomla Spanish o en el Sitio del Desarrollador Joomla.

• La instalación y desinstalación de componentes

• Los componentes del núcleo incluidos en la instalación de Joomla

• Cómo se configuran y se utilizan estos componentes

Instalar un Componente

Acceso: Seleccione Instaladores -> Componentes

NOTA: Es necesario tener muy en cuenta las versiones de los componentes que queremos instalar en nuestro entorno Gestor de Contenido, ya que en ocasiones se nos puede volver inestable el entorno.

Esta pantalla se divide en dos partes: una superior y otra inferior. La parte superior se usa para instalar Componentes y la parte inferior muestra un listado de los Componentes que están instalados y que se pueden desinstalar.
Existen dos métodos para Instalar un Componente:

Instalar el Paquete Comprimido
En caso de tener instalado el soporte Gzip en su configuración PHP, podrá subir un paquete o carpeta de archivos comprimidos (zip o tar), que será instalado automáticamente en su servidor. Seleccione Examinar... para seleccionar la posición del elemento en su ordenador.
Luego pulse el botón Subir Archivo e Instalarlo. Si todo va bien, se mostrara un mensaje
confirmando el éxito de la acción.

Instalar desde un Directorio del Servidor
Si no dispone de soporte Gzip, necesitará subir por FTP una carpeta con los archivos descomprimidos a su servidor. Luego escriba la localización de esta carpeta (debe determinar su posición absoluta) y pulse el botón Instalar.

Para Desinstalar un Componente, Seleccione la casilla de selección del Componente que quiera desinstalar, luego pulse el icono Desinstalar de la barra de herramientas. Se mostrará una ventana de alerta: ¿Está seguro de que desea suprimir los elementos seleccionados?.
Pulse Aceptar para confirmar la eliminación o Cancelar para anularla. En caso de aceptar, aparecerá un mensaje de Éxito en la eliminación del componente.

Nota: Los componentes eliminados serán borrados completamente de la base de datos. No se podrán recuperar desde el Administrador de la Papelera. Además del componente, también se eliminarán TODOS sus registros asociados en la base de datos.

Administrar Módulos

Los Módulos se utilizan para mostrar diversa información o características interactivas en un sitio Joomla. Un Módulo puede contener cualquier cosas desde texto plano, a HTML, hasta aplicaciones de terceros autónomas. Los Módulos también pueden mostrar contenido interactivo, como encuestas, últimas noticias, noticias externas...

Los Módulos del Sitio se diferencian de los Módulos del Administrador, ya que mientras los primeros muestran contenido en el sitio, los segundos están relacionados con tareas o características propias del Administrador o zona de gestión del entorno.

Puede crear sus propios Módulos Personalizados, o descargar e instalar módulos creados por terceros. Puede encontrar muchos módulos disponibles para la descarga en el creciente Directorio de Extensiones de Joomla, en el Centro de Descargas Joomla Spanish o en el Sitio del Desarrollador Joomla!.

En este apartado, se tratará:

• La instalación y desinstalación de módulos

• El Administrador de Módulos y las funciones asociadas

• Una explicación sobre como configurar los Módulos del Sitio instalados con Joomla!

Instalar un Módulo

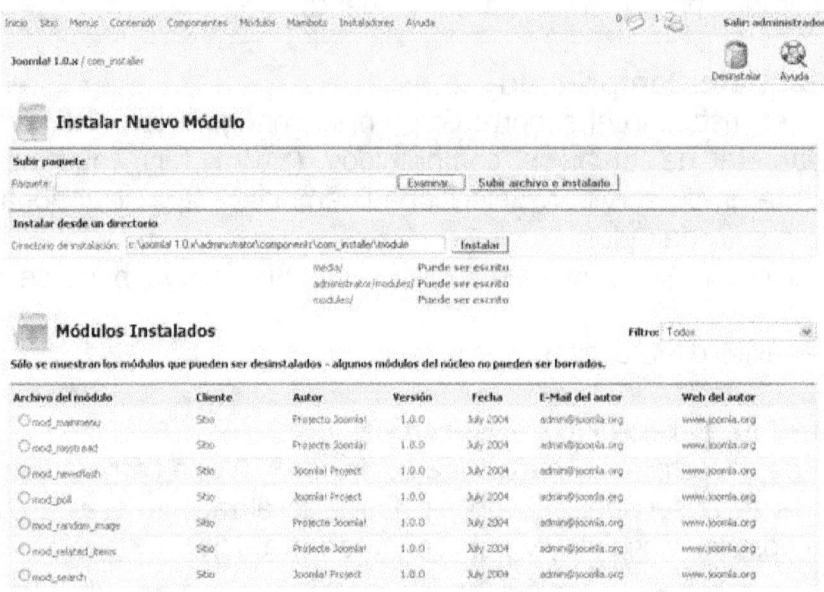

NOTA: Es necesario tener muy en cuenta las versiones de los Módulos que queremos instalar en nuestro entorno Gestor de Contenido, ya que en ocasiones se nos puede volver inestable el entorno.

Esta pantalla se divide en dos partes: una superior y otra inferior. La parte superior se usa para instalar Módulos y la parte inferior muestra un listado de los Módulos que están instalados y que se pueden desinstalar.

Existen dos métodos para Instalar un Módulo:

Instalar el Paquete Comprimido

En caso de tener instalado el soporte Gzip en su configuración PHP, podrá subir un paquete o carpeta de archivos comprimidos (zip o tar), que será instalado automáticamente en su servidor. Seleccione Examinar... para seleccionar la posición del elemento en su ordenador.
Luego pulse el botón Subir Archivo e Instalarlo. Si todo va bien, se mostrara un mensaje confirmando el éxito de la acción.

Instalar desde un Directorio del Servidor

Si no dispone de soporte Gzip, necesitará subir por FTP una carpeta con los archivos descomprimidos a su servidor. Luego escriba la localización de esta carpeta (debe determinar su posición absoluta) y pulse el botón Instalar.

Para Desinstalar un Módulo, Seleccione la casilla de selección del Módulo que quiera desinstalar, luego pulse el icono Desinstalar de la barra de herramientas. Se mostrará una ventana de alerta: ¿Está seguro de que desea suprimir los elementos seleccionados?.

Administrar Mambots

Los Mambots son bloques de código de código que soportan las operaciones de Joomla. Tienen diferentes objetivos y funciones, y están agrupados juntos para su fácil gestión. Por ejemplo, existen Mambots que sólo operan sobre Artículos de Contenido, otros proporcionan posibilidades de búsqueda... En algunos grupos, puede publicarse cualquier número de Mambots a la vez, mientras que en otros (por ejemplo, los editores WYSIWYG) solo puede estar uno activo.
En algunos grupos es importante el orden, por ejemplo, en el grupo de contenido, el Mambot de Imagen [mosimage} debe ser el primero (debe estar en la parte superior de la lista), y el Mambot Paginación {mospagebreak} debe ser el último.

Puede descargar e instalar nuevos mambots, para añadir nuevas características a Joomla. Existen mambots disponibles para la descarga en el creciente Directorio de Extensiones de Joomla, en el Centro de Descargas Joomla Spanish o en el Sitio del Desarrollador Joomla.

En este apartado, se tratará:
• La instalación y desinstalación de mambots
• El Administrador de Mambots y las funciones asociadas
• Una explicación de las funciones y ajustes de los Mambots instalados con Joomla!

Instalar un Mambot

Acceso: Seleccione Instaladores -> Mambots

Se mostrará la pantalla Instalar Nuevo Mambot.

La Administración de estos bloques de código de mantenimiento similar a los Componentes, Módulos, como son los Mambot es necesario reiterar la necesidad de informarse adecuadamente de la procedencia de estos Mambots, ya que su incompatibilidad con la Versión de CMS que tengamos puede ocasionar errores muy diversos.

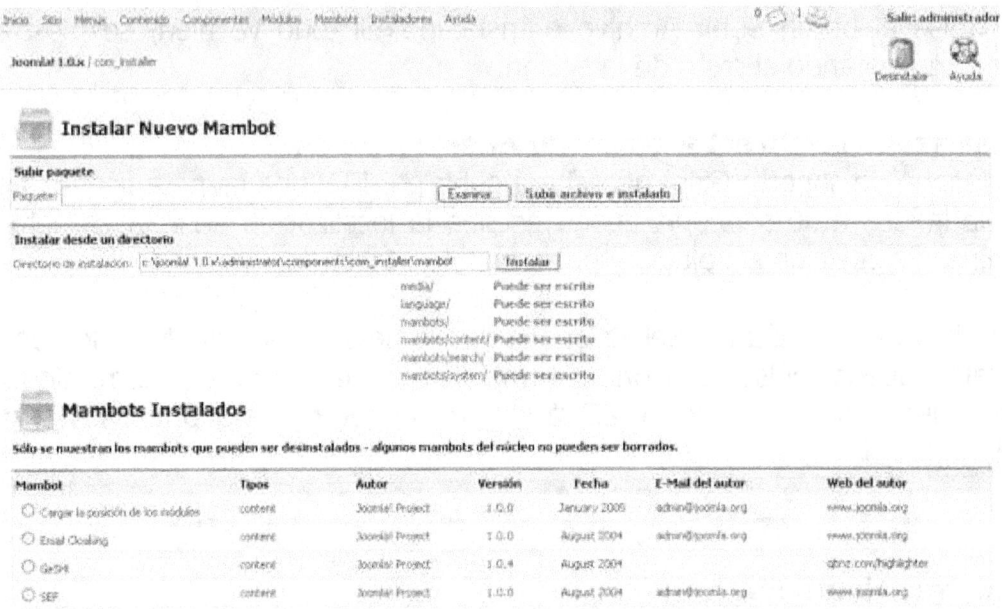

Esta pantalla se divide en dos partes: una superior y otra inferior. La parte superior se usa para instalar Mambots y la parte inferior muestra un listado de los Mambots que están instalados y que se pueden desinstalar.

Existen dos métodos para Instalar un Mambot:

Instalar el Paquete Comprimido
En caso de tener instalado el soporte Gzip en su configuración PHP, podrá subir un paquete o carpeta de archivos comprimidos (zip o tar), que será instalado automáticamente en su servidor. Seleccione Examinar... para seleccionar la posición del elemento en su ordenador.
Luego pulse el botón Subir Archivo e Instalarlo. Si todo va bien, se mostrara un mensaje confirmando el éxito de la acción.

Instalar desde un Directorio del Servidor
Si no dispone de soporte Gzip, necesitará subir por FTP una carpeta con los archivos descomprimidos a su servidor. Luego escriba la localización de esta carpeta (debe determinar su posición absoluta) y pulse el botón Instalar.

Para Desinstalar un Mambot,Seleccione la casilla de selección del Mambot que quiera desinstalar, luego pulse el icono Desinstalar de la barra de herramientas. Se mostrará una ventana de alerta: ¿Está seguro de que desea suprimir los elementos seleccionados?.

Pulse Aceptar para confirmar la eliminación o Cancelar para anularla. En caso de aceptar, aparecerá un mensaje de Éxito en la eliminación del mambot.

Administrar Plantillas

Existen dos tipos de plantillas, las Plantillas del Sitio y las Plantillas del Administrador.

Las Plantillas del Sitio controlan la apariencia del sitio web Joomla, mientras que las Plantillas del Administrador controlan la apariencia del área de Administración de Valledellimon.

En esta pantalla puede observarse todos los apartados relativos a la Administración de las Plantillas, y puede trabajarse de forma similar a como se ha explicado con anterioridad otros Componentes, Mambots y Módulos.

• El Administrador de Plantillas y las funciones asociadas (Sitio y Administrador)

• La instalación y desinstalación de plantillas (Sitio y Administrador)

• La asignación de una plantilla (Sitio)

• La edición del archivo HTML de una plantilla (Sitio y Administrador)

• La edición de los archivos CSS de una plantilla (Sitio y Administrador)

• Las Posiciones de los Módulos

El Administrador de Plantillas

El Administrador de Plantillas permite instalar y gestionar las plantillas. La vista inicial proporciona un listado de las plantillas instaladas (Sitio y Administrador).

Plantillas del Sitio

Acceso: Seleccione Sitio -> Administrador de Plantillas -> Plantillas del Sitio
Se mostrará la pantalla Administrador de Plantillas [Sitio].

En esta pantalla dispone de las siguientes opciones: Defecto, Asignar, Borrar, Editar HTML, Editar CSS, Nuevo y Ayuda.

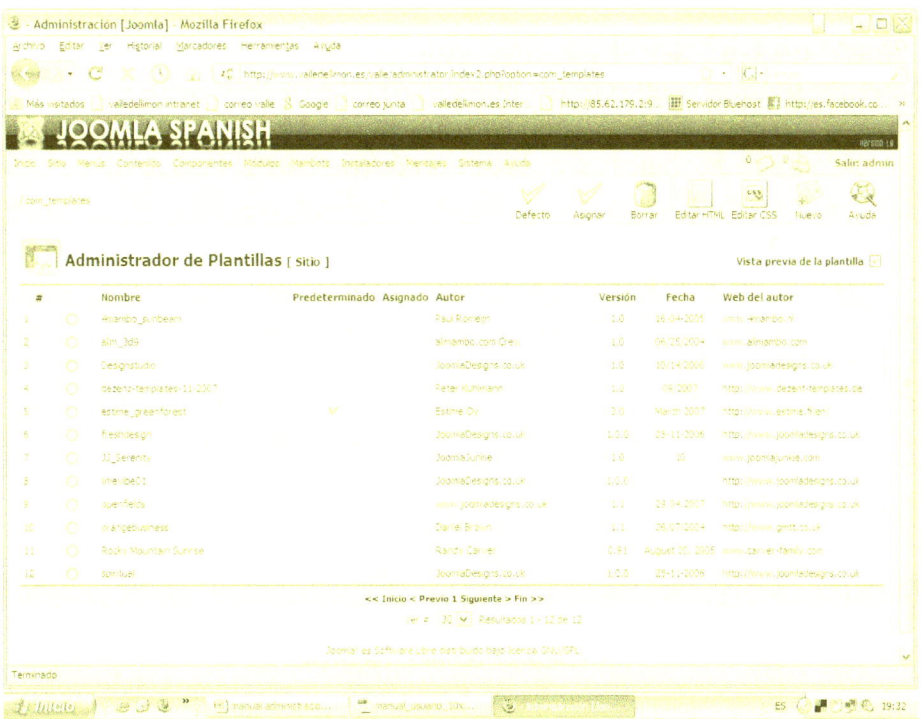

Instalar una Plantilla

Acceso: Seleccione Sitio -> Administrador de Plantillas [Sitio o Administrador] ->
Nuevo
Otra opción: Seleccione Instaladores -> Plantillas
Se mostrará la pantalla Instalar Nueva Plantilla.

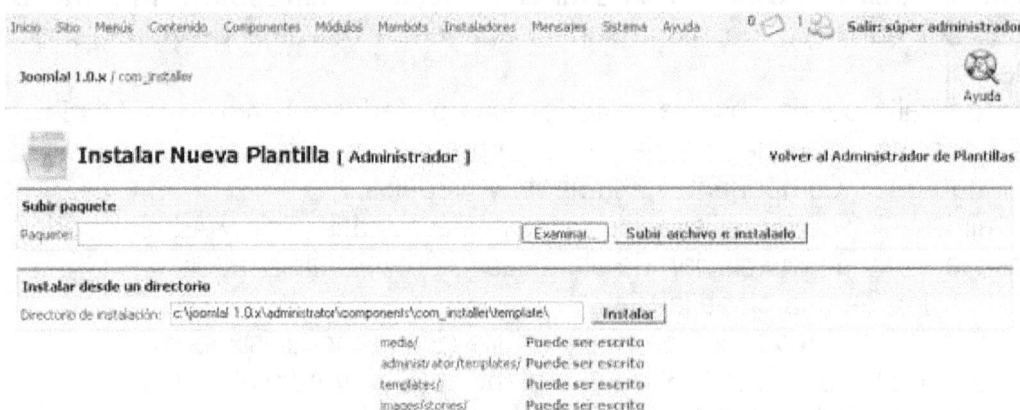

Existen dos métodos para Instalar una Plantilla desde el Panel del Administrador de
Joomla:

Instalar el Paquete Comprimido

En caso de tener instalado el soporte Gzip en su configuración PHP, podrá subir un
paquete o carpeta de archivos comprimidos (zip o tar), que será instalado
automáticamente en su servidor. Seleccione Examinar... para seleccionar la posición
del elemento en su ordenador.
Luego pulse el botón Subir Archivo e Instalarlo. Si todo va bien, se mostrara un
mensaje confirmando el éxito de la acción.

Instalar desde un Directorio del Servidor

Si no dispone de soporte Gzip, necesitará subir por FTP una carpeta con los archivos
descomprimidos a su servidor. Luego escriba la localización de esta carpeta (debe
determinar su posición absoluta) y pulse el botón Instalar.
Para Desinstalar una Plantilla pulse en Acceso: Seleccione Sitio -> Administrador de
Plantillas -> Plantillas [Sitio o Administrador]
Seleccione la casilla de selección de la Plantilla que quiera desinstalar, luego pulse el
icono Borrar de la barra de herramientas. Se mostrará una ventana de alerta: ¿Está
seguro de que desea suprimir los elementos seleccionados?.
Pulse Aceptar para confirmar la eliminación o Cancelar para anularla. En caso de
aceptar, aparecerá un mensaje de Éxito en la eliminación de la plantilla.

```
Listado de rutas de carpetas para el volumen system8
La carpeta es www/valle del servidor apache


|    CHANGELOG.php
|    configuration.php
```

```
|     configuration.php-dist
|     COPYRIGHT.php
|     globals.php
|     htaccess.txt
|     index.php
|     index2.php
|     INSTALL.php
|     mainbody.php
|     offline.php
|     offlinebar.php
|     pathway.php
|     robots.txt
|     valle-map.txt
|
|-----administrator
|     |     index.php
|     |     index2.php
|     |     index3.php
|     |     logout.php
|     |
|     |-----backups
|     |           20070616101521_valle_L6QWEijgw8CTY2QD.sql.gz
|     |           20070918115030_valle_L6QWEijgw8CTY2QD.sql.gz
|     |           20070922124129_valle_L6QWEijgw8CTY2QD.sql.gz
|     |           index.html
|     |
|     |-----components
|     |     |     index.html
|     |     |
|     |     |-----com_admin
|     |     |           admin.admin.html.php
|     |     |           admin.admin.php
|     |     |           index.html
|     |     |           toolbar.admin.html.php
|     |     |           toolbar.admin.php
|     |     |
|     |     |-----com_babackup
|     |     |     |     admin.babackup.html.php
|     |     |     |     admin.babackup.php
|     |     |     |     babackup.xml
```

```
|   |   |     |       index.html
|   |   |     |       install.babackup.php
|   |   |     |       toolbar.babackup.html.php
|   |   |     |       toolbar.babackup.php
|   |   |     |
|   |   |     ├───backups
|   |   |     |       20070616101522_backup_L6QWEijgw8CTY2QD.tar.gz
|   |   |     |       20070918115032_backup_L6QWEijgw8CTY2QD.tar.gz
|   |   |     |       20070922124131_backup_L6QWEijgw8CTY2QD.tar.gz
|   |   |     |       index.html
|   |   |     |
|   |   |     ├───classes
|   |   |     |       index.html
|   |   |     |       PEAR.php
|   |   |     |       Tar.php
|   |   |     |
|   |   |     ├───docs
|   |   |     |       babackup_user_guide.pdf
|   |   |     |       index.html
|   |   |     |
|   |   |     └───language
|   |   |             brazilian_portuguese.php
|   |   |             croatian.php
|   |   |             danish.php
|   |   |             english.php
|   |   |             french.php
|   |   |             hebrew.php
|   |   |             index.html
|   |   |             polish.php
|   |   |
|   |   ├───com_banners
|   |   |       admin.banners.html.php
|   |   |       admin.banners.php
|   |   |       banners.xml
|   |   |       index.html
|   |   |       toolbar.banners.html.php
|   |   |       toolbar.banners.php
|   |   |
|   |   ├───com_categories
|   |   |       admin.categories.html.php
```

```
|    |    |        admin.categories.php
|    |    |        index.html
|    |    |        toolbar.categories.html.php
|    |    |        toolbar.categories.php
|    |    |
|    |    ├───com_checkin
|    |    |        admin.checkin.php
|    |    |        index.html
|    |    |        toolbar.checkin.html.php
|    |    |        toolbar.checkin.php
|    |    |
|    |    ├───com_config
|    |    |        admin.config.html.php
|    |    |        admin.config.php
|    |    |        config.class.php
|    |    |        index.html
|    |    |        toolbar.config.html.php
|    |    |        toolbar.config.php
|    |    |
|    |    ├───com_contact
|    |    |        admin.contact.html.php
|    |    |        admin.contact.php
|    |    |        contact.xml
|    |    |        contact_items.xml
|    |    |        index.html
|    |    |        toolbar.contact.html.php
|    |    |        toolbar.contact.php
|    |    |
|    |    ├───com_content
|    |    |        admin.content.html.php
|    |    |        admin.content.php
|    |    |        content.xml
|    |    |        index.html
|    |    |        toolbar.content.html.php
|    |    |        toolbar.content.php
|    |    |
|    |    ├───com_extcalendar
|    |    |        admin.config.inc.php
|    |    |        admin.extcalendar.html.php
|    |    |        admin.extcalendar.php
```

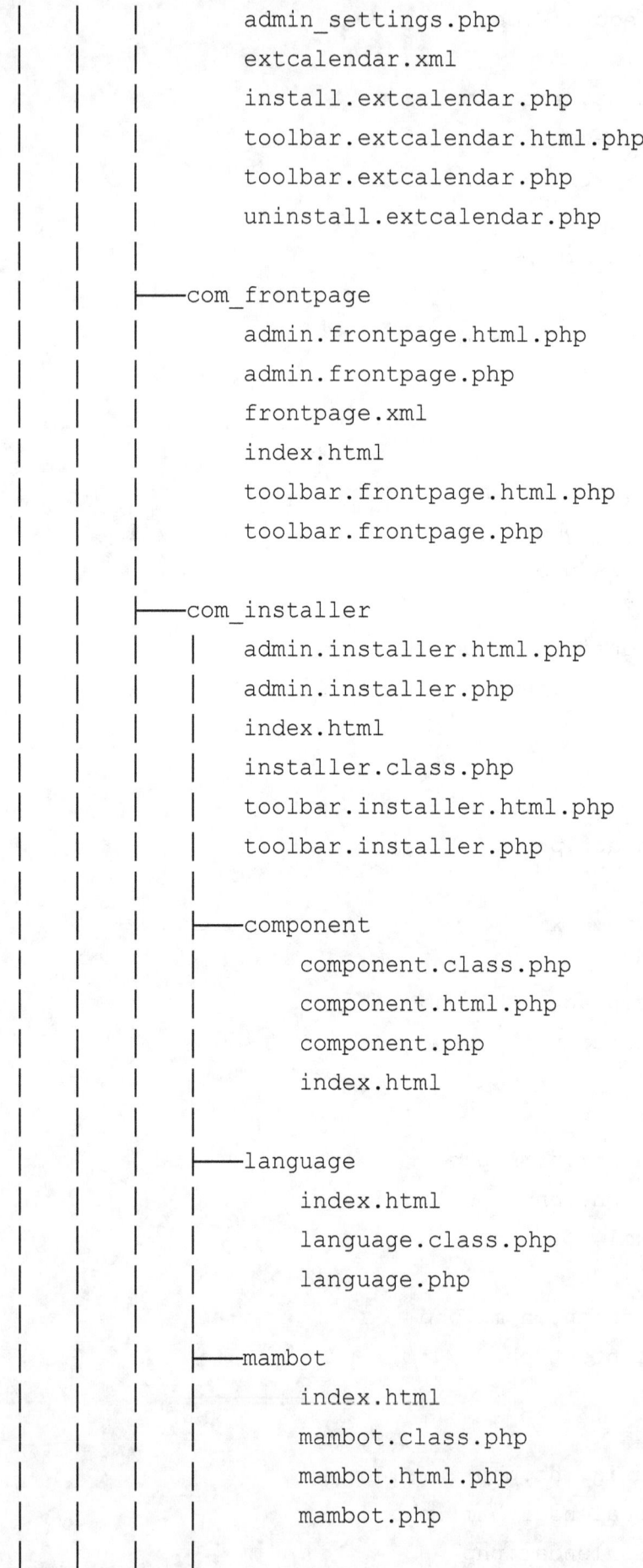

```
|    |    |              admin_settings.php
|    |    |              extcalendar.xml
|    |    |              install.extcalendar.php
|    |    |              toolbar.extcalendar.html.php
|    |    |              toolbar.extcalendar.php
|    |    |              uninstall.extcalendar.php
|    |    |
|    |    ├────com_frontpage
|    |    |              admin.frontpage.html.php
|    |    |              admin.frontpage.php
|    |    |              frontpage.xml
|    |    |              index.html
|    |    |              toolbar.frontpage.html.php
|    |    |              toolbar.frontpage.php
|    |    |
|    |    ├────com_installer
|    |    |    |         admin.installer.html.php
|    |    |    |         admin.installer.php
|    |    |    |         index.html
|    |    |    |         installer.class.php
|    |    |    |         toolbar.installer.html.php
|    |    |    |         toolbar.installer.php
|    |    |    |
|    |    |    ├────component
|    |    |    |         component.class.php
|    |    |    |         component.html.php
|    |    |    |         component.php
|    |    |    |         index.html
|    |    |    |
|    |    |    ├────language
|    |    |    |         index.html
|    |    |    |         language.class.php
|    |    |    |         language.php
|    |    |    |
|    |    |    ├────mambot
|    |    |    |         index.html
|    |    |    |         mambot.class.php
|    |    |    |         mambot.html.php
|    |    |    |         mambot.php
|    |    |    |
```

```
|   |   |   ┌─────module
|   |   |   |       index.html
|   |   |   |       module.class.php
|   |   |   |       module.html.php
|   |   |   |       module.php
|   |   |   |
|   |   |   └─────template
|   |   |           index.html
|   |   |           template.class.php
|   |   |           template.php
|   |   |
|   |   ├─────com_languages
|   |   |       admin.languages.html.php
|   |   |       admin.languages.php
|   |   |       index.html
|   |   |       toolbar.languages.html.php
|   |   |       toolbar.languages.php
|   |   |
|   |   ├─────com_login
|   |   |       index.html
|   |   |       login.xml
|   |   |
|   |   ├─────com_mambots
|   |   |       admin.mambots.html.php
|   |   |       admin.mambots.php
|   |   |       index.html
|   |   |       toolbar.mambots.html.php
|   |   |       toolbar.mambots.php
|   |   |
|   |   ├─────com_massmail
|   |   |       admin.massmail.html.php
|   |   |       admin.massmail.php
|   |   |       index.html
|   |   |       massmail.xml
|   |   |       toolbar.massmail.html.php
|   |   |       toolbar.massmail.php
|   |   |
|   |   ├─────com_media
|   |   |   |   admin.media.html.php
|   |   |   |   admin.media.php
```

```
|   |   |   |     index.html
|   |   |   |     media.xml
|   |   |   |     toolbar.media.html.php
|   |   |   |     toolbar.media.php
|   |   |   |
|   |   |   └────images
|   |   |         btnBack.gif
|   |   |         btnFolderUp.gif
|   |   |         con_info.png
|   |   |         doc_16.png
|   |   |         dots.gif
|   |   |         edit_pencil.gif
|   |   |         edit_trash.gif
|   |   |         folder.gif
|   |   |         index.html
|   |   |         noimages.gif
|   |   |         pdf_16.png
|   |   |         swf_16.png
|   |   |         uploading.gif
|   |   |         xls_16.png
|   |   |
|   |   ├────com_menumanager
|   |   |     admin.menumanager.html.php
|   |   |     admin.menumanager.php
|   |   |     index.html
|   |   |     menumanager.xml
|   |   |     toolbar.menumanager.html.php
|   |   |     toolbar.menumanager.php
|   |   |
|   |   ├────com_menus
|   |   |   |     admin.menus.html.php
|   |   |   |     admin.menus.php
|   |   |   |     index.html
|   |   |   |     toolbar.menus.html.php
|   |   |   |     toolbar.menus.php
|   |   |   |
|   |   |   ├────components
|   |   |   |     components.class.php
|   |   |   |     components.menu.html.php
|   |   |   |     components.menu.php
```

```
|   |   |   |           components.xml
|   |   |   |           index.html
|   |   |   |
|   |   |   ├────component_item_link
|   |   |   |           component_item_link.class.php
|   |   |   |           component_item_link.menu.html.php
|   |   |   |           component_item_link.menu.php
|   |   |   |           component_item_link.xml
|   |   |   |           index.html
|   |   |   |
|   |   |   ├────contact_category_table
|   |   |   |           contact_category_table.class.php
|   |   |   |           contact_category_table.menu.html.php
|   |   |   |           contact_category_table.menu.php
|   |   |   |           contact_category_table.xml
|   |   |   |           index.html
|   |   |   |
|   |   |   ├────contact_item_link
|   |   |   |           contact_item_link.class.php
|   |   |   |           contact_item_link.menu.html.php
|   |   |   |           contact_item_link.menu.php
|   |   |   |           contact_item_link.xml
|   |   |   |           index.html
|   |   |   |
|   |   |   ├────content_archive_category
|   |   |   |           content_archive_category.class.php
|   |   |   |           content_archive_category.menu.html.php
|   |   |   |           content_archive_category.menu.php
|   |   |   |           content_archive_category.xml
|   |   |   |           index.html
|   |   |   |
|   |   |   ├────content_archive_section
|   |   |   |           content_archive_section.class.php
|   |   |   |           content_archive_section.menu.html.php
|   |   |   |           content_archive_section.menu.php
|   |   |   |           content_archive_section.xml
|   |   |   |           index.html
|   |   |   |
|   |   |   ├────content_blog_category
|   |   |   |           content_blog_category.class.php
```

```
|   |   |   |           content_blog_category.menu.html.php
|   |   |   |           content_blog_category.menu.php
|   |   |   |           content_blog_category.xml
|   |   |   |           index.html
|   |   |   |
|   |   |   ├────content_blog_section
|   |   |   |           content_blog_section.class.php
|   |   |   |           content_blog_section.menu.html.php
|   |   |   |           content_blog_section.menu.php
|   |   |   |           content_blog_section.xml
|   |   |   |           index.html
|   |   |   |
|   |   |   ├────content_category
|   |   |   |           content_category.class.php
|   |   |   |           content_category.menu.html.php
|   |   |   |           content_category.menu.php
|   |   |   |           content_category.xml
|   |   |   |           index.html
|   |   |   |
|   |   |   ├────content_item_link
|   |   |   |           content_item_link.class.php
|   |   |   |           content_item_link.menu.html.php
|   |   |   |           content_item_link.menu.php
|   |   |   |           content_item_link.xml
|   |   |   |           index.html
|   |   |   |
|   |   |   ├────content_section
|   |   |   |           content_section.class.php
|   |   |   |           content_section.menu.html.php
|   |   |   |           content_section.menu.php
|   |   |   |           content_section.xml
|   |   |   |           index.html
|   |   |   |
|   |   |   ├────content_typed
|   |   |   |           content_typed.class.php
|   |   |   |           content_typed.menu.html.php
|   |   |   |           content_typed.menu.php
|   |   |   |           content_typed.xml
|   |   |   |           index.html
|   |   |   |
```

```
|     |     |     ├────newsfeed_category_table
|     |     |     |          index.html
|     |     |     |          newsfeed_category_table.class.php
|     |     |     |          newsfeed_category_table.menu.html.php
|     |     |     |          newsfeed_category_table.menu.php
|     |     |     |          newsfeed_category_table.xml
|     |     |     |
|     |     |     ├────newsfeed_link
|     |     |     |          index.html
|     |     |     |          newsfeed_link.class.php
|     |     |     |          newsfeed_link.menu.html.php
|     |     |     |          newsfeed_link.menu.php
|     |     |     |          newsfeed_link.xml
|     |     |     |
|     |     |     ├────separator
|     |     |     |          index.html
|     |     |     |          separator.class.php
|     |     |     |          separator.menu.html.php
|     |     |     |          separator.menu.php
|     |     |     |          separator.xml
|     |     |     |
|     |     |     ├────submit_content
|     |     |     |          index.html
|     |     |     |          submit_content.class.php
|     |     |     |          submit_content.menu.html.php
|     |     |     |          submit_content.menu.php
|     |     |     |          submit_content.xml
|     |     |     |
|     |     |     ├────url
|     |     |     |          index.html
|     |     |     |          url.class.php
|     |     |     |          url.menu.html.php
|     |     |     |          url.menu.php
|     |     |     |          url.xml
|     |     |     |
|     |     |     ├────weblink_category_table
|     |     |     |          index.html
|     |     |     |          weblink_category_table.class.php
|     |     |     |          weblink_category_table.menu.html.php
|     |     |     |          weblink_category_table.menu.php
```

```
|   |   |       |           weblink_category_table.xml
|   |   |       |
|   |   |       └──────wrapper
|   |   |               index.html
|   |   |               wrapper.class.php
|   |   |               wrapper.menu.html.php
|   |   |               wrapper.menu.php
|   |   |               wrapper.xml
|   |   |
|   |   ├──────com_messages
|   |   |           admin.messages.html.php
|   |   |           admin.messages.php
|   |   |           index.html
|   |   |           toolbar.messages.html.php
|   |   |           toolbar.messages.php
|   |   |
|   |   ├──────com_modules
|   |   |           admin.modules.html.php
|   |   |           admin.modules.php
|   |   |           index.html
|   |   |           toolbar.modules.html.php
|   |   |           toolbar.modules.php
|   |   |
|   |   ├──────com_newsfeeds
|   |   |           admin.newsfeeds.html.php
|   |   |           admin.newsfeeds.php
|   |   |           index.html
|   |   |           newsfeeds.class.php
|   |   |           newsfeeds.xml
|   |   |           toolbar.newsfeeds.html.php
|   |   |           toolbar.newsfeeds.php
|   |   |
|   |   ├──────com_poll
|   |   |           admin.poll.html.php
|   |   |           admin.poll.php
|   |   |           index.html
|   |   |           poll.xml
|   |   |           toolbar.poll.html.php
|   |   |           toolbar.poll.php
|   |   |
```

```
|    |       ├──com_rd_rss
|    |    |    |    admin.rd_rss.html.php
|    |    |    |    admin.rd_rss.php
|    |    |    |    index.html
|    |    |    |    install.rd_rss.php
|    |    |    |    rd_rss.xml
|    |    |    |    rd_xf_config.xml
|    |    |    |    rd_x_config.xml
|    |    |    |    toolbar.rd_rss.html.php
|    |    |    |    toolbar.rd_rss.php
|    |    |    |
|    |    |    └──languages
|    |    |            english_admin.php
|    |    |
|    |       ├──com_search
|    |    |        index.html
|    |    |        search.xml
|    |    |
|    |       ├──com_sections
|    |    |        admin.sections.html.php
|    |    |        admin.sections.php
|    |    |        index.html
|    |    |        toolbar.sections.html.php
|    |    |        toolbar.sections.php
|    |    |
|    |       ├──com_statistics
|    |    |        admin.statistics.html.php
|    |    |        admin.statistics.php
|    |    |        index.html
|    |    |        toolbar.statistics.html.php
|    |    |        toolbar.statistics.php
|    |    |
|    |       ├──com_syndicate
|    |    |        admin.syndicate.html.php
|    |    |        admin.syndicate.php
|    |    |        index.html
|    |    |        syndicate.xml
|    |    |        toolbar.syndicate.html.php
|    |    |        toolbar.syndicate.php
|    |    |
```

```
|     |        ┌────com_templates
|     |        |        admin.templates.class.php
|     |        |        admin.templates.html.php
|     |        |        admin.templates.php
|     |        |        index.html
|     |        |        toolbar.templates.html.php
|     |        |        toolbar.templates.php
|     |        |
|     |        ┌────com_trash
|     |        |        admin.trash.html.php
|     |        |        admin.trash.php
|     |        |        index.html
|     |        |        toolbar.trash.html.php
|     |        |        toolbar.trash.php
|     |        |        trash.xml
|     |        |
|     |        ┌────com_typedcontent
|     |        |        admin.typedcontent.html.php
|     |        |        admin.typedcontent.php
|     |        |        index.html
|     |        |        toolbar.typedcontent.html.php
|     |        |        toolbar.typedcontent.php
|     |        |        typedcontent.xml
|     |        |
|     |        ┌────com_ugbannerspos
|     |        |        admin.ugbannerspos.html.php
|     |        |        admin.ugbannerspos.php
|     |        |        index.html
|     |        |        install.ugbannerspos.php
|     |        |        toolbar.ugbannerspos.html.php
|     |        |        toolbar.ugbannerspos.php
|     |        |        ugbannerspos.xml
|     |        |        uninstall.ugbannerspos.php
|     |        |
|     |        ┌────com_users
|     |        |        admin.users.html.php
|     |        |        admin.users.php
|     |        |        index.html
|     |        |        toolbar.users.html.php
|     |        |        toolbar.users.php
```

```
|    |    |          users.class.php
|    |    |          users.xml
|    |    |
|    |    └────com_weblinks
|    |             admin.weblinks.html.php
|    |             admin.weblinks.php
|    |             index.html
|    |             toolbar.weblinks.html.php
|    |             toolbar.weblinks.php
|    |             weblinks.xml
|    |             weblinks_item.xml
|    |
|    ├────images
|    |        addedit.png
|    |        addusers.png
|    |        apply.png
|    |        apply_f2.png
|    |        archive.png
|    |        archivemanager.png
|    |        archive_f2.png
|    |        back.png
|    |        backup.png
|    |        back_f2.png
|    |        blank.png
|    |        browser.png
|    |        calendar.png
|    |        calendar_f2.png
|    |        cancel.png
|    |        cancel_f2.png
|    |        categories.png
|    |        checked_out.png
|    |        checkin.png
|    |        collapseall.png
|    |        config.png
|    |        copy.png
|    |        copy_f2.png
|    |        cpanel.png
|    |        credits.png
|    |        css.png
|    |        css_f2.png
```

```
|    |         cut.png
|    |         cut_f2.png
|    |         day.png
|    |         day_f2.png
|    |         dbrestore.png
|    |         delete.png
|    |         delete_f2.png
|    |         disabled.png
|    |         downarrow-1.png
|    |         downarrow.png
|    |         downarrow0.png
|    |         download.png
|    |         downloads.png
|    |         downloads_f2.png
|    |         download_f2.png
|    |         edit.png
|    |         edittime.png
|    |         edittime_f2.png
|    |         edit_f2.png
|    |         expandall.png
|    |         extensions.png
|    |         extensions_f2.png
|    |         file.png
|    |         filesave.png
|    |         file_f2.png
|    |         folder_add.png
|    |         folder_add_f2.png
|    |         folder_red.png
|    |         folder_violet.png
|    |         forward.png
|    |         forward_f2.png
|    |         frontpage.png
|    |         generic.png
|    |         go.png
|    |         go_f2.png
|    |         groups.png
|    |         groups_f2.png
|    |         help.png
|    |         help_f2.png
|    |         html.png
```

```
|    |          html_f2.png
|    |          impressions.png
|    |          inbox.png
|    |          index.html
|    |          install.png
|    |          langmanager.png
|    |          Leer.txt
|    |          mail.png
|    |          massemail.png
|    |          mediamanager.png
|    |          menu.png
|    |          menu_divider.png
|    |          message_config.png
|    |          messaging.png
|    |          module.png
|    |          month.png
|    |          month_f2.png
|    |          move.png
|    |          move_f2.png
|    |          new.png
|    |          news.png
|    |          new_f2.png
|    |          next.png
|    |          next_f2.png
|    |          nomail.png
|    |          note.png
|    |          note_f2.png
|    |          paste.png
|    |          paste_f2.png
|    |          preview.png
|    |          preview_f2.png
|    |          print.png
|    |          print_f2.png
|    |          properties.png
|    |          properties_f2.png
|    |          publish.png
|    |          publish_f2.png
|    |          publish_g.png
|    |          publish_r.png
|    |          publish_x.png
```

```
|     |          publish_y.png
|     |          query.png
|     |          reload.png
|     |          reload_f2.png
|     |          rename.png
|     |          rename_f2.png
|     |          restore.png
|     |          restoredb.png
|     |          restore_f2.png
|     |          save.png
|     |          save_f2.png
|     |          search.png
|     |          searchtext.png
|     |          search_f2.png
|     |          sections.png
|     |          security.png
|     |          security_f2.png
|     |          support.png
|     |          switch.png
|     |          switch_f2.png
|     |          systeminfo.png
|     |          task.png
|     |          task_f2.png
|     |          templatemanager.png
|     |          themes.png
|     |          themes_f2.png
|     |          tick.png
|     |          tool.png
|     |          tool_f2.png
|     |          trash.png
|     |          unarchive.png
|     |          unarchive_f2.png
|     |          unpublish.png
|     |          unpublish_f2.png
|     |          uparrow-1.png
|     |          uparrow.png
|     |          uparrow0.png
|     |          upload.png
|     |          upload_f2.png
|     |          user.png
```

```
|   |           users.png
|   |           version_check.png
|   |           week.png
|   |           week_f2.png
|   |           xml.png
|   |           xml_f2.png
|   |
|   ├───includes
|   |   |   admin.php
|   |   |   auth.php
|   |   |   index.html
|   |   |   menubar.html.php
|   |   |   pageNavigation.php
|   |   |   toolbar.html.php
|   |   |
|   |   ├───js
|   |   |   |   index.html
|   |   |   |
|   |   |   └───ThemeOffice
|   |   |           index.html
|   |   |           theme.js
|   |   |
|   |   └───pcl
|   |           index.html
|   |           pclerror.lib.php
|   |           pcltar.lib.php
|   |           pcltrace.lib.php
|   |           pclzip.lib.php
|   |           zip.lib.php
|   |
|   ├───modules
|   |       custom.xml
|   |       index.html
|   |       mod_components.php
|   |       mod_components.xml
|   |       mod_fullmenu.php
|   |       mod_latest.php
|   |       mod_latest.xml
|   |       mod_logged.php
|   |       mod_logged.xml
```

```
|     |          mod_mosmsg.php
|     |          mod_online.php
|     |          mod_pathway.php
|     |          mod_popular.php
|     |          mod_popular.xml
|     |          mod_quickicon.php
|     |          mod_quickicon.xml
|     |          mod_stats.php
|     |          mod_stats.xml
|     |          mod_toolbar.php
|     |          mod_unread.php
|     |
|     ├───popups
|     |          contentwindow.php
|     |          index.html
|     |          modulewindow.php
|     |          pollwindow.php
|     |          uploadimage.php
|     |
|     └───templates
|          |      index.html
|          |
|          ├───joomla_admin
|          |     |    cpanel.php
|          |     |    index.html
|          |     |    index.php
|          |     |    login.php
|          |     |    templateDetails.xml
|          |     |    template_thumbnail.png
|          |     |
|          |     ├───css
|          |     |        admin_login.css
|          |     |        index.html
|          |     |        template_css.css
|          |     |        theme.css
|          |     |
|          |     └───images
|          |              arrow.gif
|          |              background.gif
|          |              background.jpg
```

```
|           |               header_bg.png
|           |               header_icon.png
|           |               header_text.png
|           |               index.html
|           |               install_logo.png
|           |               login.gif
|           |               login_header.png
|           |               security.png
|           |               version.png
|           |
|           └───joomla_admin_spanish
|                   |   cpanel.php
|                   |   index.html
|                   |   index.php
|                   |   login.php
|                   |   templateDetails.xml
|                   |   template_thumbnail.png
|                   |
|                   ├───css
|                   |       admin_login.css
|                   |       index.html
|                   |       template_css.css
|                   |       theme.css
|                   |
|                   └───images
|                           arrow.gif
|                           background.gif
|                           background.jpg
|                           header_bg.png
|                           header_icon.png
|                           header_text.png
|                           index.html
|                           install_logo.png
|                           login.gif
|                           security.png
|                           version.png
|
├───cache
|       atom03.xml
|       index.html
```

```
|               opml.xml
|               rss091.xml
|               rss10.xml
|               rss20.xml
|               rss20_0.xml
|
├────components
|   |       index.html
|   |
|   ├────com_babackup
|   ├────com_banners
|   |           banners.class.php
|   |           banners.php
|   |           index.html
|   |
|   ├────com_contact
|   |           contact.class.php
|   |           contact.html.php
|   |           contact.php
|   |           index.html
|   |
|   ├────com_content
|   |           content.html.php
|   |           content.php
|   |           index.html
|   |
|   ├────com_extcalendar
|   |   |       admin_events.php
|   |   |       cal_popup.php
|   |   |       cal_search.php
|   |   |       config.inc.php
|   |   |       extcalendar.class.php
|   |   |       extcalendar.php
|   |   |       index.html
|   |   |       index_image.gif
|   |   |       install.extcalendar.php
|   |   |       LICENSE
|   |   |       uninstall.extcalendar.php
|   |   |
|   |   ├────images
```

```
|   |   |   |   box_left_icon.gif
|   |   |   |   colorpicker.gif
|   |   |   |   errormessage.gif
|   |   |   |   icon-colorpicker.gif
|   |   |   |   icon-print.gif
|   |   |   |   index.html
|   |   |   |   mini_arrowleft.gif
|   |   |   |   mini_arrowright.gif
|   |   |   |   selected.gif
|   |   |   |   spacer.gif
|   |   |   |   tile_back1.gif
|   |   |   |   txtboxbg.gif
|   |   |   |
|   |   |   └───minipics
|   |   |           def_pic.gif
|   |   |
|   |   ├───include
|   |   |       colorpicker.php
|   |   |       dblib.php
|   |   |       functions.inc.php
|   |   |       index.html
|   |   |       installed.dis
|   |   |       sql_parse.php
|   |   |
|   |   ├───languages
|   |   |   ├───brazilian_portuguese
|   |   |   |       index.php
|   |   |   |
|   |   |   ├───danish
|   |   |   |       index.php
|   |   |   |
|   |   |   ├───dutch
|   |   |   |       index.php
|   |   |   |
|   |   |   ├───english
|   |   |   |       index.php
|   |   |   |
|   |   |   ├───french
|   |   |   |       index.php
|   |   |   |
```

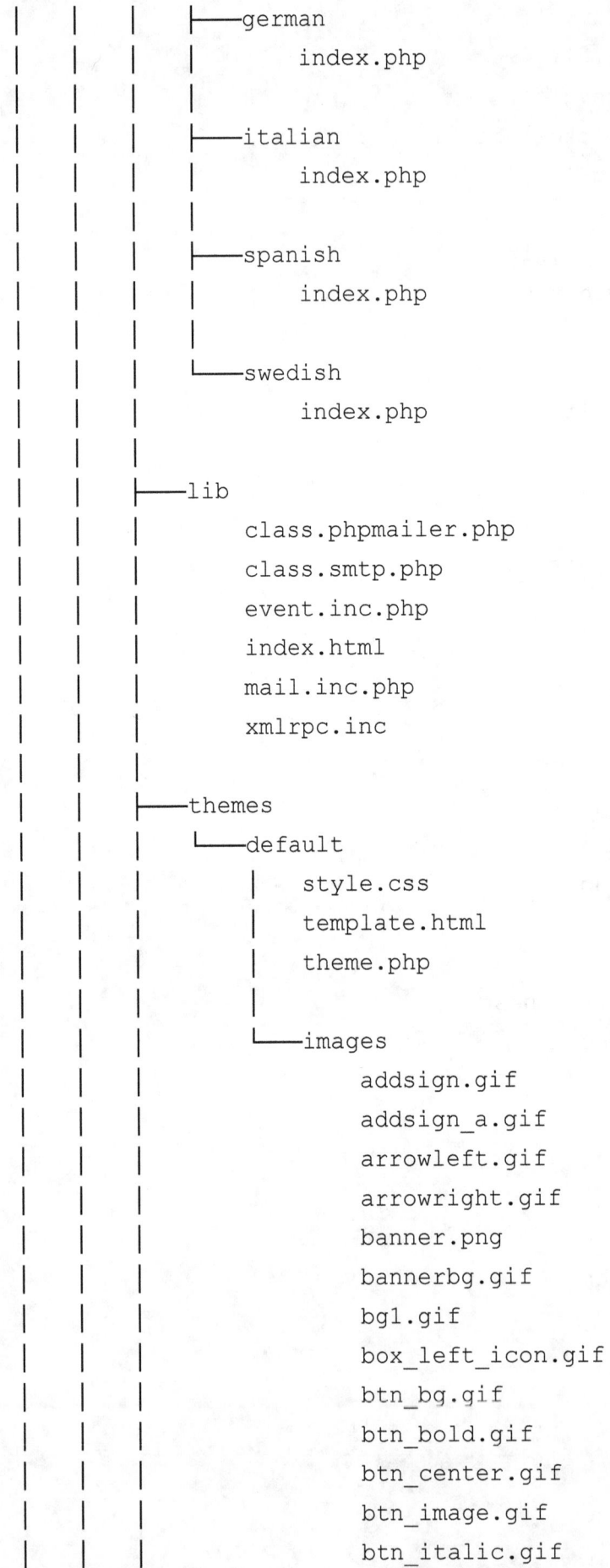

```
|   |   |   ├──german
|   |   |   |      index.php
|   |   |   |
|   |   |   ├──italian
|   |   |   |      index.php
|   |   |   |
|   |   |   ├──spanish
|   |   |   |      index.php
|   |   |   |
|   |   |   └──swedish
|   |   |          index.php
|   |   |
|   |   ├──lib
|   |   |      class.phpmailer.php
|   |   |      class.smtp.php
|   |   |      event.inc.php
|   |   |      index.html
|   |   |      mail.inc.php
|   |   |      xmlrpc.inc
|   |   |
|   |   ├──themes
|   |   |   └──default
|   |   |      |   style.css
|   |   |      |   template.html
|   |   |      |   theme.php
|   |   |      |
|   |   |      └──images
|   |   |              addsign.gif
|   |   |              addsign_a.gif
|   |   |              arrowleft.gif
|   |   |              arrowright.gif
|   |   |              banner.png
|   |   |              bannerbg.gif
|   |   |              bg1.gif
|   |   |              box_left_icon.gif
|   |   |              btn_bg.gif
|   |   |              btn_bold.gif
|   |   |              btn_center.gif
|   |   |              btn_image.gif
|   |   |              btn_italic.gif
```

```
|   |   |                    btn_left.gif
|   |   |                    btn_link.gif
|   |   |                    btn_right.gif
|   |   |                    btn_underline.gif
|   |   |                    days1.gif
|   |   |                    days2.gif
|   |   |                    def_pic.gif
|   |   |                    errormessage.gif
|   |   |                    icon-add.gif
|   |   |                    icon-addevent.gif
|   |   |                    icon-apprevent.gif
|   |   |                    icon-archive.gif
|   |   |                    icon-calendarview.gif
|   |   |                    icon-cat-active.gif
|   |   |                    icon-cat-inactive.gif
|   |   |                    icon-cats.gif
|   |   |                    icon-colorpicker.gif
|   |   |                    icon-daily.gif
|   |   |                    icon-del.gif
|   |   |                    icon-delevent.gif
|   |   |                    icon-edit.gif
|   |   |                    icon-editevent.gif
|   |   |                    icon-event-active.gif
|   |   |                    icon-event-enddate.gif
|   |   |                    icon-event-inactive.gif
|   |   |                    icon-event-middate.gif
|   |   |                    icon-event-onedate.gif
|   |   |                    icon-event-startdate.gif
|   |   |                    icon-flyer.gif
|   |   |                    icon-group.gif
|   |   |                    icon-info.gif
|   |   |                    icon-loginpic.gif
|   |   |                    icon-mini-week.gif
|   |   |                    icon-minus.gif
|   |   |                    icon-photo.gif
|   |   |                    icon-plus.gif
|   |   |                    icon-print.gif
|   |   |                    icon-recur-event-active.gif
|   |   |                    icon-recur-event-inactive.gif
|   |   |                    icon-release-dev.gif
```

```
|   |   |                       icon-release.gif
|   |   |                       icon-search.gif
|   |   |                       icon-tag-menu.gif
|   |   |                       icon-update.gif
|   |   |                       icon-user-active.gif
|   |   |                       icon-user-inactive.gif
|   |   |                       icon-user-profile.jpg
|   |   |                       icon-user.gif
|   |   |                       icon-visibility.gif
|   |   |                       icon-weekly.gif
|   |   |                       logo.gif
|   |   |                       minical.png
|   |   |                       mini_arrowleft.gif
|   |   |                       mini_arrowleft_inactive.gif
|   |   |                       mini_arrowright.gif
|   |   |                       preview.gif
|   |   |                       rect.gif
|   |   |                       tile_back1.gif
|   |   |                       tile_sub.gif
|   |   |                       txtboxbg.gif
|   |   |
|   |   └───upload
|   |              index.html
|   |
|   ├───com_frontpage
|   |       frontpage.class.php
|   |       frontpage.php
|   |       index.html
|   |
|   ├───com_login
|   |       index.html
|   |       login.html.php
|   |       login.php
|   |
|   ├───com_messages
|   |       index.html
|   |       messages.class.php
|   |
|   ├───com_newsfeeds
|   |       index.html
```

```
|    |          newsfeeds.html.php
|    |          newsfeeds.php
|    |
|    ├───com_poll
|    |   |    index.html
|    |   |    poll.class.php
|    |   |    poll.html.php
|    |   |    poll.php
|    |   |    poll.xml
|    |   |    poll_bars.css
|    |   |
|    |   └───images
|    |           blank.png
|    |           index.html
|    |           poll.png
|    |
|    ├───com_rd_rss
|    |        index.html
|    |        rd_rss.class.php
|    |        rd_rss.php
|    |
|    ├───com_registration
|    |        index.html
|    |        registration.html.php
|    |        registration.php
|    |
|    ├───com_rss
|    |        index.html
|    |        rss.php
|    |
|    ├───com_search
|    |        index.html
|    |        search.html.php
|    |        search.php
|    |
|    ├───com_ugbannerspos
|    |   |    functions.ugbannerspos.php
|    |   |    ugbannerspos.class.php
|    |   |    ugbannerspos.php
|    |   |
```

```
|    |      ├───images
|    |      |        swf.gif
|    |      |        ugbannerspos.jpg
|    |      |
|    |      └───language
|    |               english.php
|    |               spanish.php
|    |
|    ├───com_user
|    |        index.html
|    |        user.html.php
|    |        user.php
|    |
|    ├───com_weblinks
|    |        index.html
|    |        weblinks.class.php
|    |        weblinks.html.php
|    |        weblinks.php
|    |
|    └───com_wrapper
|             index.html
|             wrapper.html.php
|             wrapper.php
|
├───editor
|        editor.php
|        index.html
|
├───help
|    |    index.html
|    |    joomla.credits.html
|    |    joomla.glossary.html
|    |    joomla.license.html
|    |    joomla.support.html
|    |    joomla.whatsnew100.html
|    |    screen.adminmodules.components.html
|    |    screen.adminmodules.fullmenu.html
|    |    screen.adminmodules.latestitems.html
|    |    screen.adminmodules.login.html
|    |    screen.adminmodules.online.html
```

```
|   |     screen.adminmodules.pathway.html
|   |     screen.adminmodules.popular.html
|   |     screen.adminmodules.quickicons.html
|   |     screen.adminmodules.stats.html
|   |     screen.adminmodules.systemmessage.html
|   |     screen.adminmodules.toolbar.html
|   |     screen.adminmodules.unreadmessages.html
|   |     screen.banners.client.edit.html
|   |     screen.banners.client.html
|   |     screen.banners.edit.html
|   |     screen.banners.html
|   |     screen.blog.category.html
|   |     screen.blog.categoryarchive.html
|   |     screen.blog.frontpage.html
|   |     screen.blog.section.html
|   |     screen.blog.sectionarchive.html
|   |     screen.categories.edit.html
|   |     screen.categories.html
|   |     screen.checkin.html
|   |     screen.component.html
|   |     screen.config.html
|   |     screen.contactmanager.edit.html
|   |     screen.contactmanager.html
|   |     screen.content.archive.html
|   |     screen.content.edit.html
|   |     screen.content.html
|   |     screen.cpanel.html
|   |     screen.frontpage.html
|   |     screen.installer.html
|   |     screen.installer2.html
|   |     screen.languages.html
|   |     screen.link.component.html
|   |     screen.link.contact.html
|   |     screen.link.content.html
|   |     screen.link.contentstatic.html
|   |     screen.link.newsfeed.html
|   |     screen.link.separator.html
|   |     screen.link.url.html
|   |     screen.link.wrapper.html
|   |     screen.mambot.codesupport.html
```

```
|   |     screen.mambot.emailcloak.html
|   |     screen.mambot.geshi.html
|   |     screen.mambot.imagebutton.html
|   |     screen.mambot.loadmodulepositions.html
|   |     screen.mambot.moscalification.html
|   |     screen.mambot.mosimage.html
|   |     screen.mambot.mospagination.html
|   |     screen.mambot.noeditor.html
|   |     screen.mambot.pagebreakbutton.html
|   |     screen.mambot.searchcategories.html
|   |     screen.mambot.searchcontacts.html
|   |     screen.mambot.searchcontents.html
|   |     screen.mambot.searchnewsfeed.html
|   |     screen.mambot.searchsections.html
|   |     screen.mambot.searchweblinks.html
|   |     screen.mambot.sef.html
|   |     screen.mambot.tinymce.html
|   |     screen.mambots.edit.html
|   |     screen.mambots.html
|   |     screen.mediamanager.html
|   |     screen.menumanager.copy.html
|   |     screen.menumanager.html
|   |     screen.menumanager.new.html
|   |     screen.menus.copy.html
|   |     screen.menus.edit.html
|   |     screen.menus.html
|   |     screen.menus.move.html
|   |     screen.menus.new.html
|   |     screen.messages.conf.html
|   |     screen.messages.inbox.html
|   |     screen.modules.edit.html
|   |     screen.modules.html
|   |     screen.modules.new.html
|   |     screen.newsfeeds.edit.html
|   |     screen.newsfeeds.html
|   |     screen.polls.edit.html
|   |     screen.polls.html
|   |     screen.sections.edit.html
|   |     screen.sections.html
|   |     screen.sitemodules.archive.html
```

```
|     |     screen.sitemodules.banners.html
|     |     screen.sitemodules.custom.html
|     |     screen.sitemodules.latestnews.html
|     |     screen.sitemodules.loginform.html
|     |     screen.sitemodules.menus.html
|     |     screen.sitemodules.newflash.html
|     |     screen.sitemodules.polls.html
|     |     screen.sitemodules.popular.html
|     |     screen.sitemodules.ramdomimage.html
|     |     screen.sitemodules.relateditems.html
|     |     screen.sitemodules.search.html
|     |     screen.sitemodules.sections.html
|     |     screen.sitemodules.statistics.html
|     |     screen.sitemodules.syndicate.html
|     |     screen.sitemodules.templatechooser.html
|     |     screen.sitemodules.whosonline.html
|     |     screen.sitemodules.wrapper.html
|     |     screen.staticcontent.edit.html
|     |     screen.staticcontent.html
|     |     screen.stats.searches.html
|     |     screen.submit.content.html
|     |     screen.syndicate.html
|     |     screen.system.info.html
|     |     screen.table.category.html
|     |     screen.table.contact.html
|     |     screen.table.newsfeed.html
|     |     screen.table.section.html
|     |     screen.table.weblinks.html
|     |     screen.templates.assign.html
|     |     screen.templates.html
|     |     screen.templates.modules.html
|     |     screen.text.guia.htaccess.html
|     |     screen.text.index.html
|     |     screen.text.joomla.seguro.html
|     |     screen.text.medidas.de.seguridad.html
|     |     screen.text.mejorar.rendimiento.html
|     |     screen.trashmanager.html
|     |     screen.users.edit.html
|     |     screen.users.html
|     |     screen.users.massmail.html
```

```
|     |     screen.weblink.edit.html
|     |     screen.weblink.html
|     |
|     └──css
|             docbook.css
|             help.css
|             index.html
|
├──images
|     |     apply_f2.png
|     |     archive_f2.png
|     |     back_f2.png
|     |     blank.png
|     |     cancel.png
|     |     cancel_f2.png
|     |     cartama1.gif
|     |     clasificados.jpg
|     |     css_f2.png
|     |     edit_f2.png
|     |     favicon.ico
|     |     html_f2.png
|     |     index.html
|     |     joomla_logo_black.jpg
|     |     limonero1.jpg
|     |     menu_divider.png
|     |     mujerestrabajando131.jpg
|     |     new_f2.png
|     |     powered_by.png
|     |     preview_f2.png
|     |     publish_f2.png
|     |     publish_x.png
|     |     radio.jpg
|     |     rodajitas-peq.jpg
|     |     save.png
|     |     save_f2.png
|     |     tick.png
|     |     unarchive_f2.png
|     |     unpublish_f2.png
|     |     upload_f2.png
|     |     visita.jpg
```

```
|    |
|    ├──banners
|    |        cabecera.gif
|    |        index.html
|    |        osmbanner1.png
|    |        spanishbanner.png
|    |
|    ├──M_images
|    |        arrow.png
|    |        atom03.gif
|    |        blank.png
|    |        con_address.png
|    |        con_fax.png
|    |        con_info.png
|    |        con_tel.png
|    |        edit.png
|    |        emailButton.png
|    |        google.png
|    |        indent.png
|    |        indent1.png
|    |        indent2.png
|    |        indent3.png
|    |        indent4.png
|    |        indent5.png
|    |        index.html
|    |        joomla_rss.png
|    |        new.png
|    |        no_indent.png
|    |        opml.png
|    |        pdf_button.png
|    |        printButton.png
|    |        rating_star.png
|    |        rating_star_blank.png
|    |        rss.png
|    |        rss091.gif
|    |        rss10.gif
|    |        rss20.gif
|    |        sort0.png
|    |        sort1.png
|    |        sort_asc.png
```

```
|    |         sort_desc.png
|    |         sort_none.png
|    |         weblink.png
|    |
|    ├──slide
|    |         cartama1.gif
|    |         visita.jpg
|    |
|    ├──smilies
|    |         biggrin.gif
|    |         index.html
|    |         sad.gif
|    |         shocked.gif
|    |         smile.gif
|    |         tongue.gif
|    |         wink.gif
|    |
|    └──stories
|         |    articles.jpg
|         |    asterisk.png
|         |    clock.jpg
|         |    flor.jpg
|         |    images.jpg
|         |    index.html
|         |    key.jpg
|         |    pack-spanish.png
|         |    pastarchives.jpg
|         |    taking_notes.jpg
|         |    thumb_web_links.jpg
|         |    web_links.jpg
|         |
|         ├──food
|         |    bread.jpg
|         |    bun.jpg
|         |    coffee.jpg
|         |    index.html
|         |    milk.jpg
|         |
|         └──fruit
|              cherry.jpg
```

```
|                    index.html
|                    pears.jpg
|                    peas.jpg
|                    strawberry.jpg
|
├───includes
|   |    agent_browser.php
|   |    agent_os.php
|   |    class.ezpdf.php
|   |    class.pdf.php
|   |    compat.php41x.php
|   |    compat.php42x.php
|   |    compat.php50x.php
|   |    database.mysql5.php
|   |    database.mysqli.php
|   |    database.php
|   |    feedcreator.class.php
|   |    footer.php
|   |    frontend.html.php
|   |    frontend.php
|   |    gacl.class.php
|   |    gacl_api.class.php
|   |    HTML_toolbar.php
|   |    index.html
|   |    joomla.cache.php
|   |    joomla.php
|   |    joomla.xml.php
|   |    mambo.php
|   |    mamboxml.php
|   |    metadata.php
|   |    pageNavigation.php
|   |    pathway.php
|   |    pdf.php
|   |    sef.php
|   |    vcard.class.php
|   |    version.php
|   |
|   ├───Archive
|   |        index.html
|   |        Tar.php
```

```
|    |
|    ├──Cache
|    |    |    index.html
|    |    |    LICENSE
|    |    |    Lite.php
|    |    |    |
|    |    └──Lite
|    |              Function.php
|    |              index.html
|    |              Output.php
|    |
|    ├──domit
|    |         domitBanner.gif
|    |         dom_xmlrpc_array_document.php
|    |         dom_xmlrpc_array_parser.php
|    |         dom_xmlrpc_base64.php
|    |         dom_xmlrpc_builder.php
|    |         dom_xmlrpc_client.php
|    |         dom_xmlrpc_constants.php
|    |         dom_xmlrpc_datetime_iso8601.php
|    |         dom_xmlrpc_domit_lite_parser.php
|    |         dom_xmlrpc_domit_parser.php
|    |         dom_xmlrpc_domxml_parser.php
|    |         dom_xmlrpc_fault.php
|    |         dom_xmlrpc_methodcall.php
|    |         dom_xmlrpc_methodresponse.php
|    |         dom_xmlrpc_methodresponse_fault.php
|    |         dom_xmlrpc_object.php
|    |         dom_xmlrpc_object_parser.php
|    |         dom_xmlrpc_parser.php
|    |         dom_xmlrpc_server.php
|    |         dom_xmlrpc_struct.php
|    |         dom_xmlrpc_utilities.php
|    |         index.html
|    |         license.txt
|    |         php_file_utilities.php
|    |         php_http_client_generic.php
|    |         php_http_client_include.php
|    |         php_http_connector.php
|    |         php_http_exceptions.php
```

```
|    |          php_http_proxy.php
|    |          php_http_server_generic.php
|    |          php_http_server_include.php
|    |          php_http_status_codes.php
|    |          php_text_cache.php
|    |          timer.php
|    |          xml_domit_cache.php
|    |          xml_domit_doctor.php
|    |          xml_domit_getelementsbypath.php
|    |          xml_domit_include.php
|    |          xml_domit_lite_include.php
|    |          xml_domit_lite_parser.php
|    |          xml_domit_nodemaps.php
|    |          xml_domit_nodetools.php
|    |          xml_domit_parseattributes.php
|    |          xml_domit_parser.php
|    |          xml_domit_rss.php
|    |          xml_domit_rss_lite.php
|    |          xml_domit_rss_shared.php
|    |          xml_domit_shared.php
|    |          xml_domit_utilities.php
|    |          xml_domit_xpath.php
|    |          xml_saxy_lite_parser.php
|    |          xml_saxy_parser.php
|    |          xml_saxy_shared.php
|    |
|    ├──js
|    |    |    index.html
|    |    |    joomla.javascript.js
|    |    |    JSCookMenu.js
|    |    |    JSCookMenu_mini.js
|    |    |    mambojavascript.js
|    |    |    overlib_hideform_mini.js
|    |    |    overlib_mini.js
|    |    |    wz_tooltip.js
|    |    |
|    |    ├──calendar
|    |    |    |    calendar-mos.css
|    |    |    |    calendar.js
|    |    |    |    calendar_mini.js
```

```
|    |    |    |        index.html
|    |    |    |        README
|    |    |    |
|    |    |    └────lang
|    |    |            calendar-en.js
|    |    |            index.html
|    |    |
|    |    ├────dtree
|    |    |    |    dtree.css
|    |    |    |    dtree.js
|    |    |    |    index.html
|    |    |    |
|    |    |    └────img
|    |    |            archive.gif
|    |    |            base.gif
|    |    |            cd.gif
|    |    |            empty.gif
|    |    |            folder.gif
|    |    |            folderopen.gif
|    |    |            frontpage.gif
|    |    |            globe.gif
|    |    |            imgfolder.gif
|    |    |            index.html
|    |    |            join.gif
|    |    |            joinbottom.gif
|    |    |            line.gif
|    |    |            minus.gif
|    |    |            minusbottom.gif
|    |    |            musicfolder.gif
|    |    |            nolines_minus.gif
|    |    |            nolines_plus.gif
|    |    |            page.gif
|    |    |            plus.gif
|    |    |            plusbottom.gif
|    |    |            question.gif
|    |    |            square.gif
|    |    |            trash.gif
|    |    |
|    |    ├────jscalendar-1.0
|    |    |    |    calendar-setup_stripped.js
```

```
|   |   |   |       calendar-system.css
|   |   |   |       calendar_stripped.js
|   |   |   |       index.html
|   |   |   |       menuarrow.gif
|   |   |   |       menuarrow2.gif
|   |   |   |
|   |   |   └──────lang
|   |   |               calendar-en.js
|   |   |               cn_utf8.js
|   |   |               index.html
|   |   |
|   |   ├──────tabs
|   |   |           index.html
|   |   |           tab.png
|   |   |           tabpane.css
|   |   |           tabpane.js
|   |   |           tabpane_mini.js
|   |   |           tab_active.png
|   |   |           tab_hover.png
|   |   |
|   |   └──────ThemeOffice
|   |               add_section.png
|   |               arrow.png
|   |               backup.png
|   |               blank.png
|   |               categories.png
|   |               checkin.png
|   |               component.png
|   |               config.png
|   |               content.png
|   |               controlpanel.png
|   |               credits.png
|   |               db.png
|   |               document.png
|   |               edit.png
|   |               globe1.png
|   |               globe2.png
|   |               globe3.png
|   |               globe4.png
|   |               help.png
```

```
|    |              home.png
|    |              index.html
|    |              install.png
|    |              joomla_16x16.png
|    |              language.png
|    |              LEER.TXT
|    |              license.png
|    |              mail.png
|    |              mainmenu.png
|    |              mass_email.png
|    |              media.png
|    |              menus.png
|    |              messaging.png
|    |              messaging_config.png
|    |              messaging_inbox.png
|    |              module.png
|    |              preview.png
|    |              query.png
|    |              restore.png
|    |              search_text.png
|    |              sections.png
|    |              spacer.png
|    |              statistics.png
|    |              sysinfo.png
|    |              template.png
|    |              theme.css
|    |              theme.js
|    |              tooltip.png
|    |              trash.png
|    |              tux.png
|    |              user.png
|    |              users.png
|    |              users_add.png
|    |              warning.png
|    |
|    ├────patTemplate
|    |    |    index.html
|    |    |    patError.php
|    |    |    patErrorManager.php
|    |    |    patTemplate.php
```

```
|   |   |
|   |   ├──patTemplate
|   |   |   |    Compiler.php
|   |   |   |    Dump.php
|   |   |   |    Function.php
|   |   |   |    index.html
|   |   |   |    InputFilter.php
|   |   |   |    Modifier.php
|   |   |   |    Module.php
|   |   |   |    OutputCache.php
|   |   |   |    OutputFilter.php
|   |   |   |    Reader.php
|   |   |   |    Stat.php
|   |   |   |    TemplateCache.php
|   |   |   |
|   |   |   ├──Dump
|   |   |   |        Html.php
|   |   |   |        index.html
|   |   |   |        XUL.php
|   |   |   |
|   |   |   ├──Function
|   |   |   |        Alias.php
|   |   |   |        Attribute.php
|   |   |   |        Call.php
|   |   |   |        Globalvar.php
|   |   |   |        Highlight.php
|   |   |   |        Img.php
|   |   |   |        index.html
|   |   |   |        Joomla.php
|   |   |   |        Phphighlight.php
|   |   |   |        Sef.php
|   |   |   |        Strip.php
|   |   |   |        Time.php
|   |   |   |        Translate.php
|   |   |   |
|   |   |   ├──InputFilter
|   |   |   |        index.html
|   |   |   |        ShortModifiers.php
|   |   |   |        StripComments.php
|   |   |   |
```

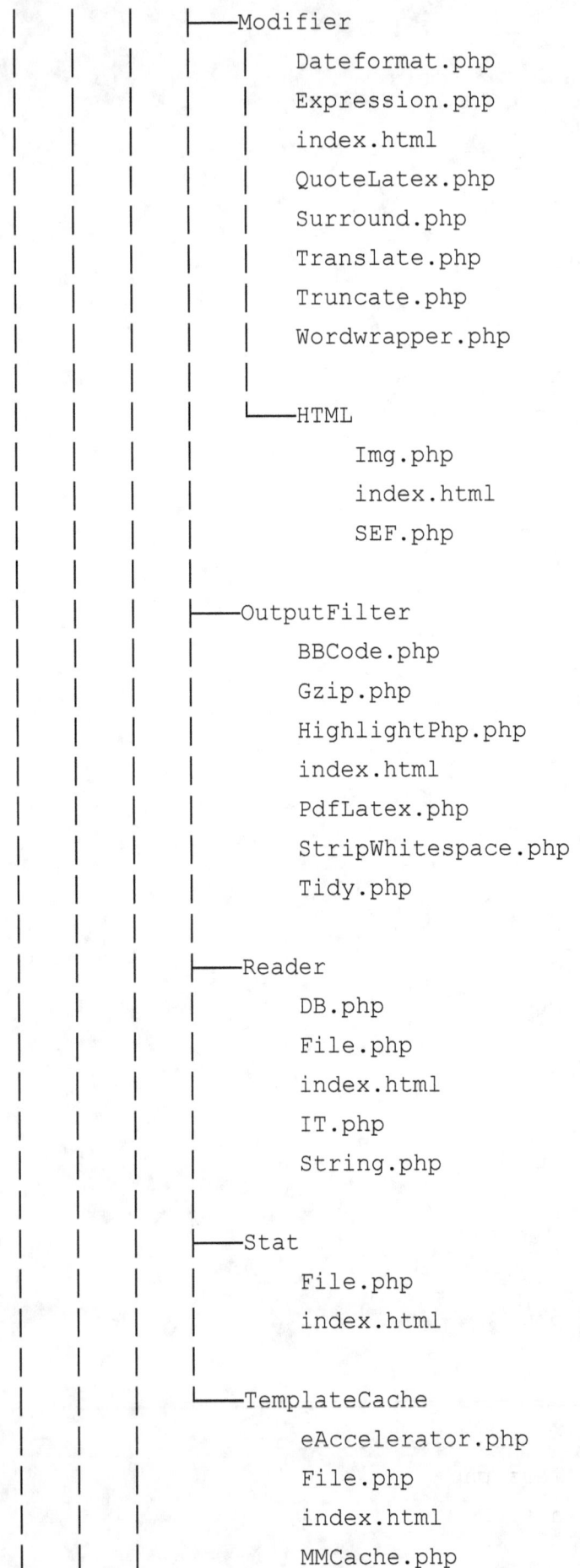

```
|   |   |   ├──Modifier
|   |   |   |   |   Dateformat.php
|   |   |   |   |   Expression.php
|   |   |   |   |   index.html
|   |   |   |   |   QuoteLatex.php
|   |   |   |   |   Surround.php
|   |   |   |   |   Translate.php
|   |   |   |   |   Truncate.php
|   |   |   |   |   Wordwrapper.php
|   |   |   |   |
|   |   |   |   └──HTML
|   |   |   |           Img.php
|   |   |   |           index.html
|   |   |   |           SEF.php
|   |   |   |
|   |   |   ├──OutputFilter
|   |   |   |       BBCode.php
|   |   |   |       Gzip.php
|   |   |   |       HighlightPhp.php
|   |   |   |       index.html
|   |   |   |       PdfLatex.php
|   |   |   |       StripWhitespace.php
|   |   |   |       Tidy.php
|   |   |   |
|   |   |   ├──Reader
|   |   |   |       DB.php
|   |   |   |       File.php
|   |   |   |       index.html
|   |   |   |       IT.php
|   |   |   |       String.php
|   |   |   |
|   |   |   ├──Stat
|   |   |   |       File.php
|   |   |   |       index.html
|   |   |   |
|   |   |   └──TemplateCache
|   |   |           eAccelerator.php
|   |   |           File.php
|   |   |           index.html
|   |   |           MMCache.php
```

```
|     |     |
|     |     └────tmpl
|     |               adminfilters.html
|     |               adminlists.html
|     |               calendar.html
|     |               forms.html
|     |               index.html
|     |               page.html
|     |
|     ├────PEAR
|     |         index.html
|     |         PEAR.php
|     |
|     ├────phpInputFilter
|     |         class.inputfilter.php
|     |         index.html
|     |
|     └────phpmailer
|           |     class.phpmailer.php
|           |     class.smtp.php
|           |     index.html
|           |     LICENSE
|           |
|           └────language
|                     index.html
|                     phpmailer.lang-en.php
|                     phpmailer.lang-es.php
|
├────installation-backup
|     |     admin.png
|     |     common.php
|     |     config.png
|     |     final.png
|     |     gpl.html
|     |     gpl_english.html
|     |     header_bg.png
|     |     header_install.png
|     |     header_version.png
|     |     index.php
|     |     install.css
```

```
|     |        install.php
|     |        install1.php
|     |        install2.php
|     |        install3.php
|     |        install4.php
|     |        install_logo.png
|     |        install_logo_bd.png
|     |        install_logo_pack.png
|     |        licencia.png
|     |        mensaje_advertencia.png
|     |        titulo.png
|     |
|     └──sql
|              drop_table.sql
|              joomla.sql
|              migrate_Mambo4523_to_Joomla_100.sql
|              sample_data.sql
|              sample_data_sin code.sql
|
├──language
|        english.ignore.php
|        index.html
|        spanish.ignore.php
|        spanish.php
|        spanish.xml
|
├──mambots
|     |    index.html
|     |
|     ├──content
|     |    |   geshi.php
|     |    |   geshi.xml
|     |    |   index.html
|     |    |   legacybots.php
|     |    |   legacybots.xml
|     |    |   moscode.php
|     |    |   moscode.xml
|     |    |   mosemailcloak.php
|     |    |   mosemailcloak.xml
|     |    |   mosimage.php
```

```
|     |     |       mosimage.xml
|     |     |       mosloadposition.php
|     |     |       mosloadposition.xml
|     |     |       mospaging.php
|     |     |       mospaging.xml
|     |     |       mossef.php
|     |     |       mossef.xml
|     |     |       mosvote.php
|     |     |       mosvote.xml
|     |     |       pm-gallery-mambot.jar
|     |     |       pm-gallery-mambot.php
|     |     |       pm-gallery-mambot.xml
|     |     |
|     |     └───geshi
|     |         |     geshi.php
|     |         |     index.html
|     |         |
|     |         └───geshi
|     |                   css.php
|     |                   html4strict.php
|     |                   index.html
|     |                   ini.php
|     |                   javascript.php
|     |                   mysql.php
|     |                   php-brief.php
|     |                   php.php
|     |                   sql.php
|     |                   xml.php
|     |
|     ├───editors
|     |     |     index.html
|     |     |     none.php
|     |     |     none.xml
|     |     |     tinymce.php
|     |     |     tinymce.xml
|     |     |
|     |     └───tinymce
|     |         |     index.html
|     |         |
|     |         └───jscripts
```

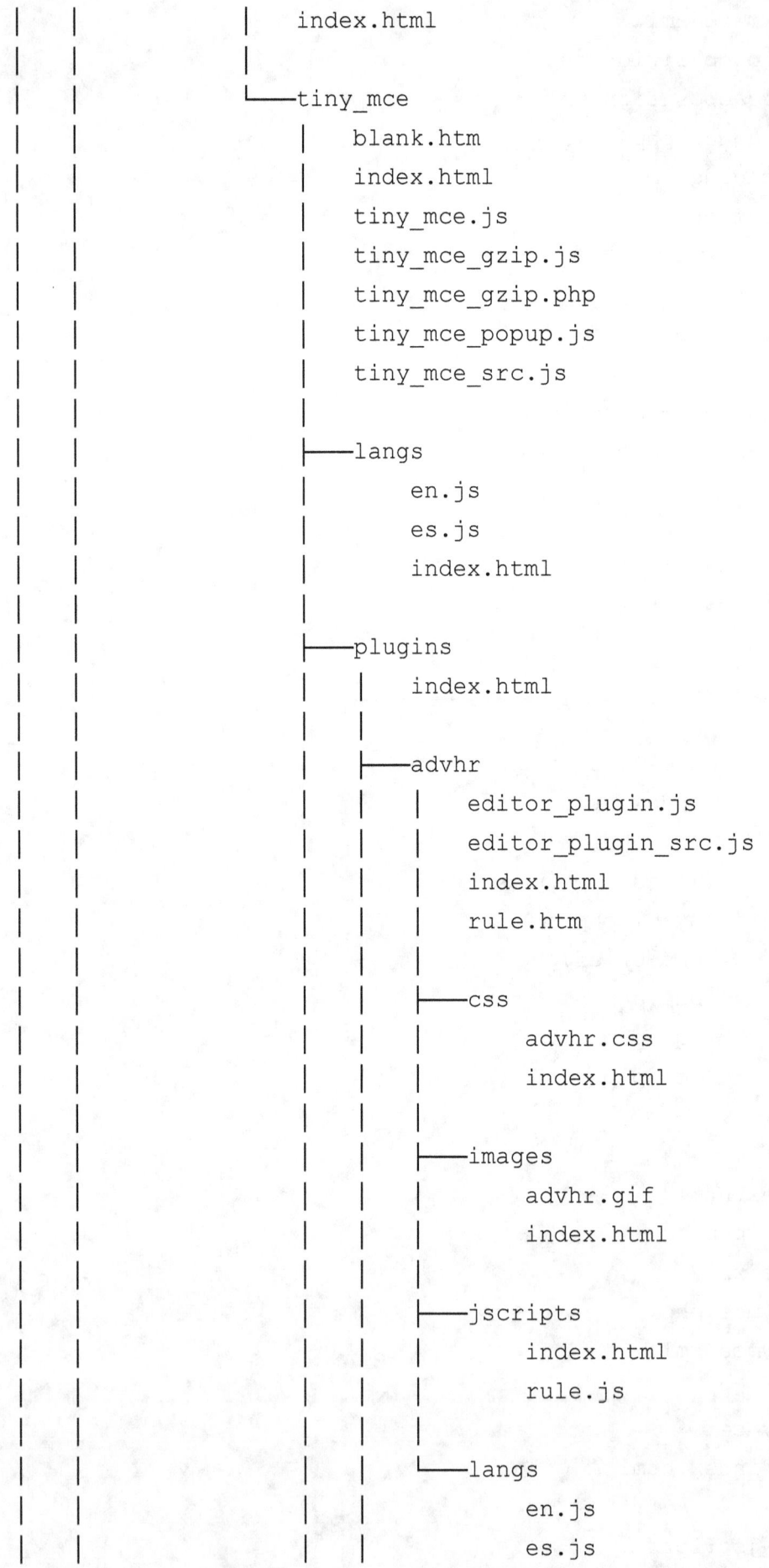

```
|   |              |    index.html
|   |              |
|   |              └──tiny_mce
|   |                  |    blank.htm
|   |                  |    index.html
|   |                  |    tiny_mce.js
|   |                  |    tiny_mce_gzip.js
|   |                  |    tiny_mce_gzip.php
|   |                  |    tiny_mce_popup.js
|   |                  |    tiny_mce_src.js
|   |                  |
|   |                  ├──langs
|   |                  |    en.js
|   |                  |    es.js
|   |                  |    index.html
|   |                  |
|   |                  ├──plugins
|   |                  |    |    index.html
|   |                  |    |
|   |                  |    ├──advhr
|   |                  |    |    |    editor_plugin.js
|   |                  |    |    |    editor_plugin_src.js
|   |                  |    |    |    index.html
|   |                  |    |    |    rule.htm
|   |                  |    |    |
|   |                  |    |    ├──css
|   |                  |    |    |    advhr.css
|   |                  |    |    |    index.html
|   |                  |    |    |
|   |                  |    |    ├──images
|   |                  |    |    |    advhr.gif
|   |                  |    |    |    index.html
|   |                  |    |    |
|   |                  |    |    ├──jscripts
|   |                  |    |    |    index.html
|   |                  |    |    |    rule.js
|   |                  |    |    |
|   |                  |    |    └──langs
|   |                  |    |          en.js
|   |                  |    |          es.js
```

```
|   |                       |   |                index.html
|   |                       |   |
|   |                       |   ├──advimage
|   |                       |   |   |   editor_plugin.js
|   |                       |   |   |   editor_plugin_src.js
|   |                       |   |   |   image.htm
|   |                       |   |   |   index.html
|   |                       |   |   |
|   |                       |   |   ├──css
|   |                       |   |   |       advimage.css
|   |                       |   |   |       index.html
|   |                       |   |   |
|   |                       |   |   ├──images
|   |                       |   |   |       index.html
|   |                       |   |   |       sample.gif
|   |                       |   |   |
|   |                       |   |   ├──jscripts
|   |                       |   |   |       functions.js
|   |                       |   |   |       index.html
|   |                       |   |   |
|   |                       |   |   └──langs
|   |                       |   |           en.js
|   |                       |   |           es.js
|   |                       |   |           index.html
|   |                       |   |
|   |                       |   ├──advlink
|   |                       |   |   |   editor_plugin.js
|   |                       |   |   |   editor_plugin_src.js
|   |                       |   |   |   index.html
|   |                       |   |   |   link.htm
|   |                       |   |   |
|   |                       |   |   ├──css
|   |                       |   |   |       advlink.css
|   |                       |   |   |       index.html
|   |                       |   |   |
|   |                       |   |   ├──jscripts
|   |                       |   |   |       functions.js
|   |                       |   |   |       index.html
|   |                       |   |   |
|   |                       |   |   └──langs
```

```
|   |                       |   |                en.js
|   |                       |   |                es.js
|   |                       |   |                index.html
|   |                       |   |
|   |                       |   ├──autosave
|   |                       |   |   |   editor_plugin.js
|   |                       |   |   |   editor_plugin_src.js
|   |                       |   |   |   index.html
|   |                       |   |   |
|   |                       |   |   └──langs
|   |                       |   |           en.js
|   |                       |   |           es.js
|   |                       |   |           index.html
|   |                       |   |
|   |                       |   ├──cleanup
|   |                       |   |       editor_plugin.js
|   |                       |   |       editor_plugin_src.js
|   |                       |   |       index.html
|   |                       |   |
|   |                       |   ├──contextmenu
|   |                       |   |   |   editor_plugin.js
|   |                       |   |   |   editor_plugin_src.js
|   |                       |   |   |   index.html
|   |                       |   |   |
|   |                       |   |   ├──css
|   |                       |   |   |       contextmenu.css
|   |                       |   |   |       index.html
|   |                       |   |   |
|   |                       |   |   └──images
|   |                       |   |           index.html
|   |                       |   |           spacer.gif
|   |                       |   |
|   |                       |   ├──directionality
|   |                       |   |   |   editor_plugin.js
|   |                       |   |   |   editor_plugin_src.js
|   |                       |   |   |   index.html
|   |                       |   |   |
|   |                       |   |   ├──images
|   |                       |   |   |       index.html
|   |                       |   |   |       ltr.gif
```

```
|   |                       |   |   |         rtl.gif
|   |                       |   |   |
|   |                       |   |   └───langs
|   |                       |   |           en.js
|   |                       |   |           es.js
|   |                       |   |           index.html
|   |                       |   |
|   |                       |   ├───emotions
|   |                       |   |   |   editor_plugin.js
|   |                       |   |   |   editor_plugin_src.js
|   |                       |   |   |   emotions.htm
|   |                       |   |   |   index.html
|   |                       |   |   |
|   |                       |   |   ├───images
|   |                       |   |   |       emotions.gif
|   |                       |   |   |       index.html
|   |                       |   |   |       smiley-cool.gif
|   |                       |   |   |       smiley-cry.gif
|   |                       |   |   |       smiley-embarassed.gif
|   |                       |   |   |       smiley-foot-in-mouth.gif
|   |                       |   |   |       smiley-frown.gif
|   |                       |   |   |       smiley-innocent.gif
|   |                       |   |   |       smiley-kiss.gif
|   |                       |   |   |       smiley-laughing.gif
|   |                       |   |   |       smiley-money-mouth.gif
|   |                       |   |   |       smiley-sealed.gif
|   |                       |   |   |       smiley-smile.gif
|   |                       |   |   |       smiley-surprised.gif
|   |                       |   |   |       smiley-tongue-out.gif
|   |                       |   |   |       smiley-undecided.gif
|   |                       |   |   |       smiley-wink.gif
|   |                       |   |   |       smiley-yell.gif
|   |                       |   |   |
|   |                       |   |   ├───jscripts
|   |                       |   |   |       functions.js
|   |                       |   |   |       index.html
|   |                       |   |   |
|   |                       |   |   └───langs
|   |                       |   |           en.js
|   |                       |   |           es.js
```

```
|   |                    |   |                    index.html
|   |                    |   |
|   |                    |   ├──flash
|   |                    |   |   |   editor_plugin.js
|   |                    |   |   |   editor_plugin_src.js
|   |                    |   |   |   flash.htm
|   |                    |   |   |   index.html
|   |                    |   |   |
|   |                    |   |   ├──css
|   |                    |   |   |       content.css
|   |                    |   |   |       flash.css
|   |                    |   |   |       index.html
|   |                    |   |   |
|   |                    |   |   ├──images
|   |                    |   |   |       flash.gif
|   |                    |   |   |       index.html
|   |                    |   |   |
|   |                    |   |   ├──jscripts
|   |                    |   |   |       flash.js
|   |                    |   |   |       index.html
|   |                    |   |   |
|   |                    |   |   └──langs
|   |                    |   |           en.js
|   |                    |   |           es.js
|   |                    |   |           index.html
|   |                    |   |
|   |                    |   ├──fullscreen
|   |                    |   |   |   editor_plugin.js
|   |                    |   |   |   editor_plugin_src.js
|   |                    |   |   |   fullscreen.htm
|   |                    |   |   |   index.html
|   |                    |   |   |
|   |                    |   |   ├──css
|   |                    |   |   |       content.css
|   |                    |   |   |       index.html
|   |                    |   |   |
|   |                    |   |   ├──images
|   |                    |   |   |       fullscreen.gif
|   |                    |   |   |       index.html
|   |                    |   |   |
```

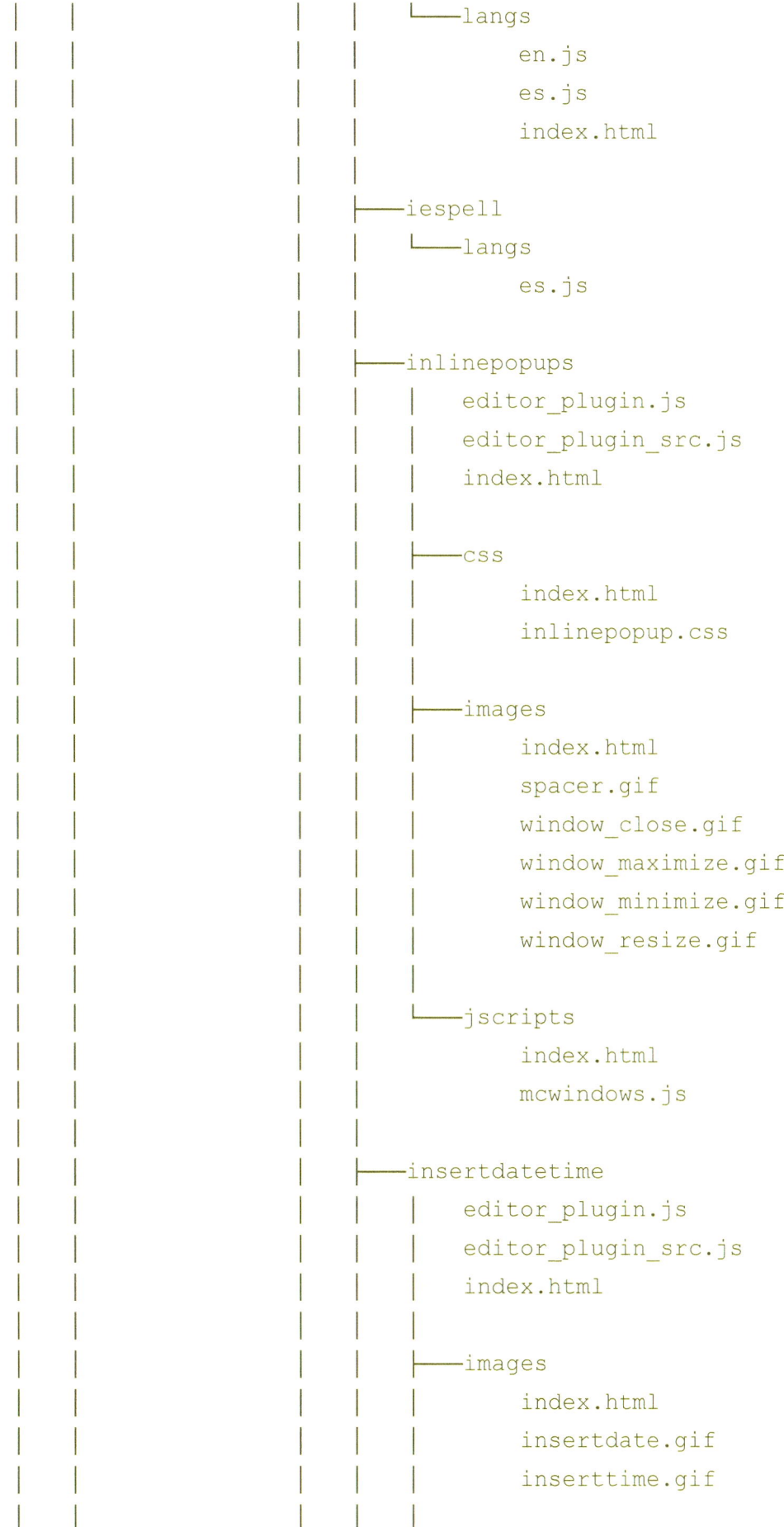

```
│   │                   │   │       └──langs
│   │                   │   │               en.js
│   │                   │   │               es.js
│   │                   │   │               index.html
│   │                   │   │
│   │                   │   ├──iespell
│   │                   │   │   └──langs
│   │                   │   │           es.js
│   │                   │   │
│   │                   │   ├──inlinepopups
│   │                   │   │   │   editor_plugin.js
│   │                   │   │   │   editor_plugin_src.js
│   │                   │   │   │   index.html
│   │                   │   │   │
│   │                   │   │   ├──css
│   │                   │   │   │       index.html
│   │                   │   │   │       inlinepopup.css
│   │                   │   │   │
│   │                   │   │   ├──images
│   │                   │   │   │       index.html
│   │                   │   │   │       spacer.gif
│   │                   │   │   │       window_close.gif
│   │                   │   │   │       window_maximize.gif
│   │                   │   │   │       window_minimize.gif
│   │                   │   │   │       window_resize.gif
│   │                   │   │   │
│   │                   │   │   └──jscripts
│   │                   │   │           index.html
│   │                   │   │           mcwindows.js
│   │                   │   │
│   │                   │   ├──insertdatetime
│   │                   │   │   │   editor_plugin.js
│   │                   │   │   │   editor_plugin_src.js
│   │                   │   │   │   index.html
│   │                   │   │   │
│   │                   │   │   ├──images
│   │                   │   │   │       index.html
│   │                   │   │   │       insertdate.gif
│   │                   │   │   │       inserttime.gif
│   │                   │   │   │
```

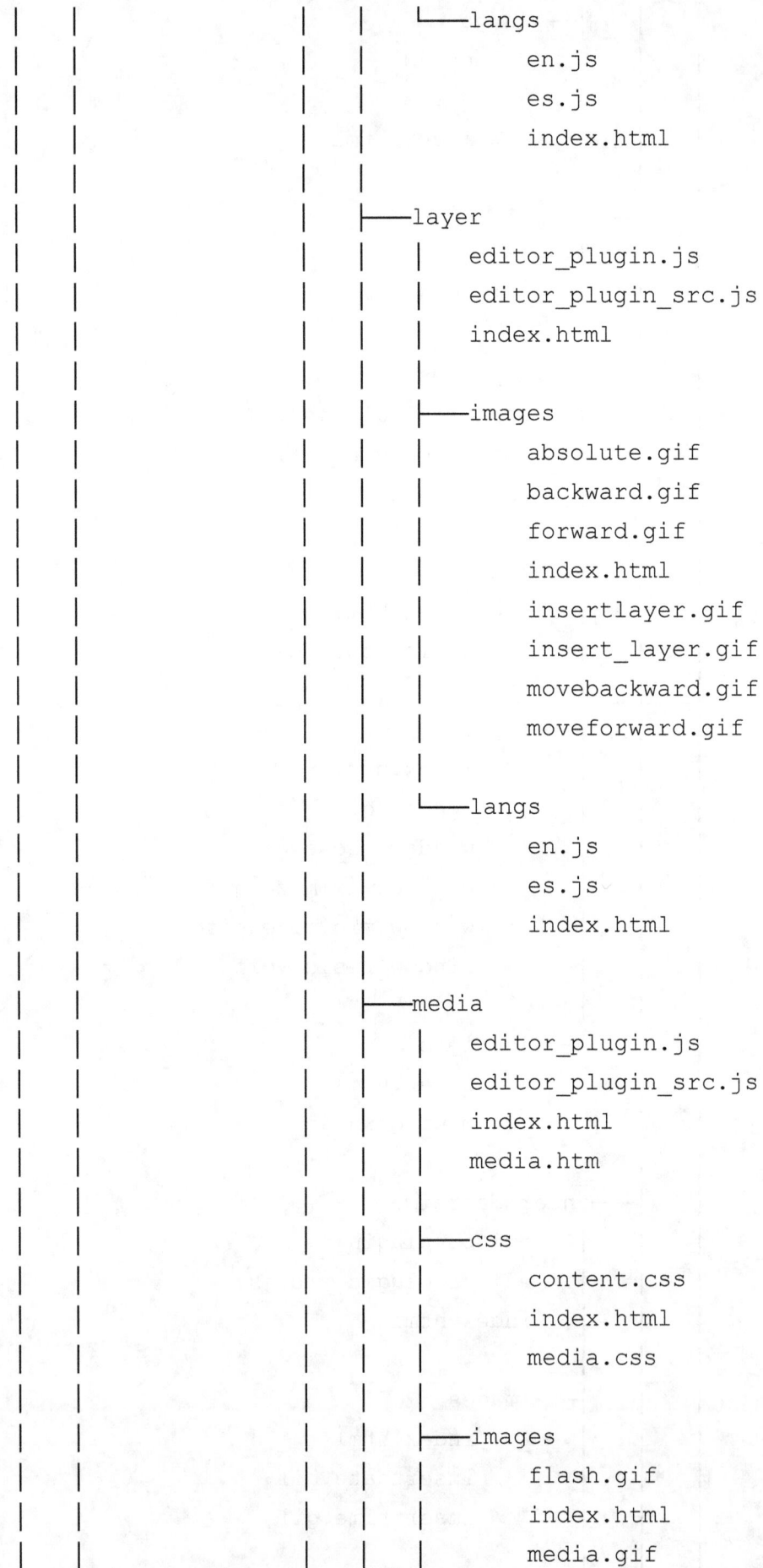

```
|   |                    |   |      └──langs
|   |                    |   |            en.js
|   |                    |   |            es.js
|   |                    |   |            index.html
|   |                    |   |
|   |                    |   ├──layer
|   |                    |   |   |   editor_plugin.js
|   |                    |   |   |   editor_plugin_src.js
|   |                    |   |   |   index.html
|   |                    |   |   |
|   |                    |   |   ├──images
|   |                    |   |   |     absolute.gif
|   |                    |   |   |     backward.gif
|   |                    |   |   |     forward.gif
|   |                    |   |   |     index.html
|   |                    |   |   |     insertlayer.gif
|   |                    |   |   |     insert_layer.gif
|   |                    |   |   |     movebackward.gif
|   |                    |   |   |     moveforward.gif
|   |                    |   |   |
|   |                    |   |   └──langs
|   |                    |   |         en.js
|   |                    |   |         es.js
|   |                    |   |         index.html
|   |                    |   |
|   |                    |   ├──media
|   |                    |   |   |   editor_plugin.js
|   |                    |   |   |   editor_plugin_src.js
|   |                    |   |   |   index.html
|   |                    |   |   |   media.htm
|   |                    |   |   |
|   |                    |   |   ├──css
|   |                    |   |   |   |   content.css
|   |                    |   |   |   |   index.html
|   |                    |   |   |   |   media.css
|   |                    |   |   |   |
|   |                    |   |   |   ├──images
|   |                    |   |   |   |     flash.gif
|   |                    |   |   |   |     index.html
|   |                    |   |   |   |     media.gif
```

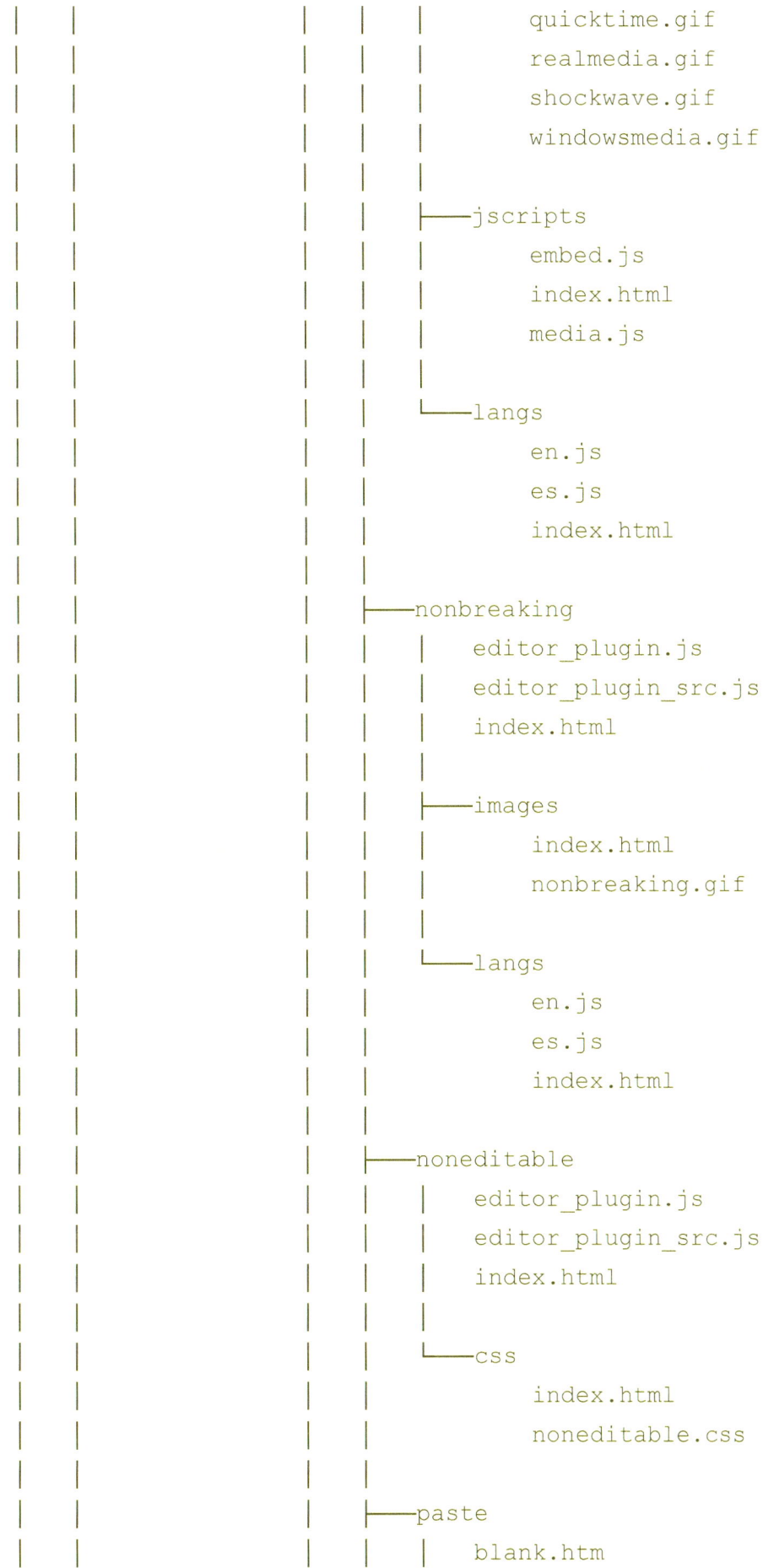

```
|   |                    |   |   |        quicktime.gif
|   |                    |   |   |        realmedia.gif
|   |                    |   |   |        shockwave.gif
|   |                    |   |   |        windowsmedia.gif
|   |                    |   |   |
|   |                    |   |   ├───jscripts
|   |                    |   |   |        embed.js
|   |                    |   |   |        index.html
|   |                    |   |   |        media.js
|   |                    |   |   |
|   |                    |   |   └───langs
|   |                    |   |            en.js
|   |                    |   |            es.js
|   |                    |   |            index.html
|   |                    |   |
|   |                    |   ├───nonbreaking
|   |                    |   |   |    editor_plugin.js
|   |                    |   |   |    editor_plugin_src.js
|   |                    |   |   |    index.html
|   |                    |   |   |
|   |                    |   |   ├───images
|   |                    |   |   |        index.html
|   |                    |   |   |        nonbreaking.gif
|   |                    |   |   |
|   |                    |   |   └───langs
|   |                    |   |            en.js
|   |                    |   |            es.js
|   |                    |   |            index.html
|   |                    |   |
|   |                    |   ├───noneditable
|   |                    |   |   |    editor_plugin.js
|   |                    |   |   |    editor_plugin_src.js
|   |                    |   |   |    index.html
|   |                    |   |   |
|   |                    |   |   └───css
|   |                    |   |            index.html
|   |                    |   |            noneditable.css
|   |                    |   |
|   |                    |   ├───paste
|   |                    |   |   |    blank.htm
```

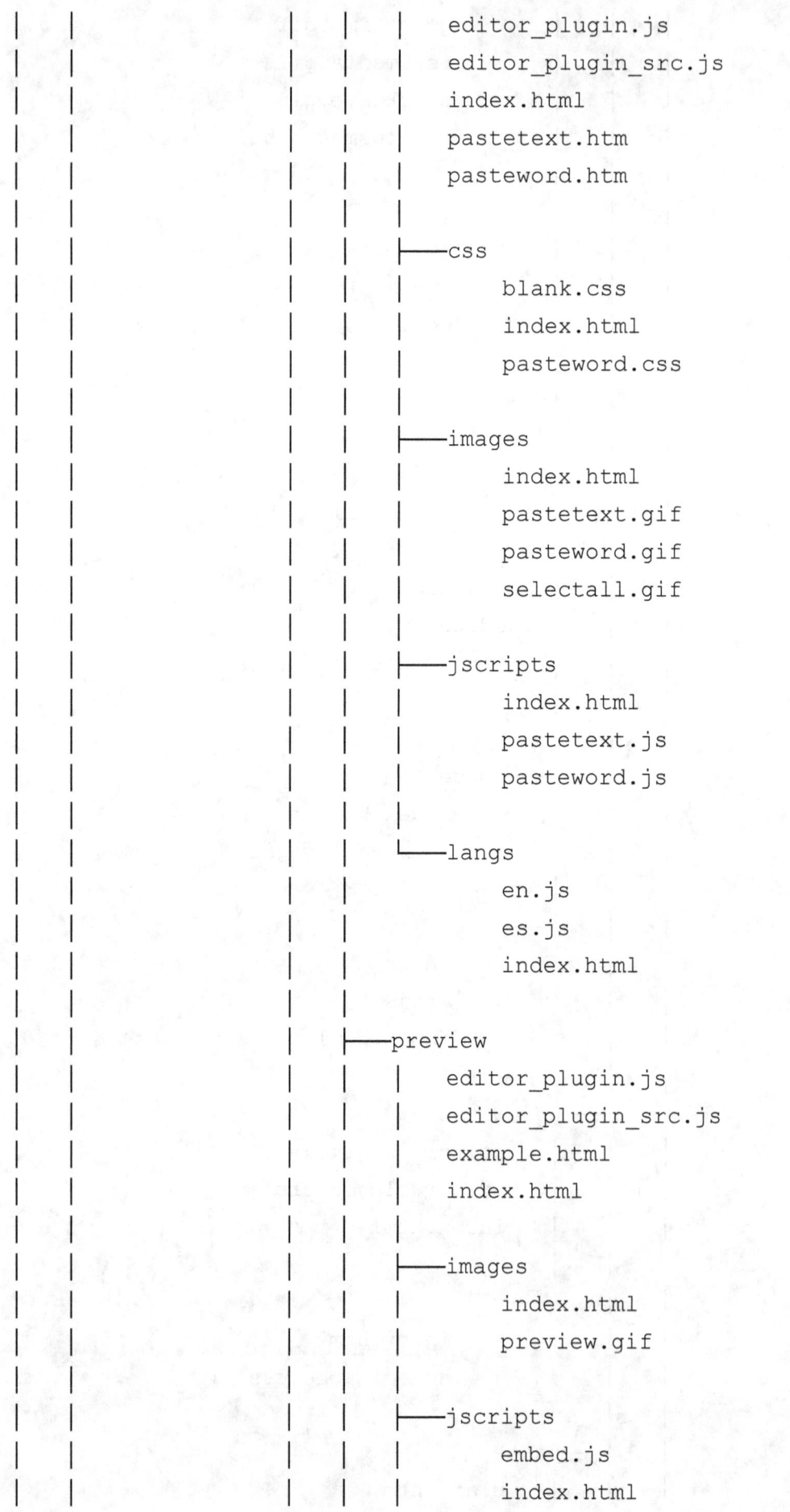

```
|    |                   |    |    |    editor_plugin.js
|    |                   |    |    |    editor_plugin_src.js
|    |                   |    |    |    index.html
|    |                   |    |    |    pastetext.htm
|    |                   |    |    |    pasteword.htm
|    |                   |    |    |    |
|    |                   |    |    ├────css
|    |                   |    |    |        blank.css
|    |                   |    |    |        index.html
|    |                   |    |    |        pasteword.css
|    |                   |    |    |    |
|    |                   |    |    ├────images
|    |                   |    |    |        index.html
|    |                   |    |    |        pastetext.gif
|    |                   |    |    |        pasteword.gif
|    |                   |    |    |        selectall.gif
|    |                   |    |    |    |
|    |                   |    |    ├────jscripts
|    |                   |    |    |        index.html
|    |                   |    |    |        pastetext.js
|    |                   |    |    |        pasteword.js
|    |                   |    |    |    |
|    |                   |    |    └────langs
|    |                   |    |            en.js
|    |                   |    |            es.js
|    |                   |    |            index.html
|    |                   |    |    |
|    |                   |    ├────preview
|    |                   |    |    |    editor_plugin.js
|    |                   |    |    |    editor_plugin_src.js
|    |                   |    |    |    example.html
|    |                   |    |    |    index.html
|    |                   |    |    |    |
|    |                   |    |    ├────images
|    |                   |    |    |        index.html
|    |                   |    |    |        preview.gif
|    |                   |    |    |    |
|    |                   |    |    ├────jscripts
|    |                   |    |    |        embed.js
|    |                   |    |    |        index.html
```

```
|   |               |   |     |
|   |               |   |     └──langs
|   |               |   |           en.js
|   |               |   |           es.js
|   |               |   |           index.html
|   |               |   |
|   |               |   ├──print
|   |               |   |   |   editor_plugin.js
|   |               |   |   |   editor_plugin_src.js
|   |               |   |   |   index.html
|   |               |   |   |
|   |               |   |   ├──images
|   |               |   |   |       index.html
|   |               |   |   |       print.gif
|   |               |   |   |
|   |               |   |   └──langs
|   |               |   |           en.js
|   |               |   |           es.js
|   |               |   |           index.html
|   |               |   |
|   |               |   ├──save
|   |               |   |   |   editor_plugin.js
|   |               |   |   |   editor_plugin_src.js
|   |               |   |   |   index.html
|   |               |   |   |
|   |               |   |   ├──images
|   |               |   |   |       index.html
|   |               |   |   |       save.gif
|   |               |   |   |
|   |               |   |   └──langs
|   |               |   |           en.js
|   |               |   |           es.js
|   |               |   |           index.html
|   |               |   |
|   |               |   ├──searchreplace
|   |               |   |   |   editor_plugin.js
|   |               |   |   |   editor_plugin_src.js
|   |               |   |   |   index.html
|   |               |   |   |   replace.htm
|   |               |   |   |   search.htm
```

```
|   |                   |   |   |        searchreplace.htm
|   |                   |   |   |
|   |                   |   |   ├──css
|   |                   |   |   |        index.html
|   |                   |   |   |        searchreplace.css
|   |                   |   |   |
|   |                   |   |   ├──images
|   |                   |   |   |        index.html
|   |                   |   |   |        replace.gif
|   |                   |   |   |        replace_all_button_bg.gif
|   |                   |   |   |        replace_button_bg.gif
|   |                   |   |   |        search.gif
|   |                   |   |   |
|   |                   |   |   ├──jscripts
|   |                   |   |   |        index.html
|   |                   |   |   |        replace.js
|   |                   |   |   |        search.js
|   |                   |   |   |        searchreplace.js
|   |                   |   |   |
|   |                   |   |   └──langs
|   |                   |   |            en.js
|   |                   |   |            es.js
|   |                   |   |            index.html
|   |                   |   |
|   |                   |   ├──style
|   |                   |   |   |    editor_plugin.js
|   |                   |   |   |    editor_plugin_src.js
|   |                   |   |   |    index.html
|   |                   |   |   |    props.htm
|   |                   |   |   |
|   |                   |   |   ├──css
|   |                   |   |   |        index.html
|   |                   |   |   |        props.css
|   |                   |   |   |
|   |                   |   |   ├──images
|   |                   |   |   |        apply_button_bg.gif
|   |                   |   |   |        index.html
|   |                   |   |   |        styleprops.gif
|   |                   |   |   |        style_info.gif
|   |                   |   |   |
```

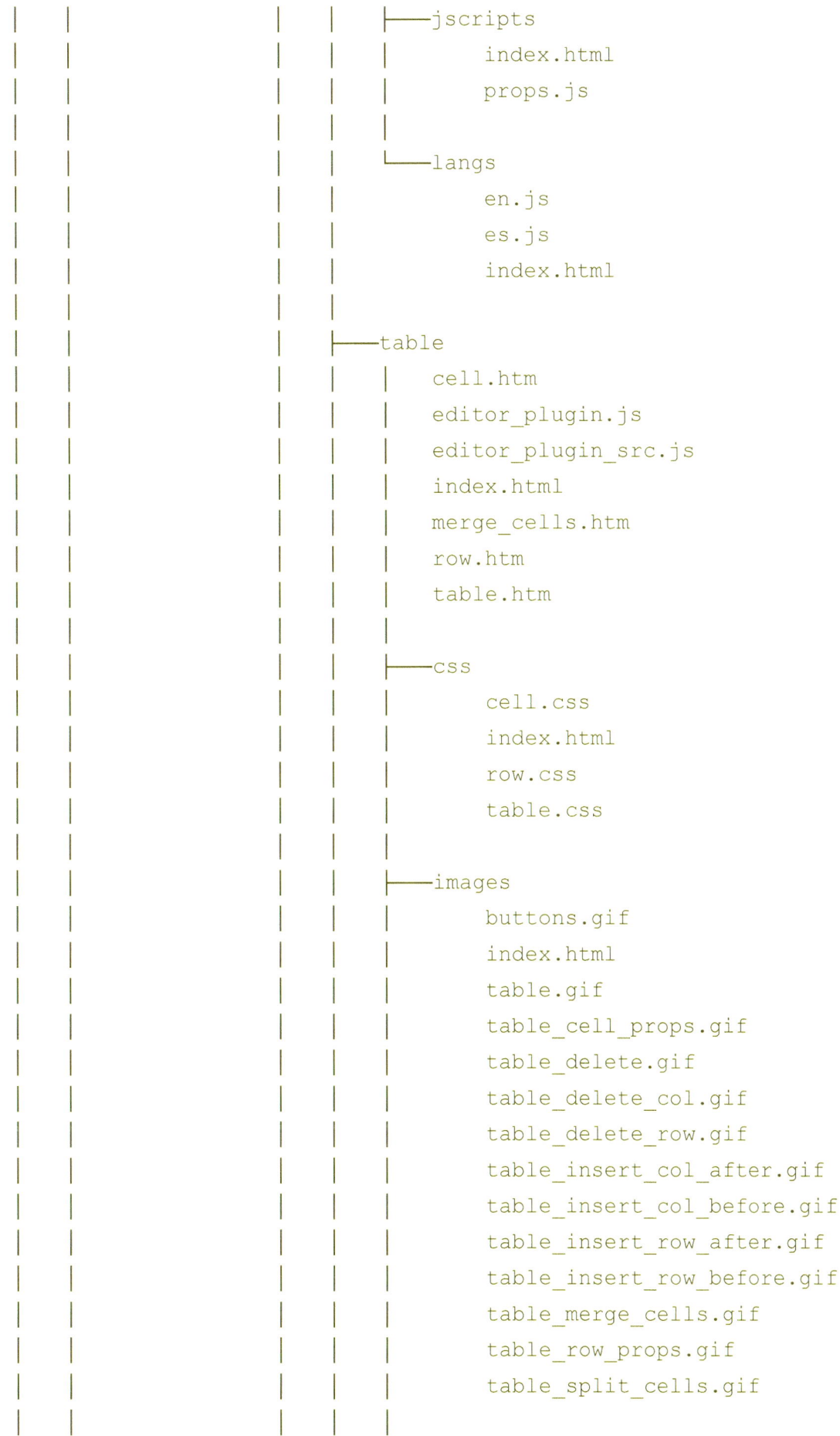

```
|   |                    |   |       ├──jscripts
|   |                    |   |       |       index.html
|   |                    |   |       |       props.js
|   |                    |   |       |
|   |                    |   |       └──langs
|   |                    |   |               en.js
|   |                    |   |               es.js
|   |                    |   |               index.html
|   |                    |   |
|   |                    |   ├──table
|   |                    |   |   |   cell.htm
|   |                    |   |   |   editor_plugin.js
|   |                    |   |   |   editor_plugin_src.js
|   |                    |   |   |   index.html
|   |                    |   |   |   merge_cells.htm
|   |                    |   |   |   row.htm
|   |                    |   |   |   table.htm
|   |                    |   |   |
|   |                    |   |   ├──css
|   |                    |   |   |       cell.css
|   |                    |   |   |       index.html
|   |                    |   |   |       row.css
|   |                    |   |   |       table.css
|   |                    |   |   |
|   |                    |   |   ├──images
|   |                    |   |   |       buttons.gif
|   |                    |   |   |       index.html
|   |                    |   |   |       table.gif
|   |                    |   |   |       table_cell_props.gif
|   |                    |   |   |       table_delete.gif
|   |                    |   |   |       table_delete_col.gif
|   |                    |   |   |       table_delete_row.gif
|   |                    |   |   |       table_insert_col_after.gif
|   |                    |   |   |       table_insert_col_before.gif
|   |                    |   |   |       table_insert_row_after.gif
|   |                    |   |   |       table_insert_row_before.gif
|   |                    |   |   |       table_merge_cells.gif
|   |                    |   |   |       table_row_props.gif
|   |                    |   |   |       table_split_cells.gif
|   |                    |   |   |
```

```
|   |                   |   |   ├──jscripts
|   |                   |   |   |       cell.js
|   |                   |   |   |       index.html
|   |                   |   |   |       merge_cells.js
|   |                   |   |   |       row.js
|   |                   |   |   |       table.js
|   |                   |   |   |
|   |                   |   |   └──langs
|   |                   |   |           en.js
|   |                   |   |           es.js
|   |                   |   |           index.html
|   |                   |   |
|   |                   |   ├──visualchars
|   |                   |   |   |   editor_plugin.js
|   |                   |   |   |   editor_plugin_src.js
|   |                   |   |   |   index.html
|   |                   |   |   |
|   |                   |   |   ├──images
|   |                   |   |   |       index.html
|   |                   |   |   |       visualchars.gif
|   |                   |   |   |
|   |                   |   |   └──langs
|   |                   |   |           en.js
|   |                   |   |           es.js
|   |                   |   |           index.html
|   |                   |   |
|   |                   |   ├──zoom
|   |                   |   |   |   editor_plugin.js
|   |                   |   |   |   editor_plugin_src.js
|   |                   |   |   |   index.html
|   |                   |   |   |   readme.txt
|   |                   |   |   |
|   |                   |   |   └──langs
|   |                   |   |           es.js
|   |                   |   |
|   |                   |   └──_template
|   |                   |       |   editor_plugin.js
|   |                   |       |   editor_plugin_src.js
|   |                   |       |   index.html
|   |                   |       |   popup.htm
```

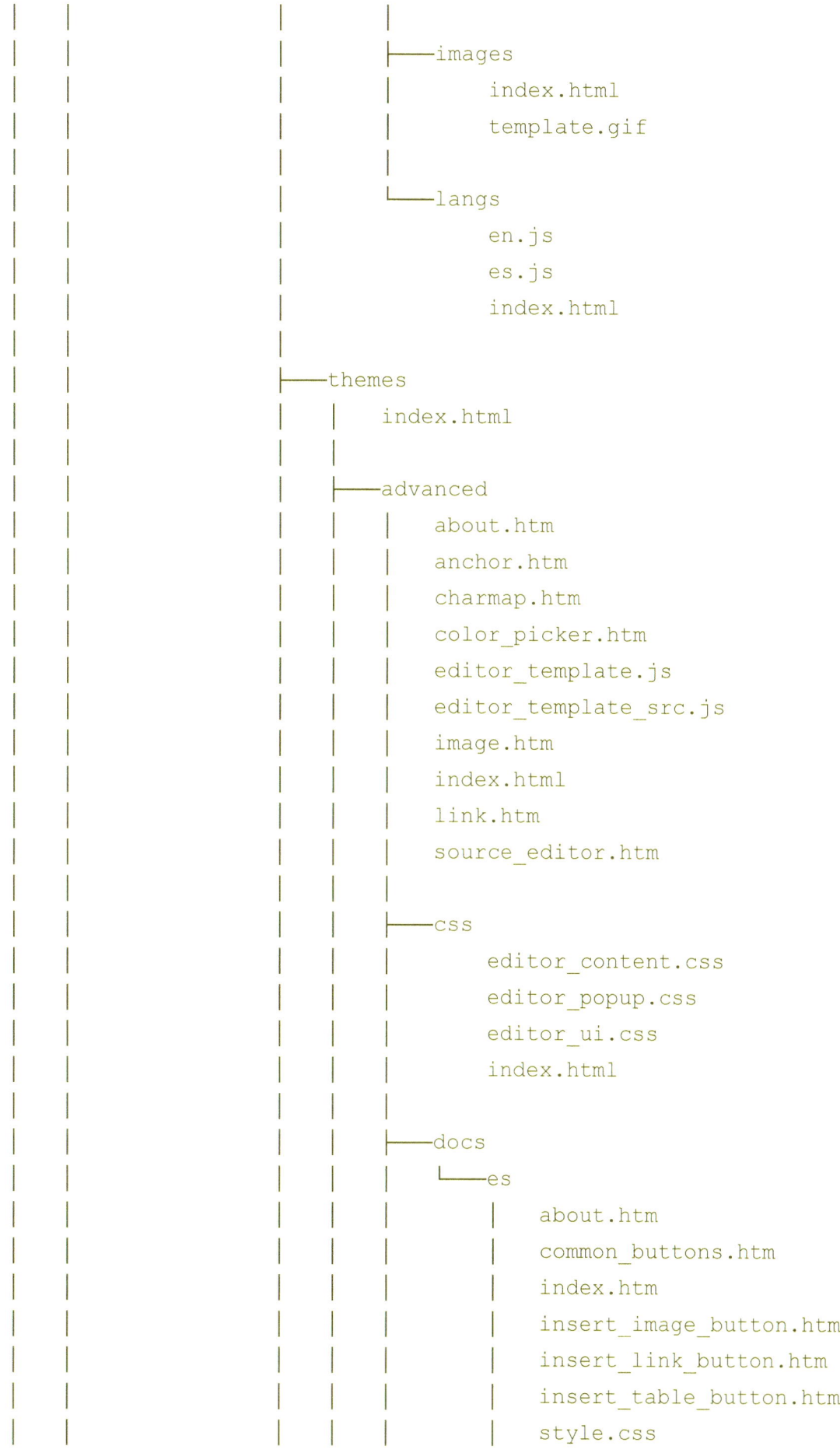

```
|   |                     |             |
|   |                     |             ├────images
|   |                     |             |        index.html
|   |                     |             |        template.gif
|   |                     |             |
|   |                     |             └────langs
|   |                     |                      en.js
|   |                     |                      es.js
|   |                     |                      index.html
|   |                     |
|   |                     ├────themes
|   |                     |    |    index.html
|   |                     |    |
|   |                     |    ├────advanced
|   |                     |    |    |    about.htm
|   |                     |    |    |    anchor.htm
|   |                     |    |    |    charmap.htm
|   |                     |    |    |    color_picker.htm
|   |                     |    |    |    editor_template.js
|   |                     |    |    |    editor_template_src.js
|   |                     |    |    |    image.htm
|   |                     |    |    |    index.html
|   |                     |    |    |    link.htm
|   |                     |    |    |    source_editor.htm
|   |                     |    |    |
|   |                     |    |    ├────css
|   |                     |    |    |    editor_content.css
|   |                     |    |    |    editor_popup.css
|   |                     |    |    |    editor_ui.css
|   |                     |    |    |    index.html
|   |                     |    |    |
|   |                     |    |    ├────docs
|   |                     |    |    |    └────es
|   |                     |    |    |         |    about.htm
|   |                     |    |    |         |    common_buttons.htm
|   |                     |    |    |         |    index.htm
|   |                     |    |    |         |    insert_image_button.htm
|   |                     |    |    |         |    insert_link_button.htm
|   |                     |    |    |         |    insert_table_button.htm
|   |                     |    |    |         |    style.css
```

```
|   |                    |   |   |       |
|   |                    |   |   |       └──images
|   |                    |   |   |           insert_image_window.gif
|   |                    |   |   |           insert_link_window.gif
|   |                    |   |   |           insert_table_window.gif
|   |                    |   |   |
|   |                    |   |   ├──images
|   |                    |   |   |   |   anchor.gif
|   |                    |   |   |   |   anchor_symbol.gif
|   |                    |   |   |   |   backcolor.gif
|   |                    |   |   |   |   bold.gif
|   |                    |   |   |   |   bold_de_se.gif
|   |                    |   |   |   |   bold_es.gif
|   |                    |   |   |   |   bold_fr.gif
|   |                    |   |   |   |   bold_ru.gif
|   |                    |   |   |   |   bold_tw.gif
|   |                    |   |   |   |   browse.gif
|   |                    |   |   |   |   bullist.gif
|   |                    |   |   |   |   buttons.gif
|   |                    |   |   |   |   button_menu.gif
|   |                    |   |   |   |   cancel_button_bg.gif
|   |                    |   |   |   |   charmap.gif
|   |                    |   |   |   |   cleanup.gif
|   |                    |   |   |   |   close.gif
|   |                    |   |   |   |   code.gif
|   |                    |   |   |   |   color.gif
|   |                    |   |   |   |   copy.gif
|   |                    |   |   |   |   custom_1.gif
|   |                    |   |   |   |   cut.gif
|   |                    |   |   |   |   forecolor.gif
|   |                    |   |   |   |   help.gif
|   |                    |   |   |   |   hr.gif
|   |                    |   |   |   |   image.gif
|   |                    |   |   |   |   indent.gif
|   |                    |   |   |   |   index.html
|   |                    |   |   |   |   insert_button_bg.gif
|   |                    |   |   |   |   italic.gif
|   |                    |   |   |   |   italic_de_se.gif
|   |                    |   |   |   |   italic_es.gif
|   |                    |   |   |   |   italic_ru.gif
```

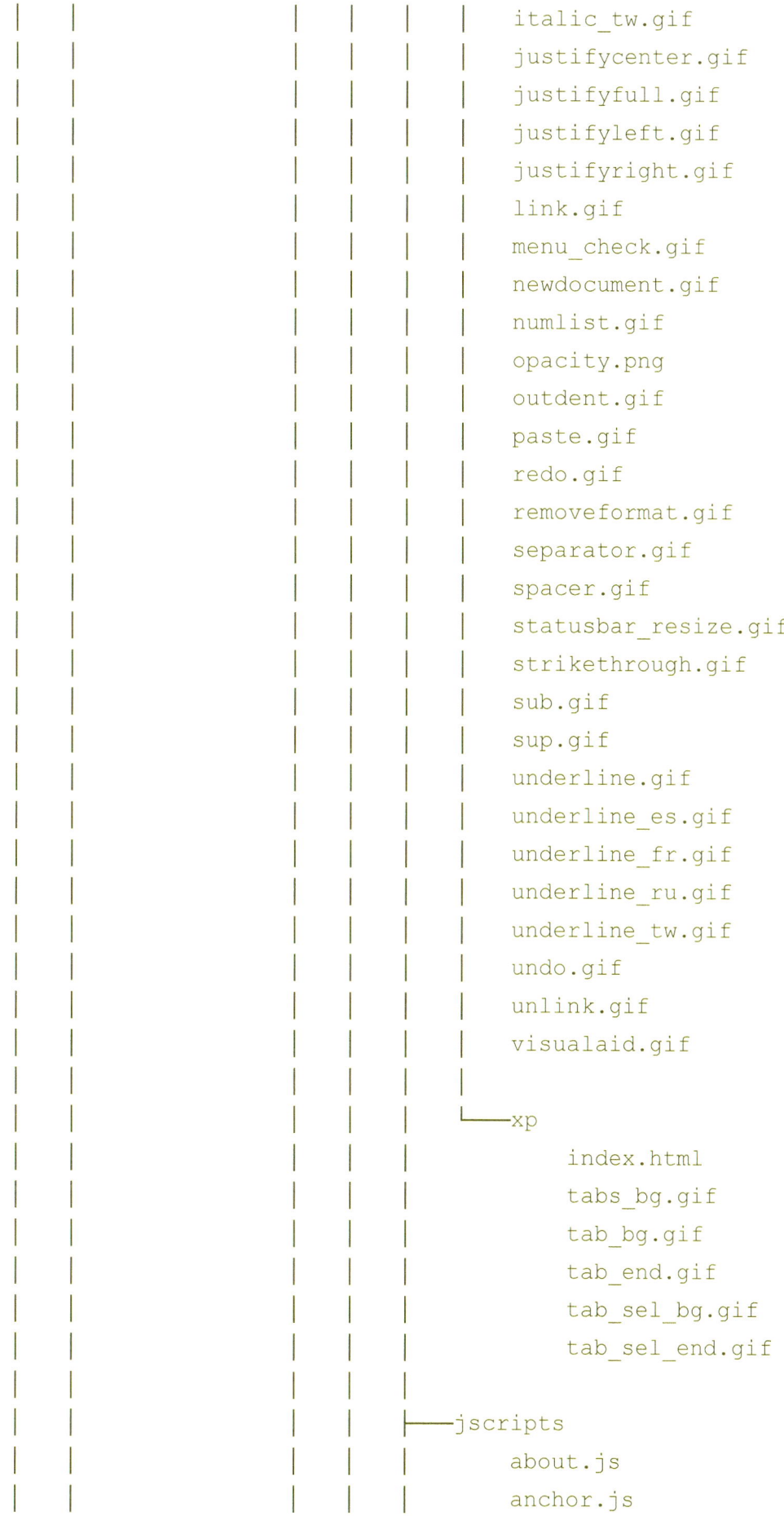

```
|   |             |   |   |   |   italic_tw.gif
|   |             |   |   |   |   justifycenter.gif
|   |             |   |   |   |   justifyfull.gif
|   |             |   |   |   |   justifyleft.gif
|   |             |   |   |   |   justifyright.gif
|   |             |   |   |   |   link.gif
|   |             |   |   |   |   menu_check.gif
|   |             |   |   |   |   newdocument.gif
|   |             |   |   |   |   numlist.gif
|   |             |   |   |   |   opacity.png
|   |             |   |   |   |   outdent.gif
|   |             |   |   |   |   paste.gif
|   |             |   |   |   |   redo.gif
|   |             |   |   |   |   removeformat.gif
|   |             |   |   |   |   separator.gif
|   |             |   |   |   |   spacer.gif
|   |             |   |   |   |   statusbar_resize.gif
|   |             |   |   |   |   strikethrough.gif
|   |             |   |   |   |   sub.gif
|   |             |   |   |   |   sup.gif
|   |             |   |   |   |   underline.gif
|   |             |   |   |   |   underline_es.gif
|   |             |   |   |   |   underline_fr.gif
|   |             |   |   |   |   underline_ru.gif
|   |             |   |   |   |   underline_tw.gif
|   |             |   |   |   |   undo.gif
|   |             |   |   |   |   unlink.gif
|   |             |   |   |   |   visualaid.gif
|   |             |   |   |   |
|   |             |   |   |   └──xp
|   |             |   |   |       index.html
|   |             |   |   |       tabs_bg.gif
|   |             |   |   |       tab_bg.gif
|   |             |   |   |       tab_end.gif
|   |             |   |   |       tab_sel_bg.gif
|   |             |   |   |       tab_sel_end.gif
|   |             |   |   |
|   |             |   |   ├──jscripts
|   |             |   |   |       about.js
|   |             |   |   |       anchor.js
```

```
|   |                          |   |   |        charmap.js
|   |                          |   |   |        color_picker.js
|   |                          |   |   |        image.js
|   |                          |   |   |        index.html
|   |                          |   |   |        link.js
|   |                          |   |   |        source_editor.js
|   |                          |   |   |
|   |                          |   |   └────langs
|   |                          |   |            en.js
|   |                          |   |            es.js
|   |                          |   |            index.html
|   |                          |   |
|   |                          |   └────simple
|   |                          |   |        editor_template.js
|   |                          |   |        editor_template_src.js
|   |                          |   |        index.html
|   |                          |   |
|   |                          |   ├────css
|   |                          |   |        editor_content.css
|   |                          |   |        editor_popup.css
|   |                          |   |        editor_ui.css
|   |                          |   |        index.html
|   |                          |   |
|   |                          |   └────images
|   |                          |            bold.gif
|   |                          |            bold_de_se.gif
|   |                          |            bold_fr.gif
|   |                          |            bold_ru.gif
|   |                          |            bold_tw.gif
|   |                          |            bullist.gif
|   |                          |            buttons.gif
|   |                          |            cleanup.gif
|   |                          |            index.html
|   |                          |            italic.gif
|   |                          |            italic_de_se.gif
|   |                          |            italic_ru.gif
|   |                          |            italic_tw.gif
|   |                          |            numlist.gif
|   |                          |            redo.gif
|   |                          |            separator.gif
```

```
|   |                          |                      spacer.gif
|   |                          |                      strikethrough.gif
|   |                          |                      underline.gif
|   |                          |                      underline_fr.gif
|   |                          |                      underline_ru.gif
|   |                          |                      underline_tw.gif
|   |                          |                      undo.gif
|   |                          |
|   |                          └──utils
|   |                                      editable_selects.js
|   |                                      form_utils.js
|   |                                      index.html
|   |                                      mclayer.js
|   |                                      mctabs.js
|   |                                      validate.js
|   |
|   ├──editors-xtd
|   |       index.html
|   |       mosimage.btn.php
|   |       mosimage.btn.xml
|   |       mosimage.gif
|   |       mospage.btn.php
|   |       mospage.btn.xml
|   |       mospage.gif
|   |
|   ├──search
|   |       categories.searchbot.php
|   |       categories.searchbot.xml
|   |       contacts.searchbot.php
|   |       contacts.searchbot.xml
|   |       content.searchbot.php
|   |       content.searchbot.xml
|   |       index.html
|   |       newsfeeds.searchbot.php
|   |       newsfeeds.searchbot.xml
|   |       sections.searchbot.php
|   |       sections.searchbot.xml
|   |       weblinks.searchbot.php
|   |       weblinks.searchbot.xml
|   |
```

```
|     └──system
|            index.html
|
├──media
|       Helvetica.afm
|       index.html
|       NP.html
|       np.rar
|       php_Helvetica.afm
|       prueba.html
|
├──modules
|    |   custom.xml
|    |   index.html
|    |   mod_archive.php
|    |   mod_archive.xml
|    |   mod_banners.php
|    |   mod_banners.xml
|    |   mod_couloir.php
|    |   mod_couloir.xml
|    |   mod_extcalendar_minical.php
|    |   mod_extcalendar_minical.xml
|    |   mod_infinity_menus_1-0-8.php
|    |   mod_infinity_menus_1-0-8.xml
|    |   mod_latestnews.php
|    |   mod_latestnews.xml
|    |   mod_login.php
|    |   mod_login.xml
|    |   mod_mainmenu.php
|    |   mod_mainmenu.xml
|    |   mod_mostread.php
|    |   mod_mostread.xml
|    |   mod_newsflash.php
|    |   mod_newsflash.xml
|    |   mod_poll.php
|    |   mod_poll.xml
|    |   mod_rafweather.php
|    |   mod_rafweather.xml
|    |   mod_random_image.php
|    |   mod_random_image.xml
```

```
|    |    mod_related_items.php
|    |    mod_related_items.xml
|    |    mod_rssfeed.php
|    |    mod_rssfeed.xml
|    |    mod_search.php
|    |    mod_search.xml
|    |    mod_sections.php
|    |    mod_sections.xml
|    |    mod_stats.php
|    |    mod_stats.xml
|    |    mod_templatechooser.php
|    |    mod_templatechooser.xml
|    |    mod_titulares.php
|    |    mod_titulares.xml
|    |    mod_ugbannerspos.php
|    |    mod_ugbannerspos.xml
|    |    mod_whosonline.php
|    |    mod_whosonline.xml
|    |    mod_wrapper.php
|    |    mod_wrapper.xml
|    |    mod_xagoogle.php
|    |    mod_xagoogle.xml
|    |
|    ├──couloir
|    |    ├──css
|    |    |      couloir.css
|    |    |      lightbox.css
|    |    |
|    |    ├──img
|    |    |      backward.gif
|    |    |      c.gif
|    |    |      close.gif
|    |    |      closelabel.gif
|    |    |      forward.gif
|    |    |      lightbox.gif
|    |    |      lightbox.png
|    |    |      loading.gif
|    |    |      next_chevron.png
|    |    |      prev_chevron.png
|    |    |
```

```
|   |     └──js
|   |              behaviour.js
|   |              builder.js
|   |              effects.js
|   |              lightbox.js
|   |              prototype.js
|   |              scriptaculous.js
|   |              slideshow.js
|   |
|   └──infinity_menus
|         |     browser_info.php
|         |     mainclass.php
|         |     menu_css_overrides.php
|         |     menu_drop_down.php
|         |     menu_tree.php
|         |
|         ├──css
|         |   ├──dropdown
|         |   |   |   academic.css
|         |   |   |   bluebean.css
|         |   |   |   coldblue.css
|         |   |   |   default.css
|         |   |   |   javabean.css
|         |   |   |   solarflare.css
|         |   |   |
|         |   |   └──images
|         |   |       ├──academic
|         |   |       |       academics.jpg
|         |   |       |
|         |   |       ├──javabean
|         |   |       |       menu_blue_bgr.png
|         |   |       |       menu_orange_bgr.png
|         |   |       |
|         |   |       └──solarflare
|         |   |               solarflare_menu_bg01.png
|         |   |               solarflare_menu_bg02.png
|         |   |
|         |   └──tree
|         |           default.css
|         |
```

```
|           ├──images
|           |        tree-branch.gif
|           |        tree-doc-deleted.gif
|           |        tree-doc-unpublished.gif
|           |        tree-doc.gif
|           |        tree-folder-open.gif
|           |        tree-folder.gif
|           |        tree-leaf-end.gif
|           |        tree-leaf.gif
|           |        tree-node-end.gif
|           |        tree-node-open-end.gif
|           |        tree-node-open.gif
|           |        tree-node.gif
|           |        tree.gif
|           |
|           └──js
|               |     dropdownmenux_crunched.js
|               |     dropdownmenux_ie5_crunched.js
|               |     dynamictree_crunched.js
|               |
|               └──src
|                      dropdownmenux.js
|                      dropdownmenux_ie5.js
|                      dynamictree.js
|
└──templates
    |    404.php
    |    index.html
    |
    ├──4mambo_sunbeam
    |    |    4mambo_sunbeam.png
    |    |    index.php
    |    |    templateDetails.xml
    |    |    template_thumbnail.png
    |    |
    |    ├──css
    |    |        template_css.css
    |    |
    |    └──images
    |             4mambo_sunbeam_r1_c1.jpg
```

```
|                       4mambo_sunbeam_r1_c2.jpg
|                       4mambo_sunbeam_r1_c3.jpg
|                       4mambo_sunbeam_r1_c4.jpg
|                       4mambo_sunbeam_r1_c5.jpg
|                       4mambo_sunbeam_r1_c6.jpg
|                       4mambo_sunbeam_r2_c1.jpg
|                       4mambo_sunbeam_r2_c2.jpg
|                       4mambo_sunbeam_r2_c3.jpg
|                       4mambo_sunbeam_r2_c6.jpg
|                       4mambo_sunbeam_r3_c1.jpg
|                       4mambo_sunbeam_r3_c2.jpg
|                       4mambo_sunbeam_r3_c3.jpg
|                       4mambo_sunbeam_r3_c6.jpg
|                       4mambo_sunbeam_r4_c12.jpg
|                       4mambo_sunbeam_r4_c2.jpg
|                       4mambo_sunbeam_r4_c3.jpg
|                       4mambo_sunbeam_r4_c6.jpg
|                       arrow.png
|                       lineborder.png
|                       pixel.png
|                       search_01.png
|                       search_02.png
|                       spacer.gif
|
├───akogreenportal
|    |   index.php
|    |   templateDetails.xml
|    |   template_thumbnail.png
|    |
|    ├───css
|    |       template_css.css
|    |
|    └───images
|            arrow2up.gif
|            loc_bar_back.gif
|            logo.png
|
├───allm_3d9
|    |   index.php
|    |   templateDetails.xml
```

```
|    |      template_thumbnail.png
|    |
|    ├──css
|    |        template_css.css
|    |
|    └──images
|            bg.jpg
|            contentend.jpg
|            contenthead.jpg
|            footer.jpg
|            header.jpg
|            navcat.jpg
|
├──allm_biz_01
|    |   index.php
|    |   menu_roll.php
|    |   rollover.js
|    |   templateDetails.xml
|    |   template_thumbnail.png
|    |
|    ├──css
|    |        template_css.css
|    |
|    └──images
|        |   footer_bck.gif
|        |   header_bott.gif
|        |   left_bck.gif
|        |   left_img.gif
|        |   left_mod_bck.gif
|        |   logo.gif
|        |   menu_right.gif
|        |   right_bck.gif
|        |   right_mid.gif
|        |   right_mod_bck.gif
|        |   spacer.gif
|        |   top_left_bck.gif
|        |
|        └──menu
|                menu_1.gif
|                menu_1_ovr.gif
```

```
        |                    menu_2.gif
        |                    menu_2_ovr.gif
        |                    menu_3.gif
        |                    menu_3_ovr.gif
        |                    menu_4.gif
        |                    menu_4_ovr.gif
        |
        ├───allm_flower
        |   |    index.php
        |   |    templateDetails.xml
        |   |    template_thumbnail.png
        |   |
        |   ├───css
        |   |        template_css.css
        |   |
        |   └───images
        |            bg.jpg
        |            header.gif
        |            header1.jpg
        |            spacer.gif
        |
        ├───css
        |        index.html
        |        offline.css
        |
        ├───designstudio
        |   |    index.php
        |   |    templateDetails.xml
        |   |    template_thumbnail.png
        |   |
        |   ├───css
        |   |        custom.css
        |   |        editor_content.css
        |   |        joomla.css
        |   |        template_css.css
        |   |
        |   └───images
        |            bg.jpg
        |            contentbg.jpg
        |            logo.gif
```

```
|               mainimg-back.jpg
|               mainimg.jpg
|               mainimg.psd
|               modbg.jpg
|               modlogo.jpg
|               readon.gif
|               search.jpg
|
├────eco_templates_green
|    |    index.php
|    |    templateDetails.xml
|    |    template_thumbnail.png
|    |
|    ├────css
|    |         template_css.css
|    |
|    └────images
|              background.jpg
|              bcg.gif
|              belka_menu_header.jpg
|              generated_content.css
|              hozzaszolas.gif
|              logo.jpg
|              main_content_back.png
|              s.jpg
|              upper_menu_back.png
|
├────freshdesign
|    |    index.php
|    |    templateDetails.xml
|    |    template_thumbnail.png
|    |
|    ├────css
|    |         template_css.css
|    |
|    └────images
|              bottom.jpg
|              indent1.png
|              indent2.png
|              logo.gif
```

```
|                    mainimg.jpg
|                    menu.gif
|                    menusep.gif
|                    moduletop.gif
|                    sidebg.jpg
|                    top.jpg
|
├───greengo
|    |    index.php
|    |    maincssmenu.php
|    |    mycssmenu.php
|    |    templateDetails.xml
|    |    template_thumbnail.png
|    |
|    ├───css
|    |         template_css.css
|    |
|    ├───images
|    |         back_shade.png
|    |         greengo_header.png
|    |         menu_arrow.gif
|    |         menu_separator.gif
|    |         square.png
|    |         stripe.gif
|    |
|    └───js
|              var.js
|
├───green_flash
|    |    index.php
|    |    templateDetails.xml
|    |    template_thumbnail.png
|    |
|    ├───css
|    |         template_css.css
|    |
|    └───images
|              bgb.gif
|              fundalmeniu.jpg
|              main_01.jpg
```

```
|               main_02.gif
|               main_03.gif
|               main_04.gif
|               main_05.gif
|               main_06.gif
|               menu_01.gif
|               menu_02.gif
|               menu_03.gif
|
├──hornet
|   |   favicon.ico
|   |   index.php
|   |   templateDetails.xml
|   |   template_thumbnail.png
|   |
|   ├──css
|   |       template_css.css
|   |
|   └──images
|           back.gif
|           bb.gif
|           bg.gif
|           bottom-bg.gif
|           bottom-left.gif
|           bottom-link.gif
|           bottom-right.gif
|           bullet.png
|           head-bg.gif
|           head-left-bottom.gif
|           head-left-top.gif
|           head-right.gif
|           indent1.png
|           lb.gif
|           main-bg.gif
|           main-left.gif
|           main-right.gif
|           menu-head.gif
|           modul.jpg
|           rb.gif
|           read.gif
```

```
|                     shadowl.jpg
|                     shadowr.jpg
|                     top-button.jpg
|                     topmenu-button.jpg
|
├────jj_serenity
|    |    index.php
|    |    templateDetails.xml
|    |    template_thumbnail.png
|    |
|    ├────css
|    |        customise.css
|    |        layout.css
|    |        template_css.css
|    |
|    └────images
|             bottom_seperator_bg.gif
|             branding_head.gif
|             bullet.gif
|             button_bg.gif
|             content_bg.gif
|             dark_input_bg.gif
|             date.png
|             footer_bg.gif
|             footer_shadow_bg.gif
|             footer_shadow_bg.jpg
|             html_bg.gif
|             html_bg_f2.gif
|             mod_header_bullet.gif
|             read_more.gif
|             seperatorimg.gif
|             top_bg.gif
|             top_seperator_bg.gif
|             top_seperator_bg_r1_c1.gif
|             top_shadow.gif
|             top_shelf.gif
|
├────limevibe01
|    |    index.php
|    |    templateDetails.xml
```

```
|     |     template_thumbnail.png
|     |
|     ├───css
|     |         editor_content.css
|     |         layout_css.css
|     |         template_css.css
|     |
|     └───images
|               bullet.gif
|               imgtop.jpg
|               main_bg.gif
|               modulebg.jpg
|               modulefooter.jpg
|               mod_header_bg.jpg
|               top_bg.jpg
|
├───openfields
|     |     index.php
|     |     templateDetails.xml
|     |     template_thumbnail.png
|     |
|     ├───css
|     |         editor_content.css
|     |         layout_css.css
|     |         template_css.css
|     |
|     └───images
|               indent1.png
|               loginbutton.jpg
|               menu_bg.gif
|               modulebg.gif
|               modulefooter.gif
|               mod_header_bg.gif
|               newsflashbg.gif
|               newsflashbg.jpg
|               newsflashheader.gif
|               space.gif
|               s_bottom_bg.gif
|               s_top_bg.gif
|               top_header.jpg
```

```
|                    top_people-back.jpg
|                    top_people.jpg
|
├──orangebusiness
|     |    index.php
|     |    templateDetails.xml
|     |    template_thumbnail.png
|     |
|     ├───css
|     |         template_css.css
|     |
|     └───images
|              dot_b.gif
|              e01.gif
|              e_menu.gif
|              fon01.gif
|              fon_bot.gif
|              fon_left.gif
|              fon_menu.gif
|              fon_right.gif
|              hr01.gif
|              hr02.gif
|              logo_bot.gif
|              main01.gif
|              main01.jpg
|              main03.jpg
|              main_logo.jpg
|              menu01.gif
|              menu02.gif
|              px1.gif
|              separator.gif
|              temp01.jpg
|              t_bot.gif
|              t_fon.gif
|
├──pm_millennium_keyboard
|     |    index.php
|     |    links.php
|     |    templateDetails.xml
|     |    template_thumbnail.png
```

```
|    |
|    ├──css
|    |      template_css.css
|    |
|    └──images
|           arrow.png
|           indent1.png
|           indent2.png
|           indent3.png
|           indent4.png
|           pm_millennium_01.gif
|           pm_millennium_02.gif
|           pm_millennium_03.gif
|           pm_millennium_04.gif
|           pm_millennium_05.gif
|           pm_millennium_06.gif
|           pm_millennium_07.gif
|           pm_millennium_08.gif
|           pm_millennium_09.gif
|           pm_millennium_10.gif
|           pm_millennium_11.gif
|           pm_millennium_12.gif
|           pm_millennium_13.gif
|           pm_millennium_14.gif
|           pm_millennium_15.gif
|           pm_millennium_16.gif
|           pm_millennium_17.gif
|           pm_millennium_18.gif
|           pm_millennium_19.gif
|           pm_millennium_20.gif
|           pm_millennium_21.gif
|           rating_star.png
|           rating_star_blank.png
|           spacer.gif
|
├──rocky_mountain_sunrise
|    |    index.php
|    |    templateDetails.xml
|    |    template_thumbnail.png
|    |
```

```
    |     ├──css
    |     |       template_css.css
    |     |
    |     └──images
    |             sunrise_long-2.jpg
    |             sunrise_long-back.jpg
    |             sunrise_long.jpg
    |             valle.jpg
    |
    └──spiritual
          |     index.php
          |     templateDetails.xml
          |     template_thumbnail.png
          |
          ├──css
          |       editor_content.css
          |       template_css.css
          |
          └──images
                  bottom.jpg
                  indent1.png
                  indent2.png
                  logo-back.gif
                  logo.gif
                  mainimg-back.jpg
                  mainimg.jpg
                  menu.gif
                  menusep.gif
                  moduletop.gif
                  sidebg-back.jpg
                  sidebg.jpg
                  top.jpg
```

Instalación para Expertos Joomla! 2.5 y migraciones previas

Introducción sobre Joomla!, ¿Qué es Joomla!?

Joomla! es un software que permite crear y modificar páginas web de manera fácil y cómoda.

Cualquier sitio creado con el software Joomla! está compuesto de tres elementos:

- El contenido, que se almacena en una base de datos.

- El diseño (mediante una plantilla), que controla la presentación del contenido creado, con colores, imágenes, fuentes, etc.

- El software propio de Joomla!, que le permite mezclar el diseño y el contenido para crear páginas web.

Funcionamiento de Joomla

Joomla! se compone de una plataforma y unas extensiones. La plataforma es la base del software; las extensiones aportan funcionalidades específicas a la plataforma.

Algunas extensiones se desarrollan como parte del proyecto de Joomla! y vienen automáticamente instaladas con el software oficial de Joomla!. Para agregar nuevas características a Joomla!, se pueden instalar tantas extensiones como sean necesarias para adecuarlo a sus necesidades. Estas funcionalidades, instalables desde las extensiones, son de lo más diversas: foro, chat, galería de imágenes, galería de vídeos, blogs, videoconferencia, directorios de enlaces, reproductor multimedia, mensajería, descargas, y un larguísimo etcétera.

Se puede hacer la similitud con un sistema operativo de un ordenador y las aplicaciones externas que se utilizan, que aportan funcionalidad. En este caso, el sistema operativo sería Joomla! y las aplicaciones externas, las extensiones.

Instalación de Joomla

Hay varias versiones de Joomla!. La más actual en el momento de hacer este artículo, es la versión 2.5.1 (de la rama 2.5). Para instalar Joomla! 2.5.x, existen varias maneras de hacerlo.

Si desea probar Joomla! y usted no tiene un dominio o un sitio público (hosting o servidor) dónde albergar Joomla!, puede instalar Joomla! en su propio ordenador (sin que el sitio aparezca en Internet):

- Para instalar Joomla! con un sistema operativo Windows se usa XAMP.

- Para instalar Joomla! con un sistema operativo Linux se usa LAMP.

- Para instalar Joomla! con un sistema operativo Mac se usa MAMP.

Si desea que su sitio web esté disponible en Internet, asegúrese de que tiene un hosting adecuado para albergar Joomla! y que tiene un dominio asociado al hosting (que será la dirección de su sitio). Compruebe que su hosting contratado o su servidor cumple con los requisitos mínimos para albergar Joomla! 2.5. Puede instalar Joomla! en su servidor de tres formas diferentes:

Instalación en un click. Muchas empresas de hosting ofrecen la instalación de Joomla! de forma automática con tan sólo un click. En este caso siga las instrucciones que le dicte su servidor.

Instalación convencional. En este caso, se requiere una copia de Joomla! oficial en formato ZIP, que deberá copiar a su hosting, descomprimir, crear una base de datos y ejecutar la instalación. Vea las instrucciones completas (en inglés).

Instalación mediante una Demo. Si usa el sitio de demostración de Joomla!, siga las instrucciones para realizar una copia de seguridad y mover el sitio a un hosting o cree una cuenta de hosting al final del periodo de prueba de 30 días.

Aprendiendo a usar Joomla 2.5

Una vez instalado Joomla! 2.5, usted tendrá que crear su propio contenido, mostrándolo de la manera que desee. Para hacerlo, existen una serie de recursos útiles. Uno de ellos son los datos de ejemplo que se pueden instalar al realizar la instalación de Joomla!.

Existen además muchas guías básicas de aprendizaje, foros de discusión en español y la FAQ de Net&Software de Joomla! 2.5 y Joomla! 1.7.

También se puede usar la demo de Joomla! (en Joomla.org) para probar.

Comienza a crear tu propio sitio en Joomla 2.5

Una vez claros los aspectos anteriores, crea tus propios artículos, noticias, enlaces, contactos, banners y cualquier otra cosas para armar tu nuevo sitio Joomla!.

Es importante crear una planificación de lo que se quiere realizar.

Si lo que desea es transformar una web ya hecha a la misma, pero realizada en Joomla!, le aconsejamos un documento (en inglés) hecho para Joomla! 1.5, que le puede orientar en la forma de realizar esta operación.

Le damos un buen consejo: **antes de empezar** su página web, debería activar la SEF (Search Engine Friendly) para las URLs de su web.

Lo primero que debe hacer para montar una web con Joomla! es instalar una plantilla (aspecto gráfico de su web) o modificar una de las existentes (para esto último necesita conocimientos de HTML y CSS).

Seguidamente, querrá instalar una o más de las miles de extensiones disponibles para la versión 2.5 de Joomla!. Para ello, visite el JED (Joomla! Extensions Directory), es decir, el directorio oficial de extensiones de Joomla!, elija la que desee, e instálela según las instrucciones del desarrollador (aunque casi siempre es de la misma forma). Este suele ser un proceso relativamente sencillo.

Cómo mantener la seguridad en un sistema Joomla 2.5

Realice buenas prácticas de seguridad. En resumen: contraseñas seguras, doble acceso a la zona de administración, no instale más de lo que necesita, actualice cada extensión a la última versión disponible, actualice Joomla! siempre a la última versión, y siga una prácticas razonables de seguridad básica. Vea más detalles.

También puede dejar esta tarea a profesionales del sector.

Cómo obtener ayuda

Existen varios foros en Internet, con ayuda en español: Joomla! Spanish, el foro oficial en español; el foro oficial (en inglés), para que otros usuarios le ayuden; y, por supuesto puede dejar una pregunta en Net&Software, para que se la respondamos.

Además puede consultar las preguntas más frecuentes que suelen hacerse sobre Joomla! 2.5.

También puede contratar servicios de ayuda (soporte técnico).

Prologo sobre las 20 preguntas que nos hacemos sobre esta nueva versión.

Con el magnífico trabajo de desarrollo realizado por el equipo de Joomla!, y gracias a la traducción íntegra del paquete por parte de *Joomla! Spanish*, podemos disfrutar del gestor de contenidos más versatil, funcional, seguro y moderno desarrollado hasta el momento: Joomla 2.5 LTS.

El cambio planteado desde la creación de la versión inmadura 1.6.0, ha dado sus frutos un año después, no sin antes haber pasado por una transformación profunda -en julio de 2011- con la versión inicial de la rama 1.7.

Pero muchos de los usuarios de Internet, y gran parte de los creadores de páginas webs mediante Joomla! se plantean seriamente dar el paso a una versión, que dista, poco de sus versiones inmediatamente inferiores, y mucho de la versión 1.5 de Joomla!.

Para solucionar cualquier duda sobre esta versión, aquí están las *20 preguntas clave sobre **Joomla! 2.5***:

1.- ¿Qué significa LTS?

Son las siglas de *Long Time Support*, es decir, Soporte de Larga Duración. Joomla! 2.5 posee estas siglas porque los desarrolladores han decidido que esta versión goce de soporte prolongado de, al menos, 18 meses, lo que dará estabilidad al proyecto. Es un motivo importante para la migración a esta versión desde otros sitios con versiones anteriores de Joomla!, y para que la creación de sitios en Joomla! parta de la rama 2.5.

2.- ¿Cuáles son las versiones de Joomla!?

Las versiones de Joomla! se pueden resumir en un documento gráfico que los desarrolladores de Joomla! elaboraron, y que fue traducido por *Isidro Baquero*, denominado Estrategia de Desarrollo de Joomla! (versión en español), cuya fuente original se encuentra en http://developer.joomla.org/strategy.html (versión en inglés).

3.- ¿Desde dónde puedo descargar Joomla! 2.5?

El paquete completo en español se puede bajar desde Joomla! Spanish. El paquete original con traducción en español se puede bajar del sitio oficial de Joomla!.

4.- ¿Cuáles son las nuevas funcionalidades de Joomla! 2.5 respecto a Joomla! 1.7?

Hay un documento oficial de las nuevas funcionalidades de Joomla! 2.5, que fue extensamente explicado, detallado y traducido por Net&Software: las nuevas funcionalidades de Joomla! 2.5.

5.- ¿Dónde puedo encontrar noticias oficiales y réplicas en español sobre Joomla!?

En la página oficial pueden verse todas las noticias de Joomla!, por supuesto, en inglés. Si quieres noticias en español, tienes las noticias de Joomla! Spanish y además puedes suscribirte al boletín de noticias para estar informado de cuándo sale una nueva versión en español de Joomla! Spanish. Además, muchas webs se hacen eco de las principales noticias, que traducen al español en sus portales.

6.- Joomla! lo compone su núcleo -con muchas funcionalidades integradas-, y las extensiones -que le da funcionalidades especiales-, ¿dónde puedo encontrar extensiones para Joomla! 2.5?.

Las extensiones oficiales -casi 9.000 en este momento- tanto de Joomla! 2.5 como de cualquier otra versión, se encuentran organizadas en el Joomla! Extensions Directory (abreviado y conocido como JED), es decir, el Directorio de Extensiones de Joomla!. Están organizados por temáticas y se pueden encontrar componentes, módulos, plugins, etc. También se pueden ver las nuevas extensiones y las recientemente actualizadas.

7.- ¿Es seguro Joomla! 2.5?

Es la versión más segura de todas las versiones de Joomla!.

8.- ¿Son seguras las versiones de Joomla! 1.7, 1.6, y 1.5?

Mientras estas versiones tengan soporte por parte del equipo de desarrolladores de Joomla!, éstas serán muy seguras. Cuando finalice el periodo de soporte, no ofrecerán nuevas versiones que corrijan fallos de seguridad, lo que hará a estas versiones, vulnerables. La rama 1.6 actualmente no tiene soporte (por lo que cualquier persona que tenga esta versión debe ser actualizada a una versión superior); la rama 1.7 tiene soporte hasta febrero de 2012; y la rama 1.5 tiene soporte hasta abril de 2012.

9.- ¿Cómo mantengo la seguridad en mi Joomla! 2.5?

Para mantener seguro un sistema con Joomla! 2.5, debe tener siempre la última versión estable del proyecto. En el momento de elaborar este artículo, la más estable es la 2.5.1, que corrige pequeñas vulnerabilidades de la versión 2.5.0. Pero es tan importante tener actualizado Joomla! como tener actualizados a la última versión cada extensión que haya instalada en nuestro sistema. Se pueden controlar las versiones con componentes específicos para esto. También se pueden controlar las principales extensiones de Joomla! con el Control de Versiones de NetandSoftware.

10.- ¿Debo actualizar mi Joomla! 1.7 a Joomla! 2.5?

Para resolver esta duda se elaboró un documento gráfico cuya infografía original es de *Themepartner.com*, donde respondiendo a unas preguntas relativamente sencillas, puede llegar a una conclusión acertada de lo que debe hacer. Vea y revise el documento, pero resumiendo, en la mayoría de los casos, sí.

11.- Si las extensiones de 1.7 funcionan en 2.5, ¿por qué algunas de ellas no obtienen el logotipo de la versión 2.5 en el JED -Joomla! Extensions Directory- ?

Todas las versiones de las extensiones de Joomla! 1.7 tendrán que ser revisadas por sus desarrolladores para comprobar que funcionan de forma adecuada para la nueva versión de Joomla!. Todas las extensiones de Joomla!1.7 funcionan en Joomla! 2.5, pero algunas de ellas -unas pocas- pueden contener mínimos fallos. Cuando se corrijan esos fallos aparecerá el logotipo de Joomla 2.5 junto a la extensión en el JED.

12.- ¿Qué características tiene que tener mi servidor para poder albergar (hospedar) mi Joomla! 2.5?

Las características técnicas mínimas del servidor son:

- PHP 5.2.4 o superior (se recomienda PHP 5.3 o superior).

- MySQL 5.0.4 o superior.

- *Para servidores tipo Unix (Linux)*: Apache 2.x

- *Para servidores Windows*: IIS 7

13.- Se puede instalar en un PC pero, ¿se puede instalar en un MAC?

Sí. En un PC (según sea Windows o Linux), se suele instalar XAMP o LAMP, respectivamente, para poder instalar Joomla!. En un sistema Macintosh, se instala MAMP. La forma más rápida y segura de instalar y configurar un sistema para Joomla! es mediante Linux.

14.- ¿Cómo puedo hacer la migración de Joomla! 1.7 a Joomla! 2.5?

Sólo hay que cerciorarse de que se cumplen con los requisitos de instalación, y seguir los pasos (en inglés) que detallan los desarrolladores de Joomla!, que resumidamente, se basa en instalar la actualización de Joomla 2.5.x como si fuera un paquete más; e ir a *Extensiones --> Gestor de Extensiones*, pestaña *Base de Datos*, y pinchar en *Corregir*. Luego deberá instalar el paquete en español. Los paquetes de actualización en español los puedes descargar aquí en español (versión JoomlaSpanish), o aquí en inglés (versión original).

15.- ¿Cómo paso mi Joomla 1.5 a Joomla 2.5?

Esto es más complejo. Las versiones para llegar a la versión 2.5 han sido numerosas. Los pasos vienen detallados en este documento (en inglés). En resumen, los pasos son:

- Haga una copia de seguridad completa de su base de datos y de sus ficheros.

- Pasa cualquier versión 1.5.x a la versión 1.5.25 (o la mayor disponible en la rama 1.5).

- Comprueba que todas tus extensiones están disponibles para Joomla! 2.5. Puedes usar el JED para comprobarlo.

- Comprueba que hay una versión de tu plantilla para 2.5. Si no, tendrás que esperar o poner otra plantilla.

- Es recomendable usar jUpgrade, pero ten en cuenta que sólo transforma de la versión 1.5 a la 2.5 las siguientes extensiones (a enero de 2012): AdminPraise, Kunena, K2, JoomComment, Virtuemart, redSHOP, CommunityBuilder, JCE, Contact Enhanced, JomSocial, redForm, JEvents, Akeeba Backup, Jumi y redMEMBER.

- Las demás extensiones tendrás que pasarlas "a mano" teniendo en cuenta que cada una de ellas tendrá una migración concreta que deberás buscar en la página oficial del desarrollador de esa extensión.

- Además de este resumen, es importante tener en cuenta todo lo que se explica en el documento antes mencionado.

16.- ¿Puedo instalar más de un Joomla! en un mismo servidor?

Sí. Uno de ellos puede estar en la raíz de tu servidor. Los demás deben estar en directorios para no mezclar archivos. Puedes mezclar distintas versiones de Joomla! (siempre que el servidor ofrezca los requerimientos básicos para esas versiones de Joomla!), e incluso puedes asociar subdominios a cada directorio (mediante el servidor) para que cada Joomla! se vea en un subdominio.

17.- ¿Puedo instalar Joomla! 2.5 en mi ordenador de casa?

Sí. Es lo que se llama -cuando habla un usuario desde su casa-, *instalar en local*.

18.- ¿Puedo pasar mi Joomla! 2.5 en local a un servidor?

Sí. Los pasos básicos para hacerlo son:

- comprobar los requisitos técnicos del servidor,

- crear en el servidor una base de datos idéntica a la creada en local (mismo usuario, mismo nombre y misma contraseña),

- copiar la base de datos al servidor

- copiar los ficheros "tal cual" al servidor,

- ajustar el fichero "configuration.php" y poner los directorios adecuados,

- revisar el fichero .htaccess si es necesario de la raíz del servidor.

19.- ¿En qué foro puedo hacer una pregunta sobre Joomla! 2.5?

En el nuevo foro de Joomla 2.5 en Joomla! Spanish.

20.- ¿Dónde puedo encontrar más preguntas respondidas sobre Joomla! 2.5?

En los foros de Joomla! Spanish y en el FAQ de Joomla! 2.5 de Net&Software.

Creado por Net&Software para Joomla! Spanish

Joomla! 2.5.0- Spanish

El proyecto Joomla! Spanish se complace en anunciar la inmediata disponibilidad de **Joomla! 2.5.0- Spanish**.

Esta es una versión de seguridad. La versión 2.5.0 es la actualización de la versión 1.7. (Hay que tener en cuenta que se ha saltado de la versión 1.7.x a 2.5.x.).

La versión 2.5.0 es la segunda hecha dentro del ciclo de nueva versión de seis meses que se inició con la entrega de Joomla 1.6 en enero de 2011. La versión 2.5 es de Soporte de Largo Plazo (LTS) que contará con el soporte de al menos 18 meses.

El objetivo del Grupo de Desarrollo es continuar proporcionando actualizaciones regulares y frecuentes para la comunidad de Joomla!.

La versión 1.7 llegará al final de su ciclo dentro de un mes, el 24 de febrero de 2012. Todos los usuarios de la versión 1.7 deberán actualizar a la versión 2.5.0 antes de ese período. El proceso de actualización es muy sencillo, y las instrucciones completas están disponibles aquí. Tenga en cuenta que ahora hay maneras más fáciles y mejores para realizar la actualización.

Formatos disponibles para descargar :

Joomla! Spanish 2.5.0 (Zip) 7 MB **Md5 Hash** :
6475e5ab86e482c9469b7bd16a5ba284

Joomla! Spanish 2.5.0 (Tar.gz) 5 MB **Md5 Hash** :
39feaedb0a92123b56898d6513a5a4ce

Joomla! Spanish 2.5.0 (Tar.bz2) 4 MB **Md5 Hash** :
40417b15d32ad389f1fdbd59262b4b10

También puedes descargar el paquete de actualización si dispone de una versión 1.7.X de Joomla! Spanish: puede actualizarse a 2.5.0 desde aquí.

Si dispone de una versión inglesa puede instalarse los idiomas en Español.

Idiomas opciones de descarga:

Idioma del Front (Zip) | Idioma del Administrador (Zip) | Administrador y Front juntos (Zip)

Notas de la liberación

Verifica las Preguntas Frecuentes posteriores a la liberación de Joomla 2.5.0 para ver si hay elementos importantes y consejos útiles descubiertos después del lanzamiento.

Joomla 2.5.0 usa la versión 11.4 de la Joomla! Platform.

Estadísticas del periodo de liberación de Joomla! 2.5.0:

- Joomla 2.5.0 contiene:

    o 26 nuevas características añadidas

    o 4 problemas de seguridad arreglados

    o 356 problemas de seguimiento arreglados

Para conocer los cambios de la versión puedes dirigirte a la noticia original: http://www.joomla.org/announcements/release-news/5403-joomla-250-released.html

Nota legal: Los Packs, idiomas y actualizaciones del Pack JoomlaSpanish son una distribución localizada no oficial del Proyecto Joomla. El soporte a la distribución no es otorgado por el Proyecto Joomla o la **Open Source Matters**, sino por el equipo de Joomla!Spanish.

This is an unofficial localized distribution of Joomla. Support of this distribution is only available from the team that created it. It is not warranted by the Joomla Project or Open Source Matters.

Las nuevas funcionalidades de Joomla! 2.5

Nota: Este documento está desarrollado para usuarios de Joomla con conocimientos propios de este sistema. No está al alcance de usuarios de Internet con niveles básicos o medios. Todos aquellos usuarios que hayan instalado un sistema Joomla!, podrán leerlo sin dificultad.

Para los que no deberán prestar mucha atención a todas las explicaciones del profesor técnico.

Introducción

Joomla! 2.5 tiene nuevas características, que incluye, entre otras, funcionalidad de búsqueda, soporte para múltiples bases de datos y notificación de actualización.
La actualización de Joomla! 1.7 a 2.5 se puede hacer con sólo click dentro de Joomla!, y la mayoría de las extensiones que se ejecutan en 1.7 deberían también correr en 2.5.

Lo más complicado radica cuando la versión del entorno que tenemos es la 1.0 y no esposible convertirla a la versión 2.5 de manera directa.Hemos de pasar progresivamente y de manera escalonada de 1.0 a 1.5 una vez que la hayamos estabilizado, daremos el paso a la 1.7 y finalmente a la 2.5.

No obstante al final se dan unas leves explicaciones de que pasos deben seguirse para hacerlo con seguridad y eficacia, ya que la migración de entorno tiene como hándicap la gran mayoría de módulos, bloques, plugins, plantillas que hay que ir paso a paso convirtiéndolas al nuevo formato de estructura superior.

Función de búsqueda instantánea

Es una de las mejoras que esta nueva versión 2.5 presenta. Es una funcionalidad que estábamos muchos técnicos esperándola por su eficacia a la hora de localizar artículos, contenidos, usuarios, etc...

Sobre la base de Finder, que fue desarrollado por JXtended, Joomla! 2.5 ha añadido una nueva y emocionante función de búsqueda inteligente. "Derivados" (Stemming)

es la capacidad para la búsqueda utilizando la raíz de la palabra que ha escrito para localizar coincidencias. Aunque sigue en desarrollo, esta búsqueda también se puede realizar en otros idiomas además del inglés.

Esta búsqueda es más rápida y más versátil que la búsqueda estándar. Los datos se indexan para conseguir esta flexibilidad y velocidad. Para utilizar esta búsqueda es necesario activar los nuevos plugins. Por defecto, la búsqueda estándar se activa y esta nueva búsqueda se desactiva.

Capacidad para soportar y gestionar otros tipos de bases de datos

La posibilidad que Joomla brinda a nuevos gestores de bases, de datos hace que este CMS de un gran paso de calidad a la hora de trabajar con diversos motores de bases de datos diferentes a Mysql.

Joomla! tradicionalmente usa la base de datos MySQL. Si su empresa tiene un tipo diferente de base de datos SQL, como MS_SQL, entonces usted tendría que realizar cambios y migraciones en el software de Joomla! para que funcionara, lo que haría difícil una actualización posterior.

Sin embargo, en Joomla 2.5 han sido escritos nuevos drivers para distintas versiones de bases de datos SQL. Con la salida de Joomla 2.5, los drivers nativos existentes son para MySQL y bases de datos MS SQL, aunque también están a punto de salir los drivers para PostgreSQL, Oracle, SQLite y DOP.

Notificación de actualización para Joomla y sus Extensiones

Otra ventaja importante que recuerda a diversos gestores de comercio electrónico como Magento o Prestashop, ahora Joomla incorpora la notificación de actualizaciones de versiones de plugins, módulos y sus extensiones. Con esta importante mejora será difícil crear un entorno estructural desestabilizado con diferentes versiones. Si todo sus núcleo está con todos los componentes actualizados el CMS ganará estabilidad, seguridad y capacidad de cambios ante versiones con bugs, agujeros de seguridad, y otros problemas.

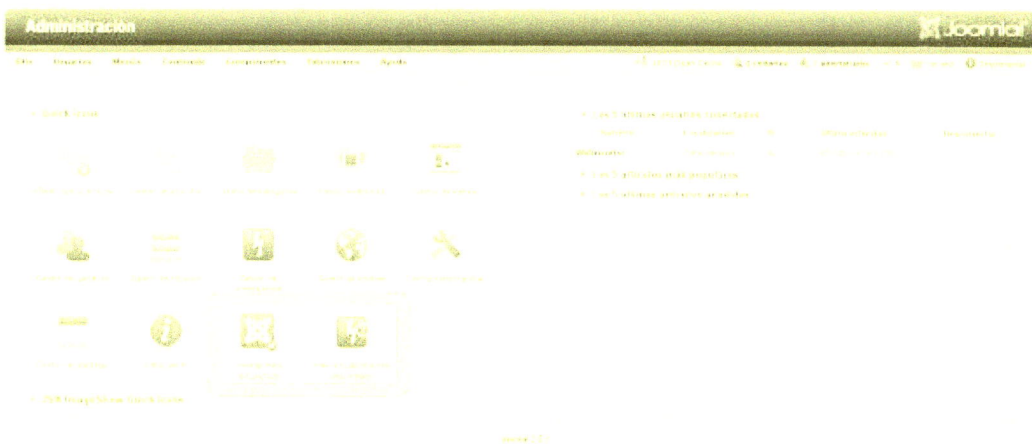

Los administradores del sitio podrán ahora ver en un icono en el panel de control, tan pronto como se inicia la sesión, si Joomla! tiene una actualización. Si procede, con hacer un click en el botón, podrá realizar la actualización de su sistema Joomla. Un segundo icono hace lo mismo para todas las extensiones no esenciales.

Botón para arreglar la versión de la base de datos

Esta nueva característica comprueba que su base de datos está al día con los cambios de base de datos durante las actualizaciones básicas. Si está desactualizado, puede pulsar el botón Fix ("Arreglar") para aplicar los cambios necesarios.

Esto es importante para aquellas personas que vengan de actualizaciones de Joomla! 1.5 y realicen ésta mediante FTP. La actualización mediante FTP no puede aplicar los cambios de base de datos, y los administradores tenían que aplicar los cambios de base de datos de forma manual. No todos tienen el acceso o el conocimiento para hacer esos cambios, y con

esta mejora, en un sólo click pueden llevar a cabo esta operación esencial para el buen funcionamiento de Joomla!. La seguridad en esta versión es sensacional además de conseguir que desde el núcleo se blinde considerablemente para evitar robots e intentos maléficos desde servidores externos.

CAPTCHA en el Núcleo

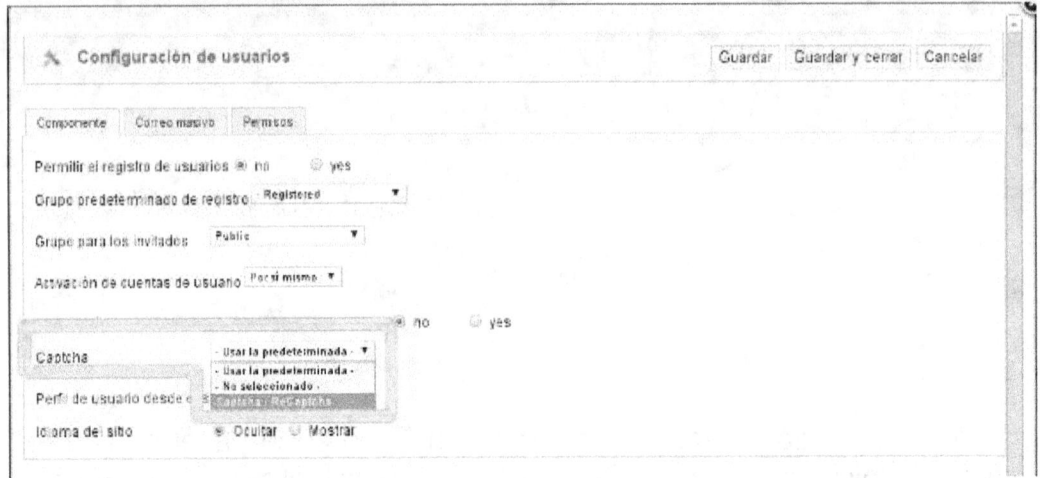

Joomla! 2.5 utiliza CAPTCHA de forma nativa en su núcleo para evitar spammers y robots (spider) en el alta de usuarios. Joomla! 2.5 tiene además una API que permite usar CAPTCHA en sus formularios. El núcleo cuenta ahora con un plug-in que proporciona la capacidad de utilizar reCAPTCHA, el más accesible de los servicios de CAPTCHA. Una vez que te registras gratis con reCAPTCHA e introduzca sus claves, puedes activar CAPTCHA en el registro de nuevos usuarios. También podría ser utilizado por otras extensiones que necesiten CAPTCHA.

Por supuesto, pueden ser instalados otros plugins desarrollados por la comunidad y trabajará con cualquiera de ellos sin modificarlos.

NOTA: Todo lo referente a CAPTCHA en versiones anteriores había que instalarlo como módulos ó plugins aparte y para la versión de Joomla estable que tuviésemos instalada.

Nueva vinculación de los nuevos menús con un módulo

Está mejora también resulta muy interesante y práctica a la hora de trabajar con grandes menús. La inserción en un módulo lo hace más versátil y fácil de gestionar.

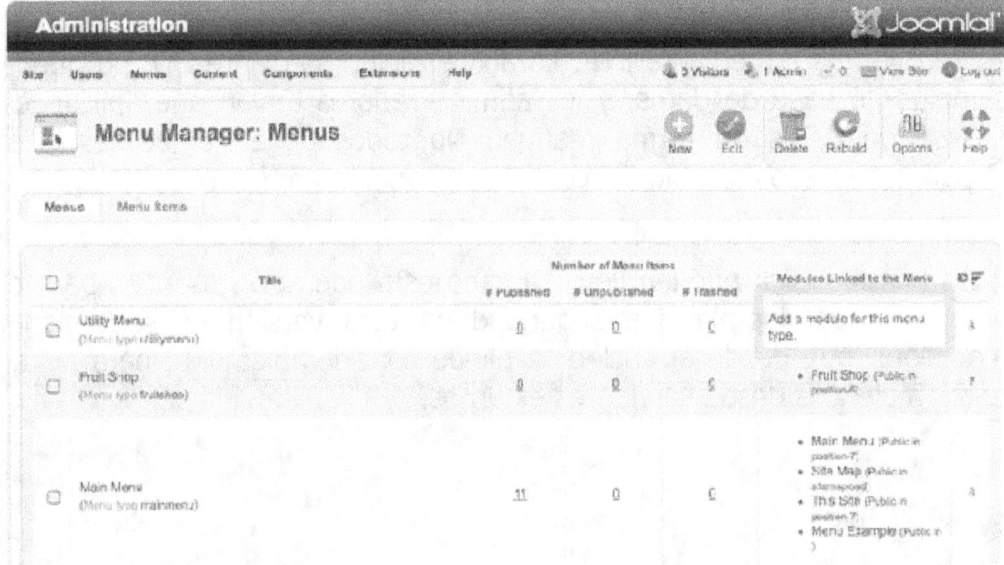

Los módulos eran creados automáticamente para cada nuevo tipo de menú en Joomla! 1.5. Sin embargo, no todo el mundo utiliza el módulo de menú principal, y en su lugar usaba los de las plantillas personalizadas o módulos no esenciales. Por esa razón, los menús no creaban automáticamente un módulo en 1.6/1.7. Este cambio confundía a los usuarios y suponía un trabajo extra.

En Joomla! 2.5, aunque no hay un módulo asociado con el menú de forma automática, existe un enlace que muestra en el Administrador de menú que puede hacer click y le llevará directamente a un nuevo módulo que creará el menú.

Usar imágenes y enlaces para crear sencillos diseños estandarizados en los artículos

Los diseños que se usaban de forma totalmente manual para artículos, secciones y otros apartados, era poco practico y difícil de gestioanr por no ser parametrizado, ahora esta ventaja coloca la separación, enlaces y sencillas imágenes que permiten de forma estable y cómoda personalizar todos los contenidos que estemos almacenando , editando, corrigiendo y subiendo.

Cada imagen que queríamos insertar en artículos a modo de introductores y separadores era individual, ahora puede ser agrupado por secciones, artículos y otras características.

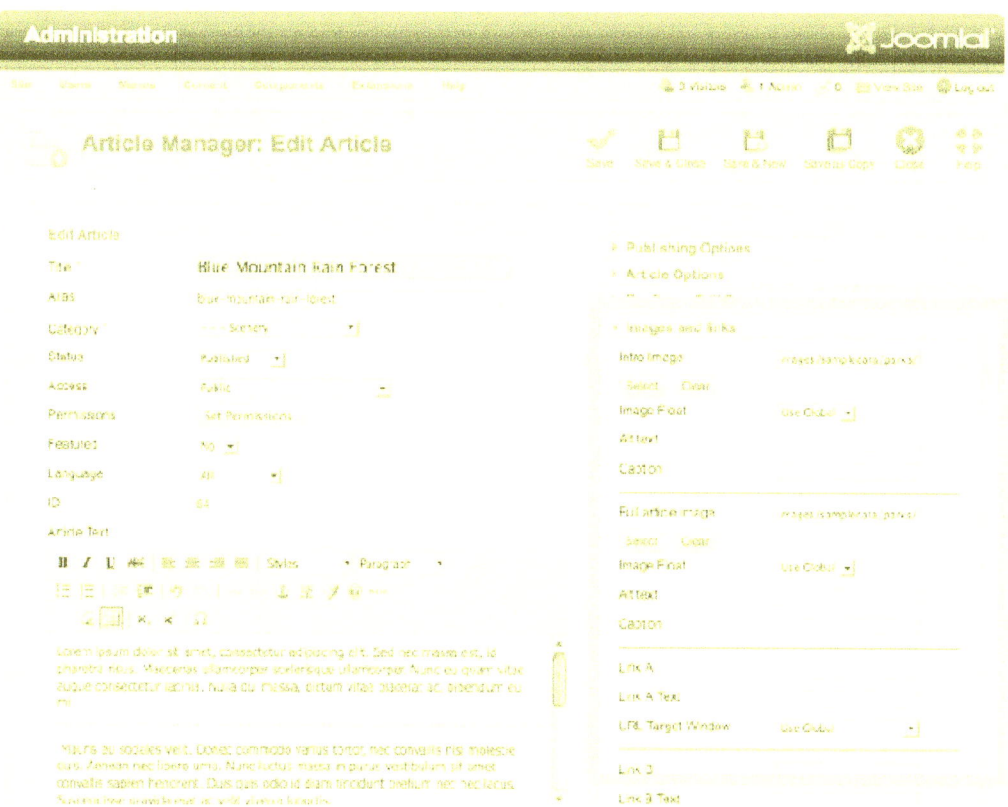

En Joomla! 2.5 se puede optar por utilizar una imagen existente y campos de URL en los artículos para establecer un modelo normalizado (estándar) para blogs, noticias, etc.

Estos campos ya existían en la base de datos, pero nunca fueron utilizados. Después de activar esta funcionalidad en las opciones de edición del artículo, se podrá especificar una imagen para la introducción y una imagen para el artículo completo, así como 3 enlaces.

Esto significa que los creadores de contenidos no tendrán que molestarse en colocar una imagen en el texto (incluso se puede deshabilitar el botón de imagen en el editor) y el formato de artículo será más limpio y más homogéneo.

Se puede utilizar CSS, y otras características para personalizar aún más sus páginas en Joomla! 2.5. Esta nueva característica también permite una fácil personalización del editor final sobre las imágenes y las opciones de publicación.

El administrador puede elegir si recibir un email cuando se registran nuevos usuarios

Una opción muy demandada por los usuarios de Joomla! 1.7 era que el administrador del sistema recibiera un nuevo mensaje cuando un usuario creara una cuenta.
Ahora en Joomla! 2.5 es posible.

Nota como elemento de menú

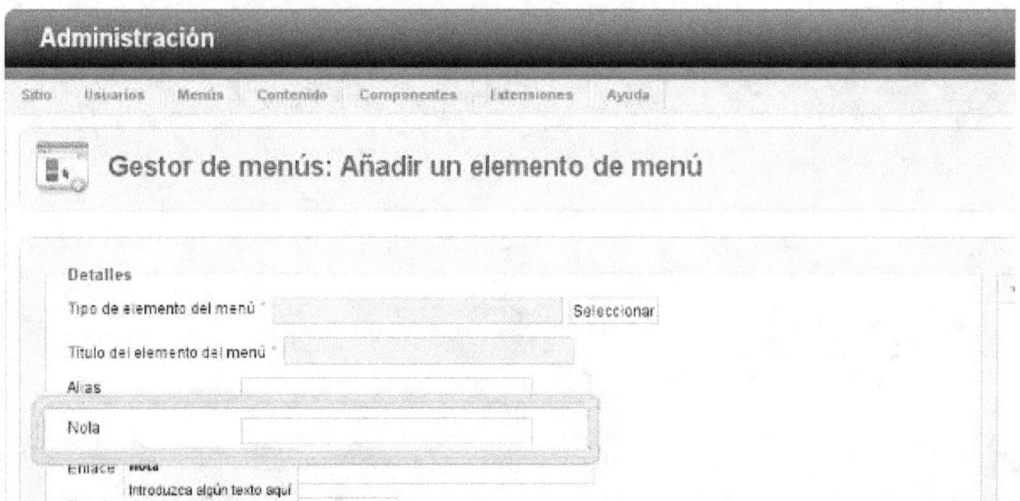

En Joomla! 1.7 existía la posibilidad de añadir una nota a los módulos para recordar lo que hacía ese módulo.
Ahora se añade también esta función a los elementos de menú en Joomla! 2.5. Se puede utilizar, por ejemplo, para identificar el elemento de menú, aclarar cómo se utiliza, o porqué se estableció.

Filtros personalizados de texto

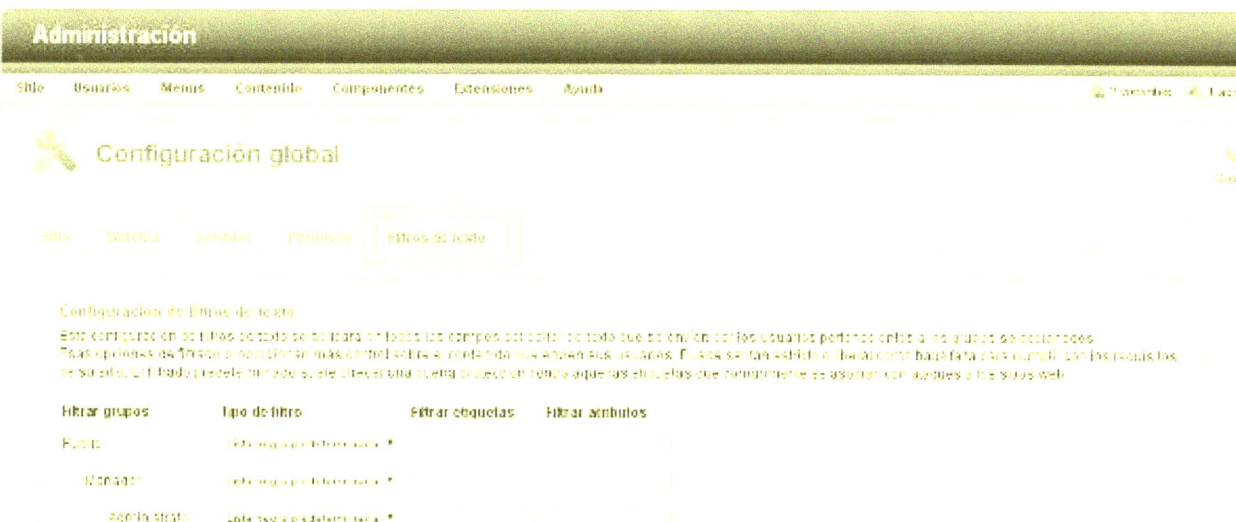

El nuevo filtro de texto automático hace que cuando un usuario introduce texto pegado se filtre de forma adecauda. Ahora se encuentra en Configuración Global de Joomla! 2.5. Y además ahora cubre componentes, no sólo los artículos.

Mejor incluso, ahora este filtro es capaz de crear sus propias listas negras personalizadas. Las listas negras son más fáciles de manejar que una lista blanca, porque sólo contienen las etiquetas y atributos prohibidos. En Joomla!1.7, se podía utilizar la lista negra por defecto o se recurría a una lista blanca en la que había que escribir todas las etiquetas posibles y los atributos que se permitía.

También puede utilizar grupos de usuarios para dar a ciertas personas el permiso de utilizar una etiqueta ó atributo de la lista negra. Basta con crear un grupo de usuarios para, por ejemplo, aquellos que pueden usar iframe. En el filtro de texto se especifica "iframe" en la lista blanca del grupo de usuarios como etiqueta permitida. Si desea permitir que alguien use iframes, hay que añadirlas a ese nuevo grupo de usuarios.

Además de lo hecho por el filtrado de Joomla! (que abarca todas las formas de entrada), el editor elegido puede tener su propio proceso de filtrado.

Mayor flexibilidad de filtrado por categoría en el Gestor de Artículos

Sin duda para mi es una de las grandes soluciones desarrolladas por el equipo de Joomla. El filtrado por categoría consigue una fácil visualización organizada a través de esta nueva forma de filtrar categorías dentro del mar de información que al cabo de años podemos llegar a tener. Recuerdo las soluciones que aportábamos de forma arcaica y rudimentaria en relación a este apartado en versiones anteriores, sobre todo si lo que gestionaba era un periódico digital de tirada nacional con miles de suscriptores.

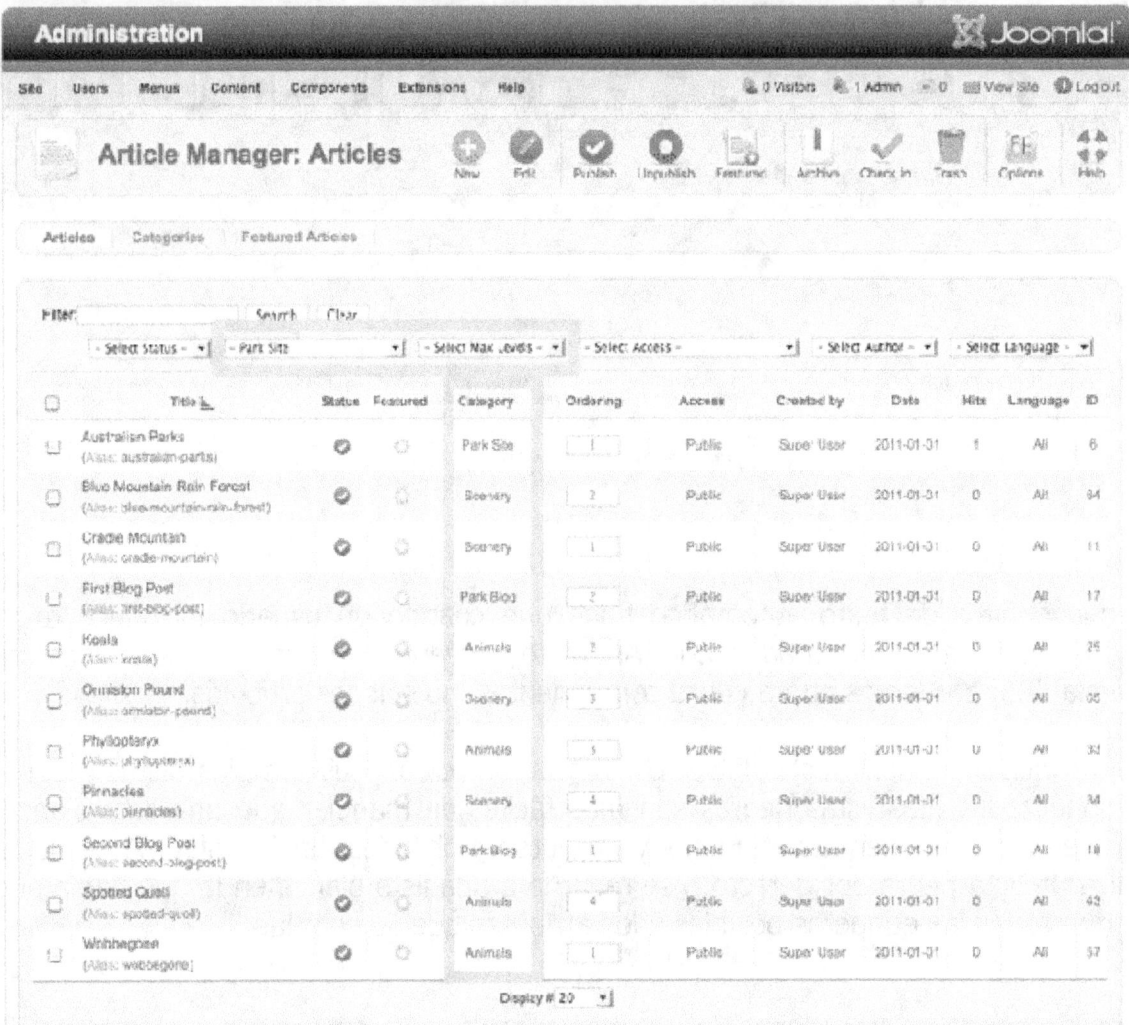

En Joomla! 1.7 podía filtrar los artículos por categoría. Sin embargo, no existía una forma de seleccionar una categoría con todas sus subcategorías. En Joomla! 2.5, puede seleccionar una categoría en el gestor de artículos e incluir todas las subcategorías, hasta la profundidad que usted seleccione. Si sólo desea la misma categoría, puede seleccionar un nivel de 1.

Notas para el usuario

Mejora considerablemente la gestión de usuarios del portal, sobre todo cuando el número es considerable.

Ahora con Joomla! 2.5 usted puede adjuntar notas a los usuarios, así como asignar fechas a éstos. Estas fechas manuales se pueden utilizar para lo que uno desee, ya sea una fecha para la revisión del usuario, la fecha última vez que revisó un usuario o para cualquier otra cosa.

Usted puede cambiar además la etiqueta de la fecha con los reemplazos de idioma pertinentes. Usted puede tener varias notas por el usuario y las notas pueden pertenecer a diferentes categorías.

Sindicación flexible

La sindicación en versiones anteriores era todo una odisea y con esta versión se consiguen una estupenda y nueva manera de trabajar la sindicación de Joomla, que siempre ha sido la gran asignatura pendiente.

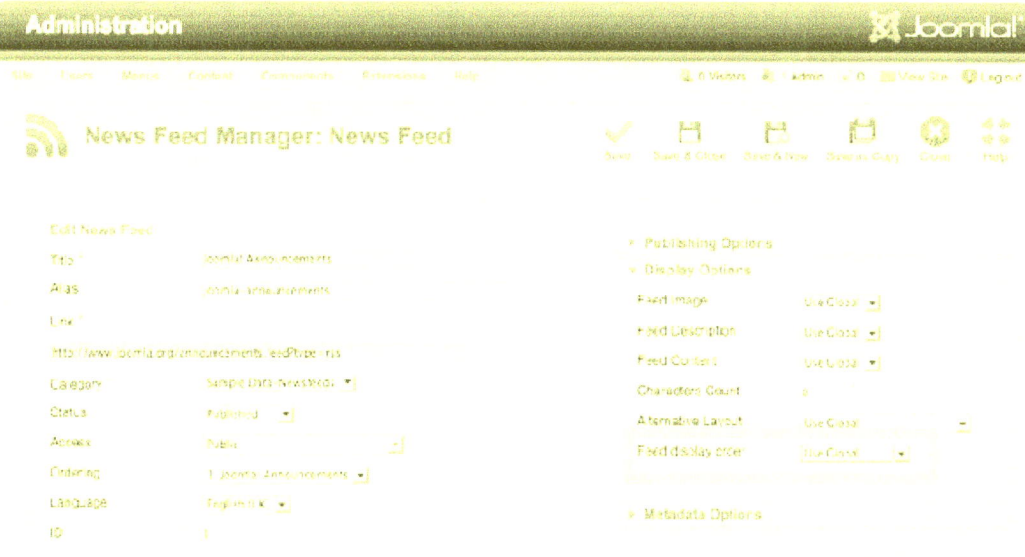

Esta característica hace que sea posible invertir el orden de los elementos de la fuente. Usted puede elegir que se muestren los primeros, los más recientes o lo más antiguos.

Cambio en la imagen cuando la web está offline

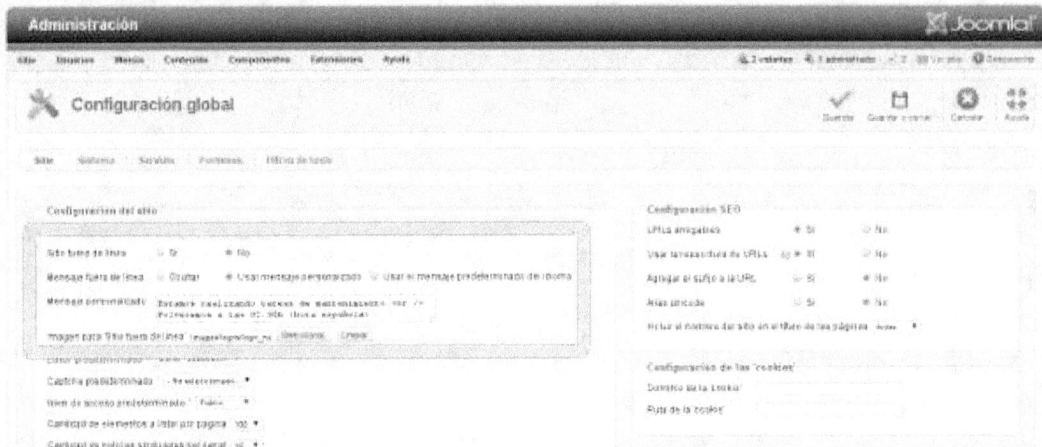

Joomla! siempre ha mostrado un logotipo de Joomla! en grande cuando se sitio se ponía offline. Había que recurrir a modificar el código de Joomla! para modificar la imagen. Esto llevaba a confusión a los usuarios que veían el logo de Joomla! en su web.

Con Joomla! 2.5 ahora se puede seleccionar un archivo personalizado. Con esta función, no aparece ninguna imagen por defecto y se puede subir / seleccionar cualquier imagen que usted desee cuando su web se encuentre desconectada (offline).

En la instalación, opción de tener el sitio desconectado hasta que el usuario lo habilite

Con las anteriores versiones de Joomla!, después de la instalación de Joomla!, el sitio se encontraba online automáticamente justo después de la instalación.

Ahora con Joomla! 2.5, existe esta nueva función para que las personas no tengan permiso para ver el sitio hasta que el administrador lo desee.

Mejor rendimiento en el elemento del menú Editar

Graves problemas de seguridad nos podíamos encontrar activando todas las opciones del menú editar, sobre todo las que hacían referencia o se cargaban indivisiblemente a través de iframes con el consiguiente agujero de seguridad de ejecución de casi cualquier cosa. Sólo reparable a través de grandes bloques de código en ficheros de configuración de apache incluidos el .htaccess.

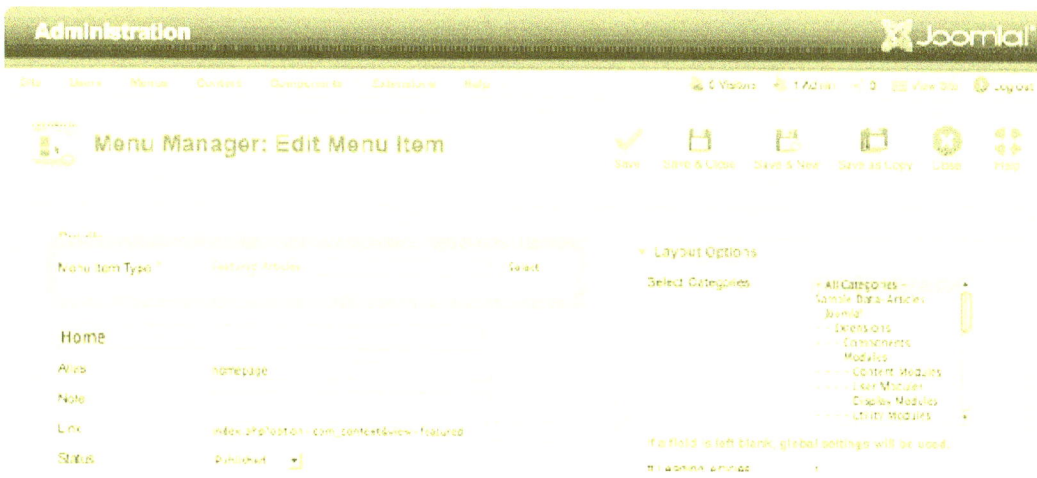

Las extensas opciones en "Seleccionar un tipo de elemento de menú" no se cargan a menos que se necesiten. Esto ofrece mejor rendimiento en la carga.

Pantalla de estado mejorada en el Backend

Ahora en Joomla! 2.5 se ha reducido la pantalla de estado en el backend, de manera que se evita la aglomeración de estos elementos.

Filtrar en el Frontend Quién está en línea a un grupo de usuarios

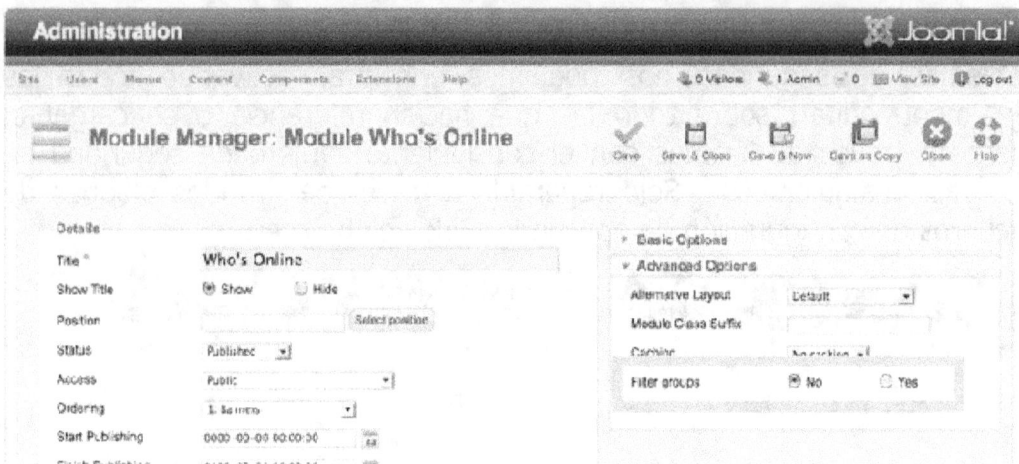

Con Joomla! 2.5 ahora usted puede, opcionalmente, limitar la visualización de los usuarios en línea en su sitio web a los de los grupos de usuario del visitante.

Comprobar la compatibilidad con ZIP nativo durante la instalación

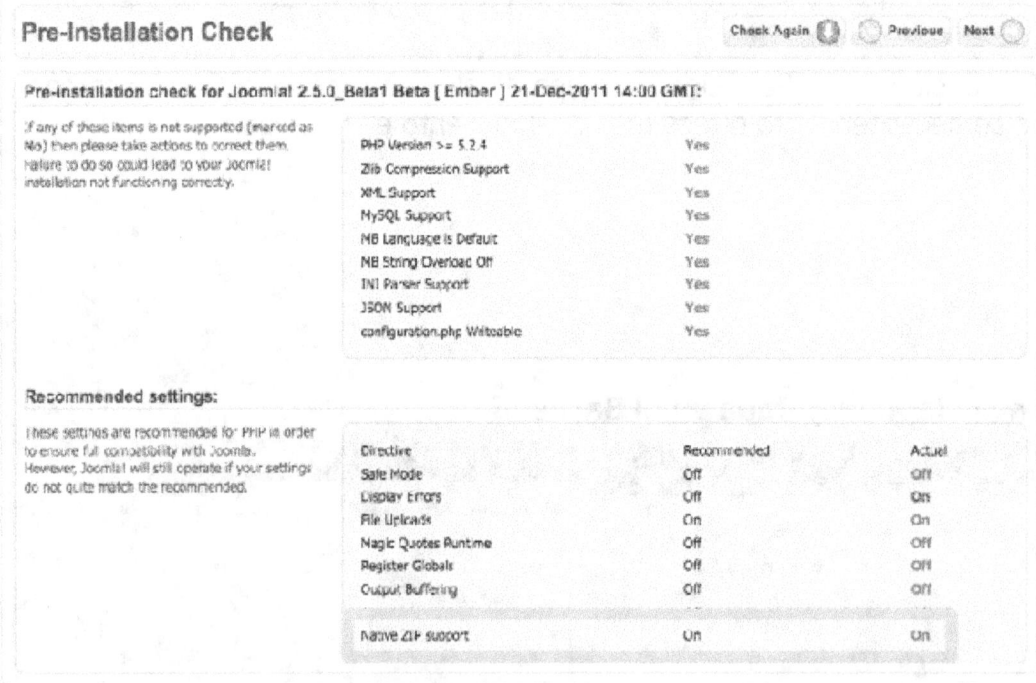

Esta función añade una verificación durante la instalación de Joomla! 2.5, para hacerle saber si tiene ZIP nativo habilitado en su servidor. Se recomienda usar ZIP nativo porque es mucho más rápido que usar PHP para descomprimir.

La velocidad más lenta utilizando descompresión mediante PHP podría dar lugar a tiempos de espera (latencias) al instalar extensiones o al realizar grandes cambios.

Etiquetas de texto más flexibles

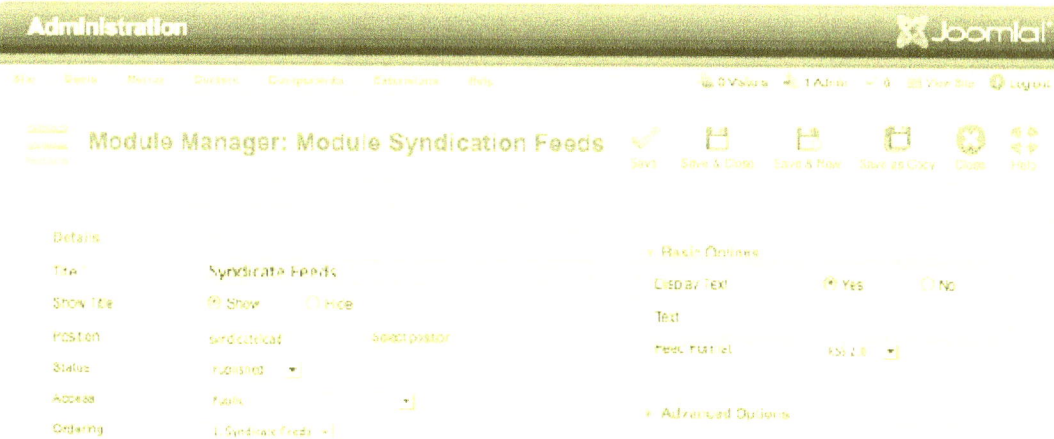

En Joomla! 1.7 se puede especificar el texto que aparecerá junto al icono de la sindicación. En Joomla! 2.5 también se puede optar por no mostrar el texto, o utilizar el paquete de idioma por defecto como valor de texto.

Etiquetas meta alternativa de sitios multi-idioma

Esta nueva característica en Joomla 2.5 añade la posibilidad de que los motores de búsqueda puedan ver metatags específicos y enlaces de páginas de menú correspondientes a otros idiomas. Se cambia en las opciones báscias del menú asociado.

Elementos de los menús para diferentes idiomas con un mismo alias

Con esta nueva característica usted podrá tener el mismo alias de los elementos del menú en varios idiomas. Que son capaces de obtener estas direcciones, por ejemplo:

- / es / news.html

- / fr / news.html

Mejora de SEO: Nuevo plugin del sistema: languagecode

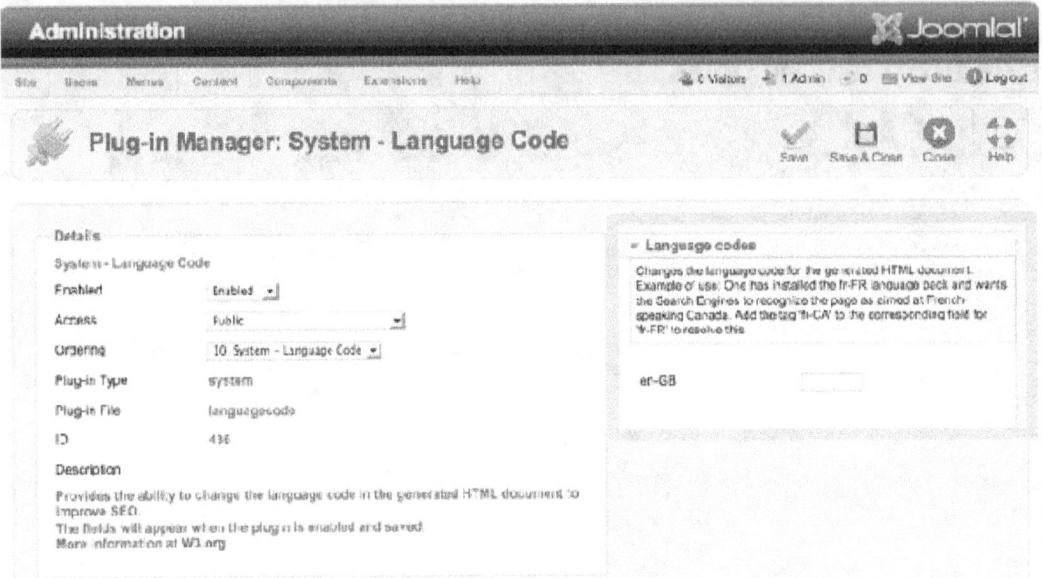

Esta característica en Joomla 2.5 permite a los motores de búsqueda ver el idioma y el código del país esperando que en los casos en que el paquete de idioma de Joomla utilice un código diferente.

Plugin de depuración Obtiene formato

Cuando los desarrolladores activan la función de depuración, Joomla! muestra a cabo diversas cantidades y, a veces voluminosos, datos sin formato.
La nueva característica realza los distintos grupos de datos en tabuladores y colores resaltando las consultas de base de datos. Esto funciona tanto en el frontend y el backend.

Un LOADER automático para desarrolladores

Con la plataforma Joomla! como una entidad separada, el CMS necesita un lugar para poner los archivos / clases, universales al CMS, y no en una parte de la plataforma. Con este cargador automático (LOADER), los desarrolladores no tienen que preocuparse de si la clase que necesita está en los archivos de la plataforma (libraries / joomla) o en los archivos del CMS (bibliotecas / cms).

10 Trucos para la Protección y Seguridad en tu web Joomla! 2.5

En contrapartida al artículo que escribimos hace unos días sobre las 10 mayores estupideces que un administrador de Joomla! puede cometer, estos trucos para Joomla! 2.5 pretende ser una referencia en la seguridad de una web construida con el CMS (gestor de contenidos) de Joomla!, explicando 10 trucos para los administradores menos experimentados.

1.- Mantenga Joomla! 2.5 actualizado

Es increíble la cantidad de sitios que no poseen la última versión del gestor de contenidos, siendo ésta gratuita, de fácil acceso, y fácilmente instalable.

Las vulnerabilidades de Joomla! se exponen abiertamente por grupos de hackers que ayudan a la seguridad de Joomla!. Además el código de Joomla! es abierto (Open Source), lo que significa que cualquier persona con ciertos conocimientos informáticos puede revisar y explotar estas vulnerabilidades para romper una web.

Los administradores de Joomla! que no son informáticos (usuarios con niveles bajos e incluso medios) no son conscientes del peligro de no tener Joomla! actualizado hasta que les sucede y, es por ello, por lo que hay cientos de sitios que se crac.kean al día.

Mantenga al día su gestor de contenidos Joomla! 2.5. Puede controlar las nuevas versiones en su panel de administración de Joomla! 2.5 (vea las nuevas funcionalidades de Joomla! 2.5) o puede visitar el control de versiones de NetandSoftware.

2.- Mantenga actualizada cualquier extensión que tenga instalada en Joomla! 2.5

Las vulnerabilidades de las páginas web creadas con Joomla! no terminan en el código de Joomla!, si no que además las extensiones poseen igualmente código abierto.

Esto significa que todas y cada una de las extensiones que tiene instaladas en Joomla! deben ser actualizadas cada vez que salga una nueva versión de esa extensión.

Para controlar eficazmente las versiones de las extensiones en su Joomla! tiene una opción nueva en el panel de control de Joomla! 2.5 en la cual le avisa de las actualizaciones pendientes. Es una nueva funcionalidad de Joomla! 2.5 para la seguridad de su web.

3.- No utilice el usuario admin por defecto, cámbielo por otro

Es muy fácil intuir que la gran mayoría de los usuarios noveles que instalan Joomla! lo hacen con todas sus funcionalidades por defecto.

Los atacantes de webs saben que el usuario de administración por defecto en Joomla! es *admin*, por lo que tienen una puerta abierta a realizar ataques por fuerza bruta.

Así que obviemos la opción por defecto y utilicemos un nombre de usuario diferente a *admin* y que no sea predictivo, es decir, que no sea un nombre de fácil de sacar o intuir: el mismo nombre del dominio, el nombre del propietario en Whois, etc.

4.- Proteja su zona de administración con contraseñas mediante el servidor

La mejor forma de proteger la zona más vulnerable de su web (la zona de administración), es protegiéndola doblemente con un usuario y contraseña a través de Apache (htaccess).

En la mayoría de las ocasiones su proveedor de hosting le facilitará alguna herramienta para proteger directorios en el servidor, con la cual llevar a cabo la protección del directorio administrator. En cPanel o en Plesk hay herramientas específicas para ello. Consulte los manuales o la FAQ de su servidor para esto.

5.- Uso de contraseñas fuertes y diferentes para cada cosa (le enseñamos como se crea una serie de contraseñas adecuadas de forma fácil)

El uso de contraseñas diferentes para cada protección en la web es realmente importante para la seguridad de cualquier web, aunque se extrapola para cualquier tema informático.

Las contraseñas fuertes son aquellas que cumplen las siguientes condiciones:

- deben ser de, al menos, 8 caracteres, siendo 12 lo correcto;

- deben estar compuestas por letras (mayúsculas y minúsculas) y números, entremezclados;

- deben contener caracteres especiales permitidos (!,@,&, #, $, -, _, *, ?);

- no deben repetirse con mucha frecuencia un mismo caracter;

- no deben contener palabras del diccionario español o inglés;

- no deben contener palabras que relaciones tu dominio;

- no deben tener palabras que pertenezcan al nombre de dominio.

Para construir una contraseña múltiple pondremos un ejemplo.

Para ello, primero contruiremos una contraseña sencilla, por ejemplo: *uh9d#Aq8?b*

La contraseña anterior tiene 10 caracteres que deberemos memorizar. Será lo único que memoricemos. Pero la contraseña múltiple (que sirve para muchos sitios), no está terminada. Ahora en la posición 3ª, 8ª y 9ª (por poner un ejemplo), vamos a introducir unos nuevos caracteres que siempre dependerán de dónde queramos usar la contraseña.

Supongamos que vamos a meter una contraseña para un email que es _nombre@dominio.com_ Si tenemos una regla en la que en la 3ª posición de nuestra contraseña (uh**n**9Jd#Aq8?b) metamos la primera letra del email **n** ombre@dominio.com ; en la 8ª posición (uhn9Jd#A**d**q8?b) la primera letra del dominio del email nombre@**d**ominio.com; y en la 9ª posición (uhn9Jd#Ad**C**q8?b) la letra de la extensión en mayúsculas nombre@dominio.**c**om

Así para este otro email _nombre@dominio.es_ tendríamos la contraseña _uhn9Jd#AdEq8?b_

Si en vez de contraseñas para emails es para darnos de alta en algún sitio web podemos tener una regla similar, la posición 3ª para la primera letras del dominio, la 8ª posición para la última letra del dominio y para la 9ª posición la primera letra de la extensión en mayúsculas.

Por ejemplo, para **n**etandsoftwar**e.e**s, usaríamos la contraseña uh**n**9J#A**e**E**q8?b

Otro ejemplo, para **j**oom**l**a.**o**rg, usaríamos la contraseña uh**j**9J#A**a**O**q8?b

6.- No instale más extensiones de las que necesite y obténgalas siempre del sitio oficial

Es tan importante no instalar extensiones de más, como instalar las versiones oficiales de las extensiones.

El hecho de instalar extensiones de más, abre la posibilidad de tener más vulnerabilidades en la web. Tenga las justas para que su web haga todo lo que quiera, ninguna más.

No baje extensiones de redes P2P y similares. Si tiene un sitio oficial de dónde descargar las extensiones, no use otros ficheros de instalación que pueden haber sido manupulados por terceros. Sus amigos o usuarios con los que comparte descargas no tienen ni si quiera porqué saber que los ficheros que comparten poseen virus o código malicioso incrustado. Esto es una fuente que le puede hacer perder el control de su web.

7.- Permisos adecuados siempre en ficheros y directorios

Es importantísimo que todos los ficheros y directorios de su web tengan los permisos adecuados. Si da permisos de más en los directorios (tipo 777) permitirá la escritura y ejecución en ess directorios del servidor, lo que lo hace realmente peligroso. Si se hace en archivos, la visibilidad de ficheros como el configuration.php puede realmente perder el control total de la web.

Los archivos de Joomla! deben tener permisos 644 y los directorio 755.

8.- Mantenga al día su sistema operativo, y todas las actualizaciones de su distribución (si usa un servidor virtual o dedicado).

Si usted no es un administrador de sistemas, o un informático dedicado, le recomendamos que use un hosting para no preocuparse de actualizaciones de seguridad del sistema operativo. Contrate siempre un servidor de calidad, que le ofrezca garantías.

Tenga en cuenta que un servidor virtual es más complejo pero ofrece muchas ventajas frente a un hosting siempre que sepa como usarlo.

9.- No use FTP, use SSH y comandos seguros

El sistema FTP (File Transfer Protocol) es un protocolo bastante inseguro que puede dejar una puerta abierta al control de toda la web.

Recomendamos que use otro tipo de protocolos más seguros como SSH (Secure Shell) o SFTP, para la transferencia de ficheros entre su ordenador y el servidor.

10.- Si puede, ajuste el Firewall, el .htaccess, el PHP y el propio Joomla! para obtener la máxima seguridad

No se quede en los ajustes predeterminados. El firewall puede configurarlo de manera óptima; con el .htaccess puede restringir o banear IPs que intentan accesos, al igual que proteger directorio o personalizar respuestas 404 del servidor; con el php.ini puede restringir la subida de ficheros al servidor, prohibir extensiones especiales, limitar los megabytes de subida, etc.; con Joomla! puedes activar el SEO, usar la reescritura de URLs, activar la compresión, etc.

Las 10 mayores estupideces que un administrador de Joomla! puede cometer

Esta lista ha sido traducida, ampliada y adaptada por Net&Software (incluido su sarcasmo).

Estas son las 10 mayores estupideces que un administrador de la seguridad de un sitio Joomla! puede llegar a pensar. Están ordenadas según el grado de estupidez (la 10 es la menos estúpida y la 1 la más estúpida).

10.- Tengo que usar el hosting más barato que pueda encontrar.

No importa que use un servidor compartido con cientos de sitios web, todos con la misma IP, incluso algunos de ellos, con alto tráfico pornográfico.

9.- No pierdo el tiempo con copias de seguridad (backups) de forma regular y ordenada.

Estoy seguro que mi proveedor de hosting me ayudará si surge cualquier problema.

8.- No pierdo el tiempo en ajustar Joomla! y PHP para una mayor seguridad.

La instalación fue genial. ¿Qué va a haber mal? Y si lo hay, pues ya resolveré el problema cuando surja.

7.- Utilizo el mismo nombre de usuario y contraseña para todo.

Para qué usar nombres de usuario y contraseñas diferentes si puedo tener la misma para todo (es mucho más fácil así): cuenta bancaria, Paypal, Joomla!, Amazon, Yahoo y Base de Datos, todas igual. Además, ¿quién tiene tiempo para hacer un seguimiento de tantas contraseñas?

6.- Pongo la marca de Joomla! y celebro mi nueva web sin hacer más cambios.

Una vez hecha, ¿qué puede salir mal? Ya está hecha y online, no tengo que hacer nada más. Me olvido de ella, y ahora a otra cosa.

5.- Todas las actualizaciones las hago en la web de forma directa.

Para qué me voy a molestar en crear un clon de mi web para hacer las pruebas y las actualizaciones. Si la instalación falla, desinstalo y listo (si puedo). Qué más da si daño la instalación. ¿Acaso Google va a tener un robot espiándome?

4.- Confío en todas las extensiones.

Yo instalo lo que se me pasa por las manos (o por el teclado). Instalo lo que necesito, lo que puedo necesitar en el futuro, todo aquello, que estoy seguro que no necesitaré pero que queda muy "chulo" instalarlo y por supuesto, instalo lo que no necesitaré con total seguridad pero que me da para "fardar" con los colegas. Estoy seguro que cualquier persona que escriba una extensión para Joomla! proporcionará código perfecto que bloquee cualquier intento de cra.ckeo conocido (ahora y siempre). Al fin y al cabo, todo este material es gratuito y está realizado por personas de buen corazón y bien intencionados que saben lo que están haciendo.

3.- No hay prisa por saber cómo actualizar a la última versión de Joomla!

Todo está bien ahora, ¿para qué voy a tocar nada? Hay tiempo, cuando me jubile ya me preocuparé de estas minucias. Respecto a la actualización de las extensiones, si no actualizo Joomla!, ¿me voy a preocupar de las extensiones?. Lo anterior eran minucias, esto son directamente tonterías.

2.- Cuando mi sitio ha sido cr·akeado, lo posteo en la comunidad de foros y me solucionan el problema.

Cuando esto me pase (que estoy seguro que no me pasará jamás), abriré un nuevo hilo en mi foro favorito con el título "Mi sitio ha sido hac·keado" y pondré las versiones obsoletas de Joomla! que uso y todas las extensiones de terceros que haya podido instalar. Será una lista larga, pero así me echarán una mano. Por supuesto pondré la URL a mi web.

1.- Si mi sitio lo crac·kean, cambio el index.php y listo.

Debo asumir que todo lo demás está bien. ¿Por qué van a manipular más allá del index.php? No es necesario comprobar registros RAW y LOGs, cambiar contraseñas, analizar todos los ficheros, reconstruir backups limpios, buscar incrustación de scripts, etc. Lo que no voy a hacer es parecer un paranoico por una tontería. Si al día siguiente me vuelven a ha·ckear, será culpa de que Joomla! no es seguro. En ningún caso voy a pensar que he hecho algo mal.

Nota: Esta lista apareció originalmente en un foro de Joomla! (en inglés).

Estrategia de desarrollo del CMS Joomla!®

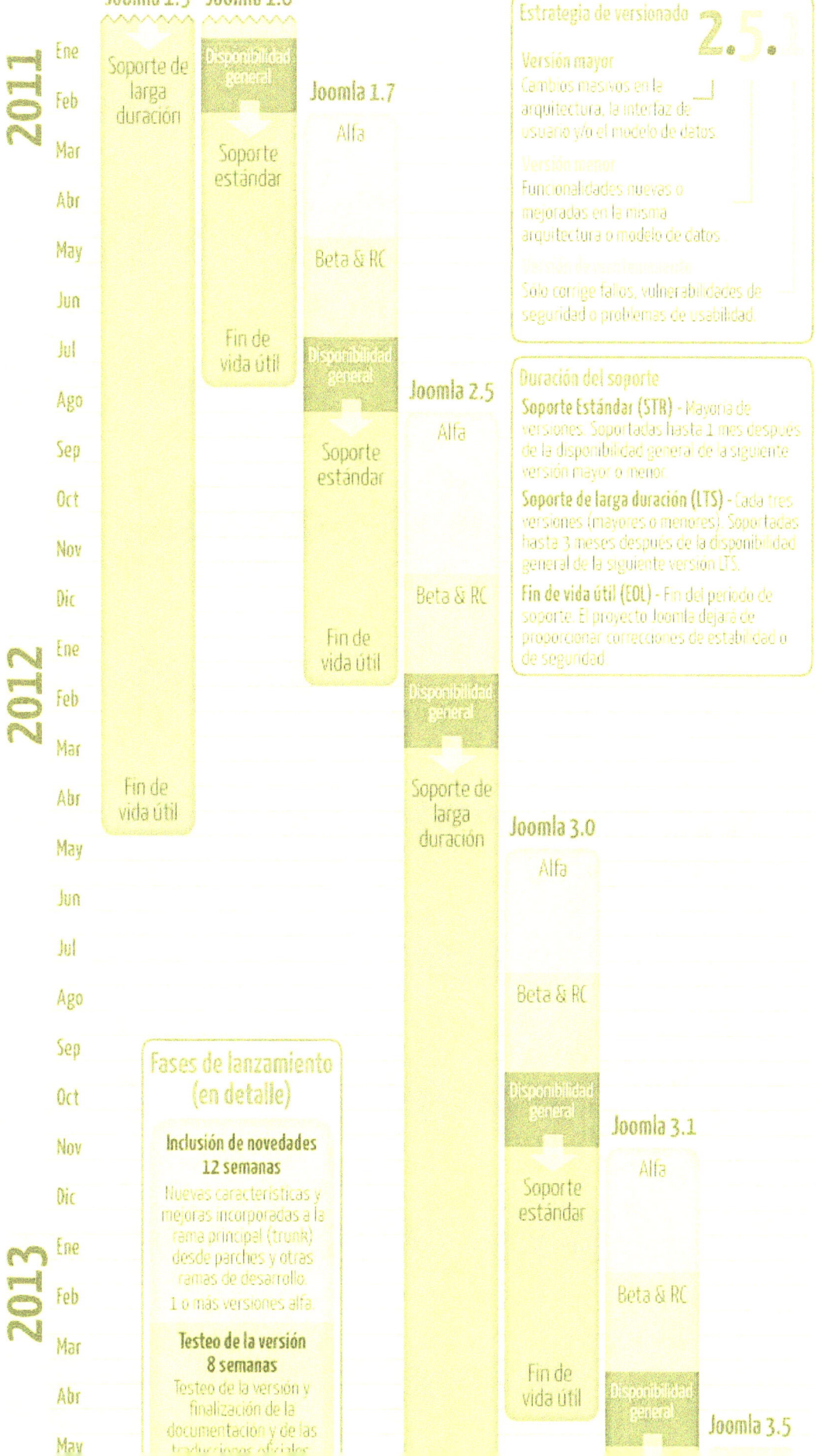

Joomla 1.5
Soporte de larga duración
Fin de vida útil

Joomla 1.6
Disponibilidad general
Soporte estándar
Fin de vida útil

Joomla 1.7
Alfa
Beta & RC
Disponibilidad general
Soporte estándar
Fin de vida útil

Joomla 2.5
Alfa
Beta & RC
Disponibilidad general
Soporte de larga duración
Fin de vida útil

Joomla 3.0
Alfa
Beta & RC
Disponibilidad general
Soporte estándar
Fin de vida útil

Joomla 3.1
Alfa
Beta & RC
Disponibilidad general

Joomla 3.5

Estrategia de versionado 2.5.

Versión mayor
Cambios masivos en la arquitectura, la interfaz de usuario y/o el modelo de datos.

Versión menor
Funcionalidades nuevas o mejoradas en la misma arquitectura o modelo de datos.

Solo corrige fallos, vulnerabilidades de seguridad o problemas de usabilidad

Duración del soporte

Soporte Estándar (STR) - Mayoría de versiones. Soportadas hasta 1 mes después de la disponibilidad general de la siguiente versión mayor o menor

Soporte de larga duración (LTS) - Cada tres versiones (mayores o menores). Soportadas hasta 3 meses después de la disponibilidad general de la siguiente versión LTS.

Fin de vida útil (EOL) - Fin del periodo de soporte. El proyecto Joomla dejará de proporcionar correcciones de estabilidad o de seguridad

Fases de lanzamiento (en detalle)

Inclusión de novedades 12 semanas
Nuevas características y mejoras incorporadas a la rama principal (trunk) desde parches y otras ramas de desarrollo. 1 o más versiones alfa.

Testeo de la versión 8 semanas
Testeo de la versión y finalización de la documentación y de las traducciones oficiales.

2011 Ene Feb Mar Abr May Jun Jul Ago Sep Oct Nov Dic

2012 Ene Feb Mar Abr May Jun Jul Ago Sep Oct Nov Dic

2013 Ene Feb Mar Abr May

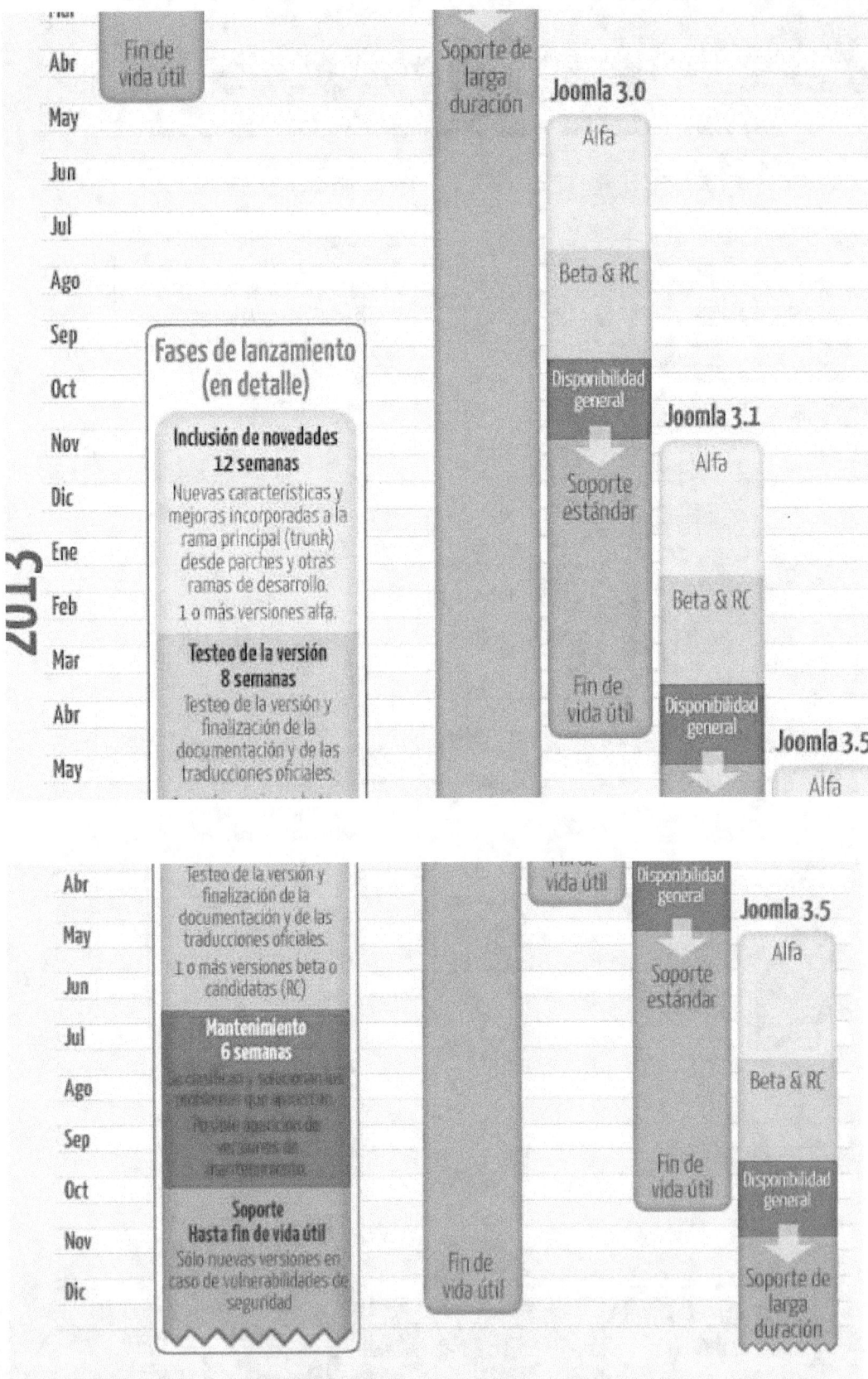

Información más detallada en developer.joomla.org/strategy.html (EN)

¿Cómo paso mi Joomla! 1.5.x a Joomla! 2.5.x?

Pregunta

¿Cómo paso mi Joomla! 1.5.x a Joomla! 2.5.x?

Respuesta

Los pasos vienen en resumen a ser más o menos:

- Haga una copia de seguridad completa de su base de datos y de sus ficheros.

- Pase cualquier versión 1.5.x a la versión 1.5.25 (o la mayor disponible de la rama 1.5).

- Comprueba que todas tus extensiones están disponibles para Joomla! 2.5 (puedes usar el Joomla! Extensions Directory para comprobarlo).

- Comprueba que hay una versión de tu plantilla para Joomla! 2.5.

- Es recomendable usar jUpgrade, pero ten en cuenta que sólo transforma, de la versión 1.5 a la 2.5, las siguientes extensiones (a 2 de febrero de 2012): AdminPraise, K2, Kunena, Joomcomment, VirtueMart, redShop, CommunityBuilder (CB), JCE, Contact Enhanced, JomSocial, redForm, JEvents, Akeeba Backup, Jumi y redMember.

- Las demás extensiones tendrás que pasarlas manualmente teniendo en cuenta que cada una de ellas tendrá una migración concreta que deberás buscar en la página oficial del desarrolador de esa extensión.

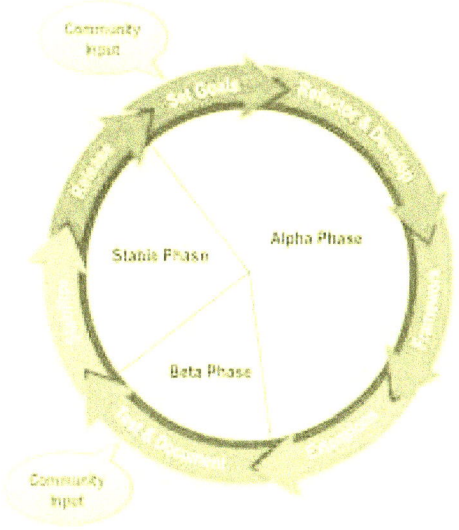

Solución a migrar datos de Joomla 1.0 a versión 1.5 con otro módulo diferente

Con la versión 1.5 Joomla dio un importante giro a la línea de programación interna, entre otras muchas mejoras, con lo que aquellos que utilizamos desde hace tiempo las versiones 1.0.x nos hemos encontrado que no podemos "actualizar" de forma directa a esta nueva versión. Hay que realizar una "migración de contenidos" y el objetivo de este artículo es facilitar en la medida de lo posible este proceso.

El procedimiento de migración de Joomla 1.0.15 a la nueva versión 1.5.x (o superior) consta de una serie de pasos que debemos cumplir en su totalidad, sin errores, para que todo vaya bien. En el vídeo que acompaña a este texto se incluyen todos estos pasos de forma visual y comentada, hechos con un Centro real, no como una prueba, sino como una migración total.

Antes de comenzar, debes saber:

- **¿Por qué migrar a 1.5.x?** Es la nueva versión y más actual de Joomla. La línea 1.0.x se quedará sin soporte a mediados de 2009, con lo que si surge algún problema grave, no tendrá solución ni soporte. Ya no se desarrollan extensiones para Joomla 1.0.x, y prácticamente todos los sitios, poco a poco, van migrando. Joomla 1.5 es más moderno, más sencillo de utilizar y más estable. Se actualiza cada pocas semanas.

- Tu versión actual, antes de migrar, **debe ser la 1.0.15**. Esto lo puedes comprobar en tu panel de administración, en la zona inferior. Si tu versión es diferente, la 1.0.12, 1.0.13..., asegúrate antes de realizar la migración de actualizar a Joomla 1.0.15.

- Una migración **no es una actualización propiamente dicha**. No basta (y no se debe) subir todos los archivos al FTP y sobrescribir los que ya hay. No va a funcionar y provocará que la página no se muestre.

- **Haz una copia de seguridad de todo.** Descarga los archivos del FTP a tu disco duro y exporta la base de datos MySQL. Si algo sale mal, siempre puedes volver atrás. En el vídeo se explica.

- **Prepara la migración.** Además de la copia de seguridad, busca una plantilla igual o más nueva para tu nueva Web. Busca también en http://extensions.joomla.org las nuevas extensiones (las mismas) que utilizabas con tu Joomla 1.0.x y que ahora deben ser compatibles con la nueva versión, pues no se migran. Estas están identificadas en este directorio con la imagen [1.5 NATIVE]

Descarga todos los archivos que vas a necesitar: instalación de Joomla, el componente de migración (tienes los enlaces en este mismo artículo) También recomendamos que imprimas (o guardes) unas cuantas capturas de tu Web tal y como está con la versión 1.0.x. Apunta la estructura de menús externa, los módulos, iconos... Luego lo necesitarás para "reconstruir" externamente la Web.

- Si tenemos **pocos contenidos**, a lo mejor es más conveniente hacer "borrón y cuenta nueva". La migración sólo pasa contenidos, secciones y categorías, usuarios, menús..., pero no imágenes, fotografías, la plantilla o las extensiones que tenemos en nuestro Joomla 1.0.x. Si tenemos muchos contenidos, es asumible, por no realizar un "copiar y pegar" masivo. Si los contenidos son pocos y sobre todo, si no estamos muy contentos con su distribución, es el momento de borrar todo y comenzar desde cero (o aprovechando el inicio de un nuevo curso)

... Y comenzamos con la migración:

Aviso: Aunque la versión utilizada sea la 1.5.9, puedes migrar a otra superior sin problemas. Deja cargar el vídeo antes de reproducir. Tiene un tamaño considerable (más de 70 Mb)

1. Descarga todo lo necesario:

- Archivo de instalación de Joomla, en su última versión siempre. (enlace con el artículo de instalación)

- Componente com_mtwmigrator, para realizar la migración de contenidos.

- Extensiones nuevas o que tenías en el anterior Joomla: http://extensions.joomla.org

2. Copia de seguridad, de los archivos de la versión 1.0.15 que hay en el FTP y de la base de datos, accediendo al gestor PHPMyAdmin. (hará falta el nombre de usuario y contraseña de estas ubicaciones).

3. Instalación de Joomla 1.5.9 o superior, si estuviera disponible. En el paso que solicita los datos de la base de datos, hay que especificar, muy importante, que se instale utilizando el prefijo de tablas "jos15_", para que no borre las tablas del anterior Joomla 1.0.15. En un paso posterior, no es necesario instalar los datos de ejemplo, pues se mezclarían con los datos que tenemos que migrar (y habría que borrarlos antes de migrar).

Un pequeño error nos dá al cargar directamente la web, indicándole sin datos de prueba y sin scripts de migración dede la versión anterior. En estos momentos tenemos en el servidor Web 2 versiones del portal y 2 copias de las bases de datos, una deellas quedará obsoleta aunque nos valdrá como backup.

Pantalla de la versión anterior 1.0 del back-end del administrador donde en Valle del Limón instalaremos el módulo correspondiente para la migración.

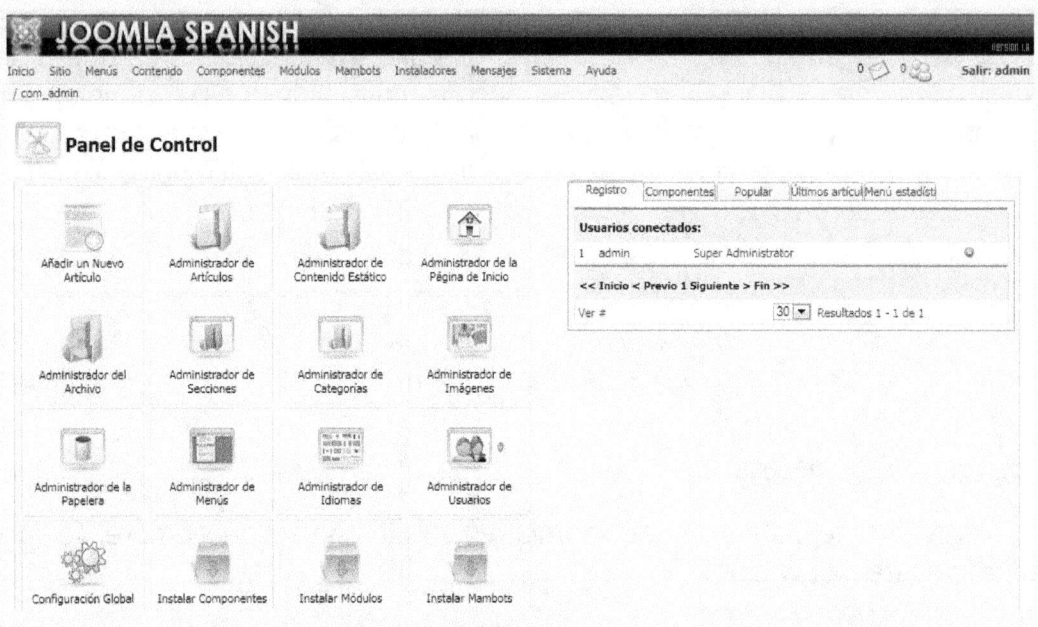

En esta otra pantalla se puede ver el cambio ya a la versión 1.5.14 pero podemos observar que está en blanco, ni menús (de ahí el error anterior), ni noticias, ni componentes.

Si en el anterior Joomla se tenía alguna extensión que queremos conservar, es el momento de buscar e instalar estas extensiones actualizadas para la versión 1.5.x. El componente de migración soporta algunas como Fireboard, Docman, etc. Este paso se debe hacer antes de ejecutar la migración.

4. Instalar y configurar el componente com_mtwmigrator.

5. Una vez que tenemos todos los artículos, usuarios, secciones y categorías, etc., es el momento de realizar la configuración global, instalar las nuevas extensiones, ubicar módulos (y crear nuevos), modificar y añadir elementos de menú, añadir banners, plantillas, etc., tal y como haríamos con una Web nueva, con la ventaja adicional de que tenemos los datos que tenía la anterior Web.

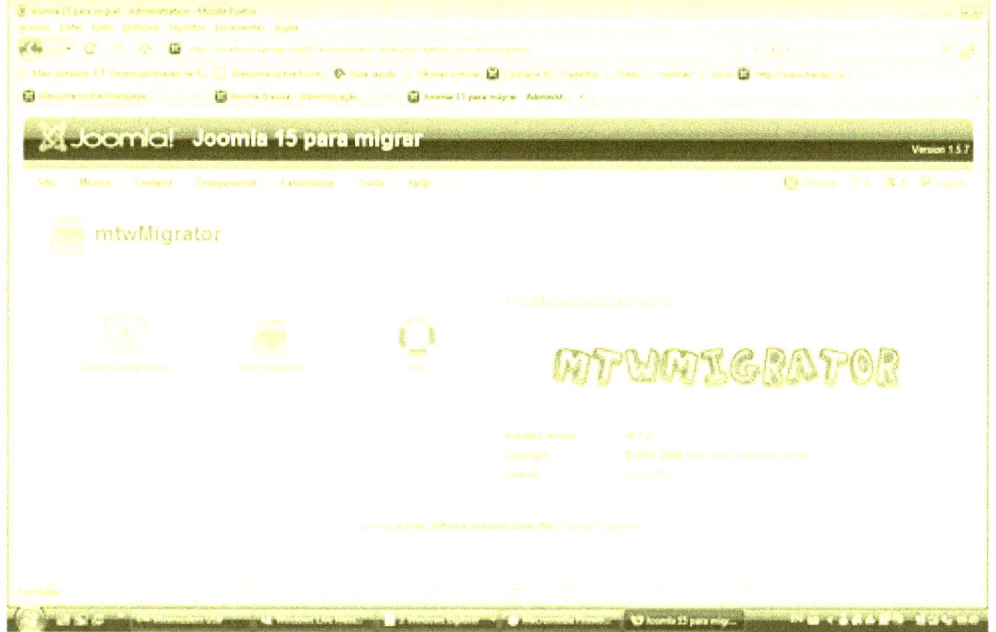

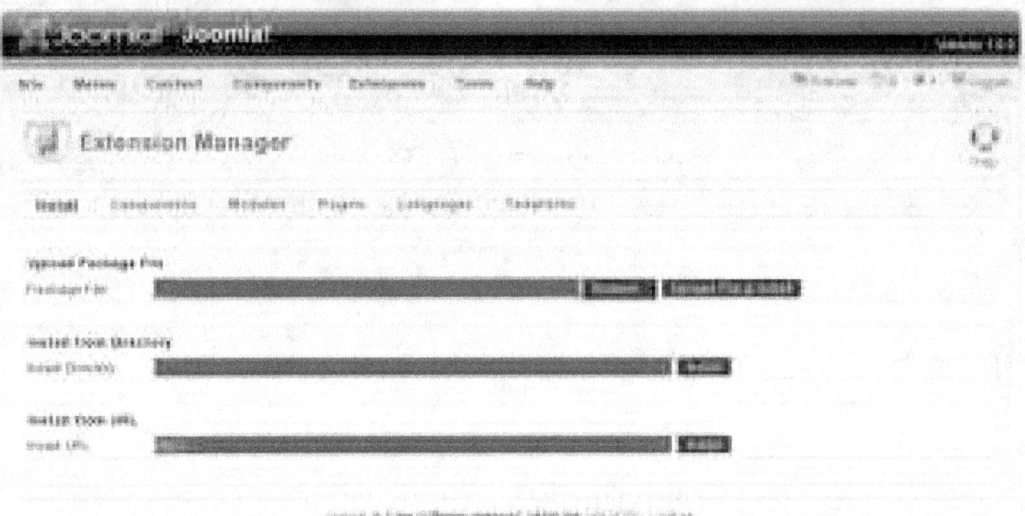

Importante recalcar que no es una actualización sino una instalación dede cero, y es rentable si existen mucho contenido, módulos, pluggins y demás.

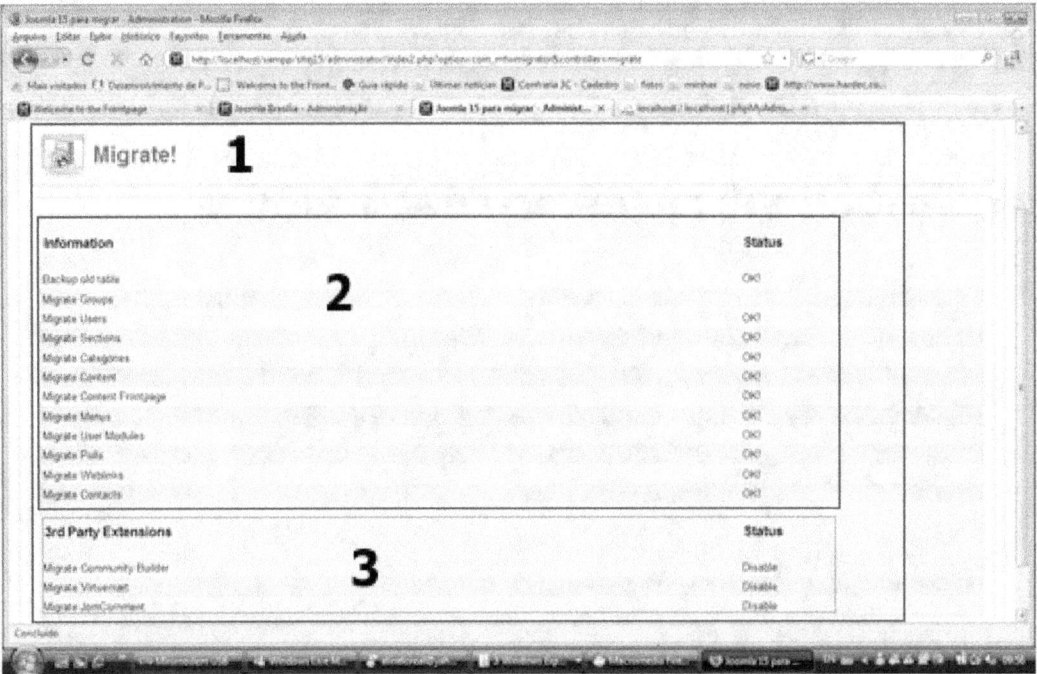

La nueva bb.dd hay que crearla desde phpmyadmin con la descarga de la copia de seguridad integra de todas las tablas.

Eliminamos todos los archivos del ftp siempre y cuando hallamos descargo totalmente nuestra estructura joomla antigua a disco servidor local. La copia de la bb.dd es importante hacerelo sin autoincremental y enviando a .SQL.

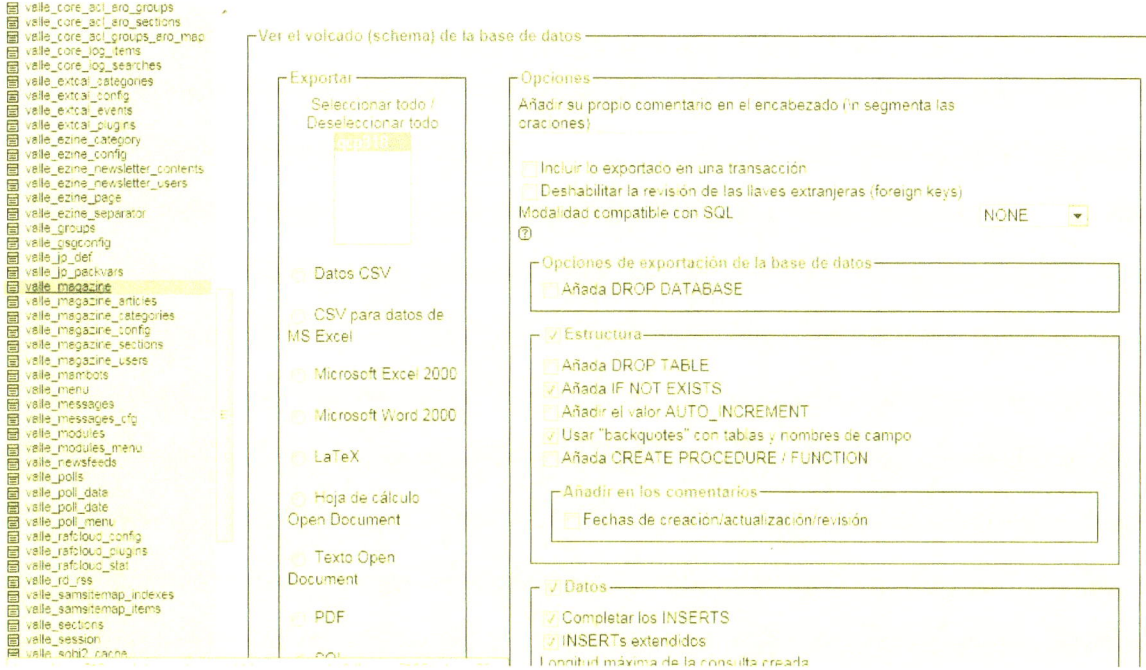

Acto seguido subimos la estructura Joomla nueva 1.5.9 previa descarga en nuestros servidor local y muy importante una vez que arranquemos la versión nueva es indicarle dentro de todos los parámetros de configuración NO INSTALAR DATOS EJEMPLO ni Script de migración, y además cambiamos el prefijo "jos_" por jos15_".

Tendremos en ese momento una copia limpia en nuestro servidor remoto de Joomla 1.5.9 y ahora instalamos el componente MTWMIGRATOR ver 0.1.4 con la configuración y todos los datos del servidor de conexión y fichero, para indicarle el prefijo de la versión anterior "jos_" además de indicar que módulos queremos migrar. Finalmente deberemos cambiar la plantilla por la nueva o la que estábamos usando si nos permite la versión nueva, puede darse el caso que no haya salido, y muy importante es subir por Ftp todas las imágenes desde el servidor local y la copia integra que hicimos.

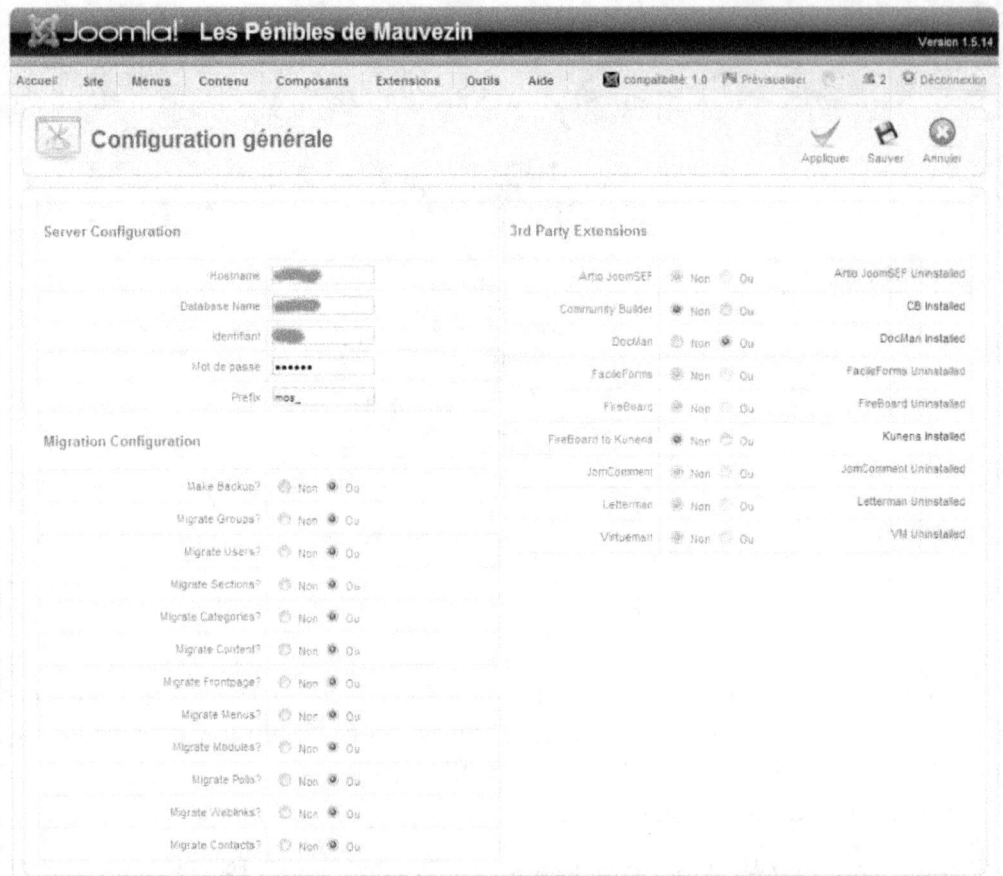

Finalmente después de esperar unos 10 minutos nos encontramos con la pantalla siguiente donde vemos todo OK en la migración.

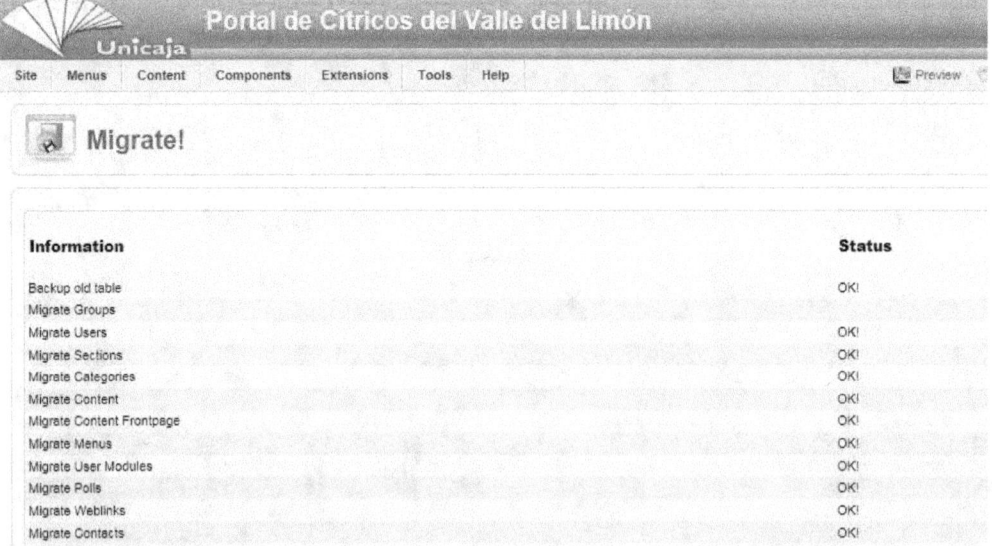

Errores típicos que dará cuando falla los enlaces, los botones, los menús todo se convierte en este mensaje.

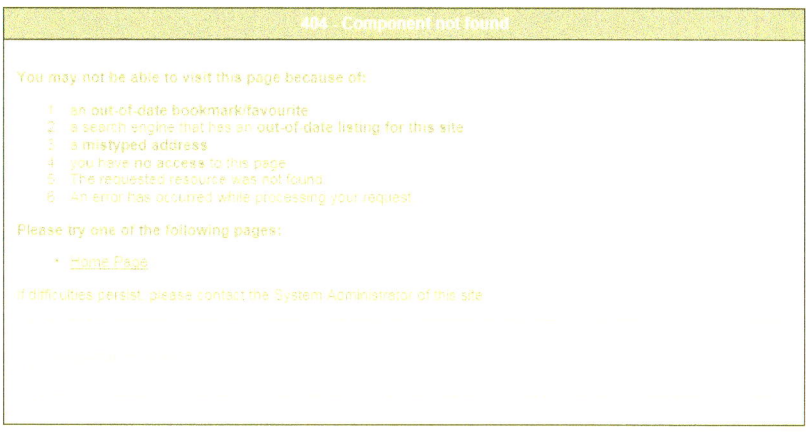

Por suerte es algo temporal, ya que con tiempo y conociendo muy bien que templates, módulos, pluggins, componentes y otros objetos de valor añadido a nuestro Joomla iremos paso a paso reinstalando y sumando aquellos módulos y ocmponentes que en su momento se instalaron para una versión de Joomla 1.0 y ahora los necesitamos para nuestra versión 1.5.

El problema importante lo tendremos si antes de empezar a migrar nuestro portal, detectamos en los fabricantes que un módulo, plugin ó template ya no está desarrollada para nuestra nueva versión, tendremos que sacrificarlo antes de comenzar todo el proceso, es decir desde dentro del administrador en la versión 1.0. Hemo encontrado plugins que usábamos en nuestros portales y por desgracias ya no existe ni la empresa que en su momento los desarrolló gratis o a precio asequible.

Puede ser que nos encontremos un error importante con el siguiente mensaje

"DIRECT ACCESS TO THIS LOCATION IS NOT ALLOWED"

Para corregir este importante problema ya que nos bloquearña todo el portal, necesitmoas entrar en la eback-end y en plugins activar el modo Legacy, para que configuremos con compatibilidad diversos módulos, plantillas y otros componentes.

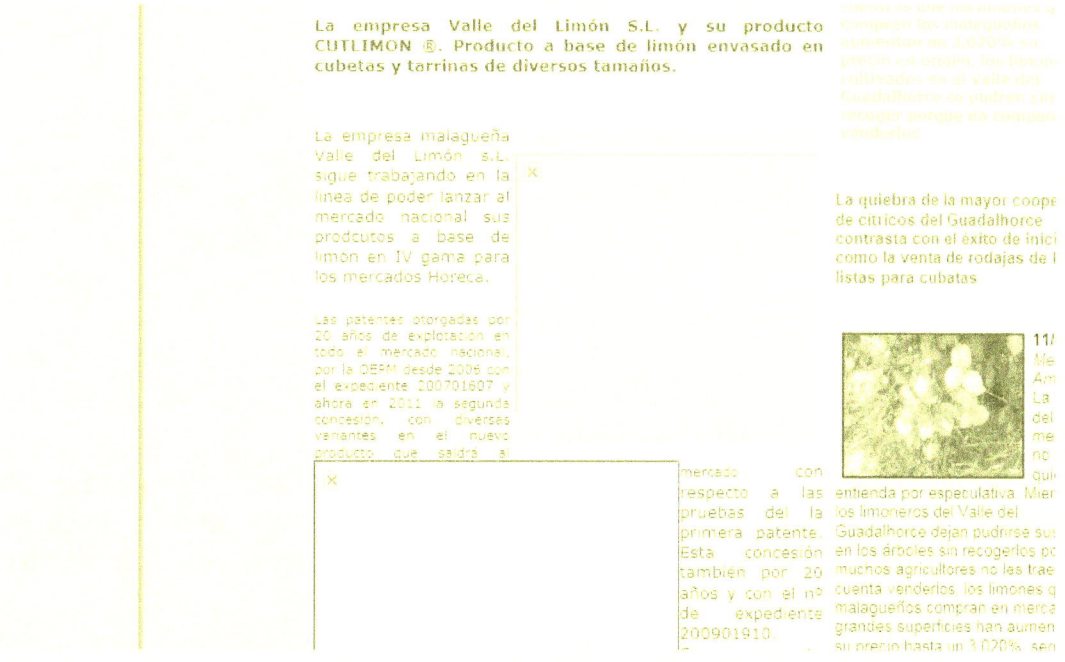

Otro problema nos pdoemos encontrar en la estructura de estilos del template que estamos usando, y que nos lo deforma la migración y el cambio de template de una

versión a otra más actual. Influye también la activación anterior de Modo SYTEM-LEGACY.

Puedo decir que aun con el legacy activado el jac_plus 1.0.13 da ese mensaje, necesito instalar ese componente e hice la prueba por si podía ya hacer la web con la ultima versión de Joomla pero no es posible.

Ya me lo suponía al ser gratuito este componente pero de todos modos lo probé más que nada por ver el resultado, como la versión de este componente para 1.5 ahora es de pago y además por si fuera poco esta encriptado con zend optimicer...

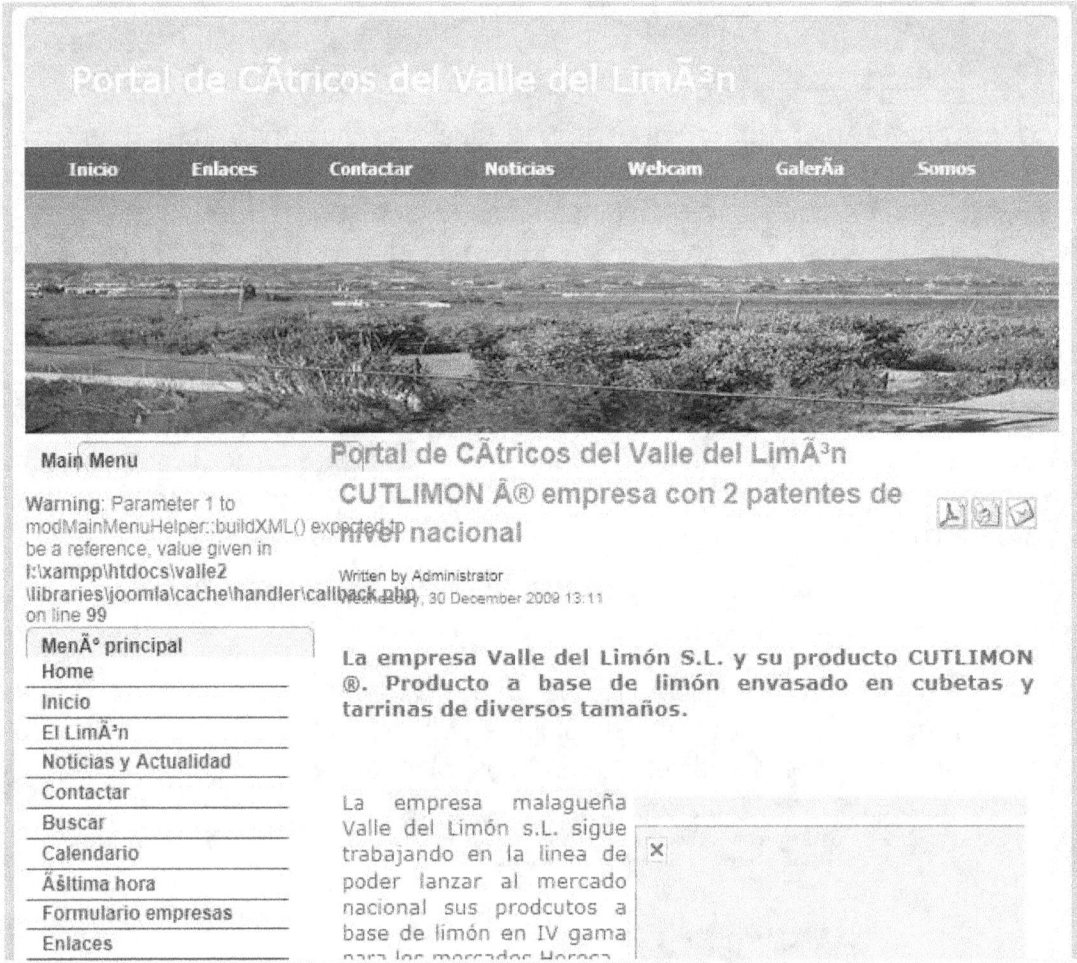

En este otro caso de activación hemos tenido que desactivar privilegios de sólo lectura en los ficheros de la carpeta TEMPLATES del servidor ya que seguía dando el error "DIRECT ACCESS TO THIS LOCATION IS NOT ALLOWED" y el modo LEGACY estaba activado, es decir un nuevo error derivado de cambios de templates.

Otra alternativa a la actualización desde 1.5

Otro camino interesante para llegar a nuestra meta de actualización es instalar un paquete de actualización desde 1.5 a 1.5.25 para ello nos descagamos el Pack en Español y lo descomprimimos a pelo y sobreescribiendo todos los ficheros de nuestro Sitio.

http://joomlacode.org/gf/project/spanish/frs/?action=FrsReleaseView&release_id=16896

Una vez que hemos realizado este proceso de máximo riesgo,no entraremos en la administración del BackEnd sino que entramos directamente al index.php el navegadro nos informa´ra que tenemos que eliminar la carpeta INSTALACION para continuar, una vez hecho este paso, ya tendremos un paso dado en la escalada de la migración. Os paso la pantalla donde vemos la nueva versión.

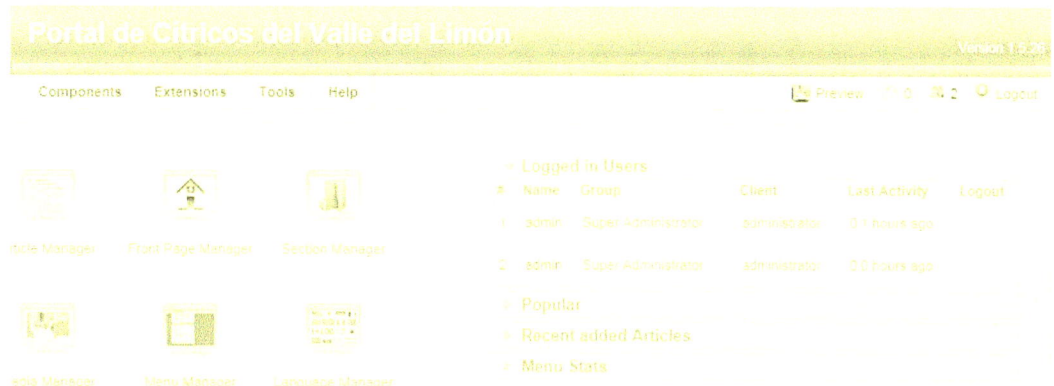

Podemos comprobar que todo nuestro CMS está en perfectas condiciones. Todas las noticias, plugins, módulos y componentes en la versión 1.5.25

Tras varios días de intenso trabajo en rearmar los módulos, componentes noticias, imágenes con rutas relativas ó absolutas a directorios fijos, dan bastante error en el momento que se editen de esta última forma.

Otro procedimiento distinto a la migración de versión 1.0 a 1.5 de Joomla

1/ Copia de seguridad

Lo primero de todo es tener una **copia del proyecto**. Una vez que lo tenemos todo (tanto ficheros como base de datos), hacemos **copia de seguridad**. Nunca se sabe lo que puede pasar a la hora de migrarlo y, para evitar volver hacia atrás ante un error, podemos volver a instalar todo desde cero.

2/ Componente Migrator

El siguiente paso es instalar en nuesto **Joomla! 1.0** el componente Migrator. Este componente realizará una **migración de todo el CORE** (ficheros y base de datos).

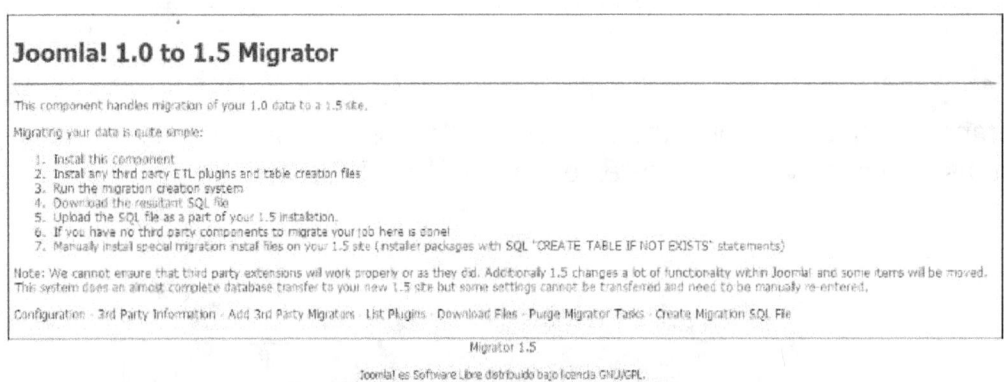

3/ Instalar plugins de migración de extensiones de tercero

En el JED (Centro de Extensiones de Joomla!), contamos con una página en la que podemos descargar varios plugins de las extensiones más utilizadas.

Si no está el plugin para vuestra extensión tendréis que instalarla desde cero en el nuevo proyecto (en Joomla! 1.5).

Hay que tener cuidado con cada uno de estos plugin ya que tienen sus particuaridades. Generalmente vienen un readme para que sepas cómo utilizarlo.

Installing Migrators

There are a few ways to install migrator extensions. If you have only one or two ex
The system uses only files that exist on the file system so registration with a databa

JED Migrator ETL Plugins (new window) >>

Upload Plugin: [   ] [Examinar_]

[Upload Plugin]

<< Back

4/ Crear fichero SQL de migración

Una vez instalado el componente anterior y los correspondientes plugins de terceros, hacemos clic en la función "**Create Migration SQL Files**" (es el última de los enlaces del componente).

Esto nos creará un fichero sql con los datos modificados para que sean entendidos por Joomla! 1.5 que tendremos que descargar.

Migration Complete!

5/ Instalar Joomla! 1.5.x

- Descargar la última versión estable de Joomla! 1.5

- Crear base de datos para el nuevo proyecto en Joomla! 1.5

- Instalar Joomla! 1.5 paso a paso, como es habitual, pero teniendo cuidado en el paso 6, en el cual tenemos que hacer lo siguiente:

  o Seleccionar la opción de "Cargar un script de migración"

  o Poner jos_ en el primer campo (Prefijo de las tablas existentes)

  o Cargar el fichero generado en el punto anterior

  o Marcar la opción "Es un script para migrar desde Joomla! 1.0"

  o El resto de campos dejarlos como vienen por defecto

  o Continuar con la instalación habitual de Joomla! 1.5

6/ Finalización

Con este proceso **tendremos migrado nuestro sitio con Joomla! 1.0 a la última versión estable de Joomla! 1.5**. Ahora sólo falta comprobar que todo está correcto, instalar las extensiones que no hemos podido migrar, carpeta images, etc., y dejarlo todo listo para la subida a puesta en marcha en real.

Actualización de Joomla 1.5 a 1.6

Con Joomla 1.6 ha habido muchas preguntas acerca de cómo migrar o actualizar a Joomla 1.6 desde la versión 1.5. Paso a paso siguiendo todo el procedimiento general de cómo migrar a Joomla 1.6. Por favor, lee todo el material.

Antes de actualizar

No dejes que la cercanía numérica de 1.5 y 1.6, te engañe. Joomla 1.6 tardó tres años en desarrollarse y ha sido una ardua tarea.

Incontables horas se han dedicado por muchos voluntarios de todo el mundo para ponerlo en marcha. Aunque gran parte del código es el mismo de Joomla 1.5, gran parte de el se ha escrito desde cero, y los cambios son comparables a los cambios de Joomla 1.0 a 1.5. Debido a que los cambios de Joomla 1.5 a 1.6 son tan grandes y por el enorme esfuerzo puesto en conseguir Joomla 1.6, no hay ninguna ruta de actualización, esto es de hecho una migración. En futuras versiones de Joomla (que se publicarán cada 6 meses), como Joomla 1.7, 1.8, etc, los cambios de una versión a otra será más gradual y una ruta de actualización está prevista.

Ahora que Joomla 1.6 ya está estable, una iniciativa comunitaria dirigida por los desarrolladores de Joomla se orienta hacia jUpgrade (una tercera parte de la extensión de Joomla JED desarrollado originalmente por Matías Aguirre) para ayudar. Muchos de los desarrolladores de Joomla (que son todos voluntarios que contribuyen con su tiempo libre) se ofrecen como voluntarios para dar los toques finales a jUpgrade.

jUpgrade te permite migrar de Joomla 1.5 a 1.6. Vamos a empezar!

Revisión de los Requisitos

Por favor, ten recaudos para ti mismo (y posiblemente para tus clientes) y evita un montón de dolores de cabeza y asegúrate de que tu servidor (y en el caso de jUpgrade, tu navegador también) sirven para esta tarea. Por favor revisa los requisitos técnicos para Joomla! 1.6. y que los requisitos para jUpgrade esten bien.

Antes de empezar

Antes de empezar, hay algunas cosas que debes tener que revisar y / o pensar: ¿Es su Joomla versión 1.5 hasta la fecha? En el momento de la redacción de este tutorial , la información más actualizada a la versión de Joomla 1.5 es la 1.5.22.

Gran parte de la prueba de la migración se ha hecho desde Joomla 1.5.22 a Joomla 1.6. Si la versión no está al día probablemente deberías actualizar a 1.5.22 antes de migrar, especialmente si está ejecutando Joomla 1.5.11 o inferior. Por favor, consulte el tutorial sobre la actualización.

¿Todas las extensiones tienen versiones Joomla 1.6 nativo? En el momento de la redacción de este tutorial hay 108 disponibles en la JED. Ten en cuenta que jUpgrade no es actualmente capaz de actualizar las extensiones de terceros que se encuentran en tu instalación de Joomla , por lo que tendrá que hacerse a través de sus procedimientos de actualización respectiva. Esto es sin embargo un trabajo en progreso.
¿Has modificado los archivos de base? Los cambios que se han hecho a los archivos centrales en Joomla se perderá así que por favor se precavido. ¿Hay una plantilla de Joomla 1.6 compatible disponible de tu proveedor de plantillas? Si no, ¿se siente cómodo haciendo los cambios usted mismo? Hay un par de buenos recursos:

Chad Windnagle de la comunidad Joomla blog

Chris Davenport "Cambios de plantillas para Joomla 1.6" presentación Docs Joomla Plantilla Tutorial. Tenga en cuenta que, aunque jUpgrade no es capaz de actualizar las plantillas en la actualidad, los desarrolladores están trabajando duro en la aplicación para lograr esta función.

¿Esta tu paquete de idioma disponibles en Joomla 1.6? Encuentra tu traduccion para Joomla1 1.6 (en inglés).

¿Tienes problemas de permisos de carpeta o archivos en tu instalación de Joomla 1.5? Tutorial sobre los permisos de archivos y carpetas (en inglés) ¿Qué se necesita para migrar a Joomla 1.6? Joomla 1.5 es potente y muy maduro. Para muchas personas no hay una necesidad de apresurarse en Joomla 1.6. Joomla seguirá apoyando Joomla 1.5 por lo menos durante un año y tres meses, liberando actualizaciones de seguridad y de eliminación de fallos actualizaciones cuando sea necesario.

Las dos características principales de Joomla 1.6 que lo hace superior a Joomla 1.5 son: Access Control List (ACL) y categorías anidadas. Atrás han quedado los días de los simples usuarios, los usuarios registrados, los autores y editores, sin ser capaz de especificar lo que pueden y no pueden hacer en la interfaz. Además, con la version 1,6 que puede tener una mayor flexibilidad de la organización (y por lo tanto mostrar) su contenido con categorías bien organizadas en categorías. No se limita a la estructura de la sección> categoría>. Esas son todas las grandes cosas que tiene (especialmente el ligamento cruzado anterior), sin embargo, para muchos usuarios de 1.5, no es necesario. El punto principal es decidir por ti mismo: Para una visión general de Joomla 1.6 en formato de video, por favor visite: http://www.ostraining.com/blog/joomla/three-new-joomla-16-overview-videos-including-acl/

Para obtener una lista masiva de los cambios de Joomla 1.5 a Joomla 1.6, consulte:

http://docs.joomla.org/What%27s_new_in_Joomla_1.6

Para un gran blog de si o no migrar a Joomla 1.6, véase:

http://www.rockettheme.com/blog/joomla/988-should-i-upgrade-to-joomla-16

Copia de seguridad, copias de seguridad, copias de seguridad

Omitir esta parte es tal vez el mayor error que puedes cometer. Si tienes una copia de seguridad adecuado (o varios) siempre se puede volver si es necesario. Sin embargo, si no funciona bien el respaldo de tu sitio y algo sale mal, vas a perder mucho tiempo valioso, y a veces mucho dinero, para conseguir que las cosas vuelvan a ser como eran. Así que por favor has una copia de seguridad! Si no sabes cómo, por favor, consulta los pasos 1 a 5 en:

http://www.ostraining.com/blog/joomla/how-to-move-a-jomla-site-from-local-to-live-server/

Actualizar

Descargar jUpgrade

Descargue la última versión de jUpgrade.

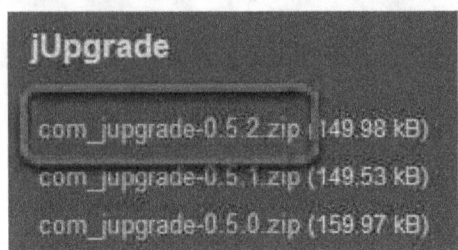

Entorno de pruebas opcionales

Si eres muy nervioso por este punto y tu corazón está latiendo rápidamente, entonces probablemente deberías crear un entorno de prueba. Puedes seguir este tutorial para hacer una copia de tu sitio para poner a prueba en el equipo local o en otro servidor remoto:

http://www.ostraining.com/blog/joomla/how-to-move-a-jomla-site-from-local-to-live-server/

Instale jUpgrade (aunque más adelante lo instalo para la versión 2.5.1 directamente)

Ingresa al administrador de tu Joomla, por ejemplo www.yoursite.com /administrator

Extensiones>> Instalar / Desinstalar

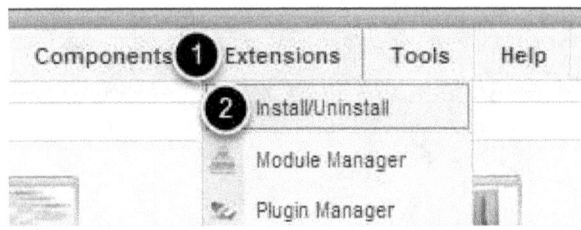

Navega>> Selecciona com_jupgrade>> Subir archivo & Instalar

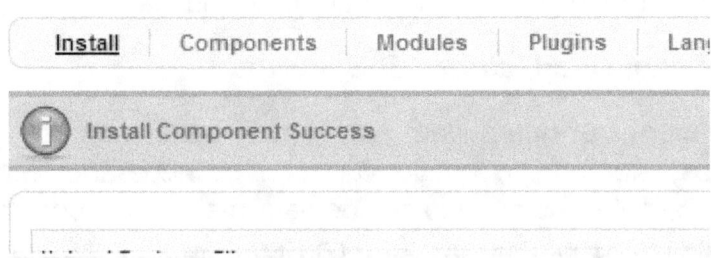

Migración

Componentes>> jUpgrade

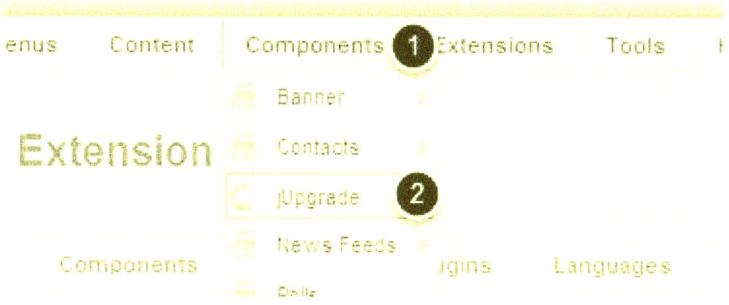

Inicio de actualización

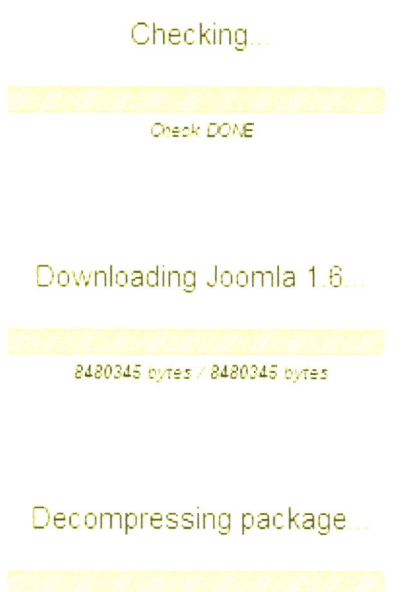

START UPGRADE

Checking...

Check DONE

Downloading Joomla 1.6...

8480345 bytes / 8480345 bytes

Decompressing package...

No salir de la pantalla hasta que todo haya terminado de cargar. Desplázate hacia abajo para comprobar si ha terminado.

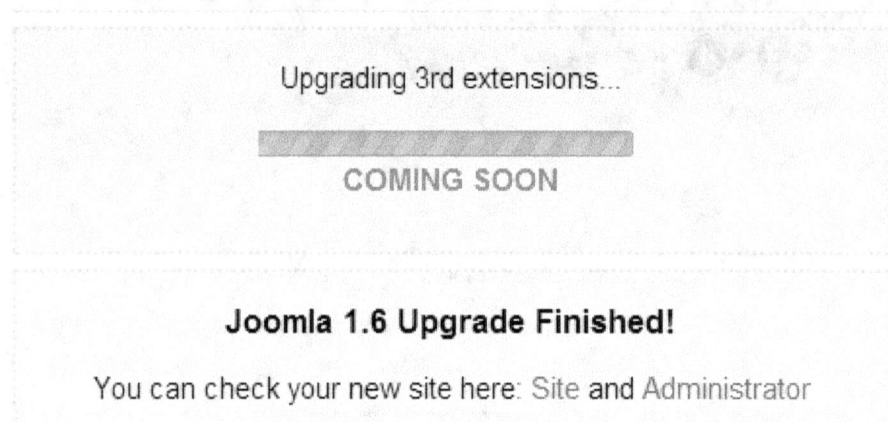

Joomla 1.6 Upgrade Finished!

You can check your new site here: Site and Administrator

Detrás de las escenas

Los cambios de Joomla 1.5 y 1.6 son bastante importantes. El hecho de que jUpgrade crea una nueva instalación de Joomla 1.6 para nosotros es, en mi opinión, genial. Si el proceso de migración no fue del 100% de éxito, su Joomla 1.5 esta todavía perfectamente conservado y ninguno de sus usuarios se ven afectados. Tienes la oportunidad de visitar tu sitio tanto en el frontend y backend para asegurarte de que todo está birn. ¿Qué es lo que realmente sucede? jUpgrade descarga la última versión de Joomla 1.6 para que el directorio jupgrade (que se crea) en la carpeta raíz de la instalación de Joomla 1.5. A continuación, extrae todos los archivos de la descarga. Una vez que la extracción se ha completado, se instala jUpgrade Joomla 1.6 y luego procede a migrar su base de datos antigua a la nueva base de datos de Joomla 1.6 que ha creado. Tu sitio Joomla 1.6 se instalará en www.mysites.com/jupgrade suponiendo que tu instalación de Joomla 1.5 está en la raíz de tu servidor HTML.

Revise su Joomla! 1.6

Por favor, haz una revisión completa de tu sitio Joomla 1.6 luego de la instalación y asegurarte de que todo está bien configurado. Tu sitio Joomla 1.6 se instalará en www.mysites.com/jupgrade suponiendo que tu instalación de Joomla 1.5 está en la raíz de tu HTML. Aquí está una lista de verificación general para el control:

- Banners

- Categorías

- Contactos

- Contenido

- Menús

- Módulos

- Noticias externas

- Usuario

- Vínculos

- Plantillas - El trabajo se está haciendo actualmente en la función de actualización de la plantilla de jUpdate y todavía no es completamente funcional. Su módulo de posiciones puede ser que haya que ajustarlo en en el gestor de módulos.

Copia de seguridad de Joomla! 1.6

Si todo se ve bien , entonces vamos a hacer una copia de seguridad de la nueva instalación de Joomla 1.6. Puedes seguir este tutorial:

http://www.ostraining.com/blog/joomla/how-to-backup-a-joomla-16-site/

Migración de versiones 1.5 a 1.7 de Joomla

JUpgrade es un componente para Joomla, que le permite migrar de la versión 1.5.x a Joomla 1.7.x. Esta extensión incluye soporte para Foros Kunena, JoomComment, Virtuemart, CommunityBuilder, etc

Requerimientos

- PHP v5.2.4+
- IIS/Windows: MySQL v5.1 - Linux/Apache: MySQL v5.0.4+
- Modulo Curl de PHP activado
- Joomla 1.5.19 o superior
- Plugin System - Mootools Upgrade activado.
- Browser con soporte Javascript/jQuery

Migracion soportada:

Banners - 100%
Categorias - 100%
Contactos - 100%
Contenidos - 100%
Menus - 100%
Modulos - 100%
Newsfeeds - 100%
Usuarios - 100%
Enlaces - 100%

Descarga JUpgrade 1.2.2 desde http://redcomponent.com/free-downloads/cat_view/931-jupgrade

Necesidad de descomprimir en una nueva carpeta Joomla 1.7

Un paso muy necesario e importante es descargar previamente en una carpeta del servidor la versión 1.7 de joomla, sino fallará la migración a esa nueva versión.

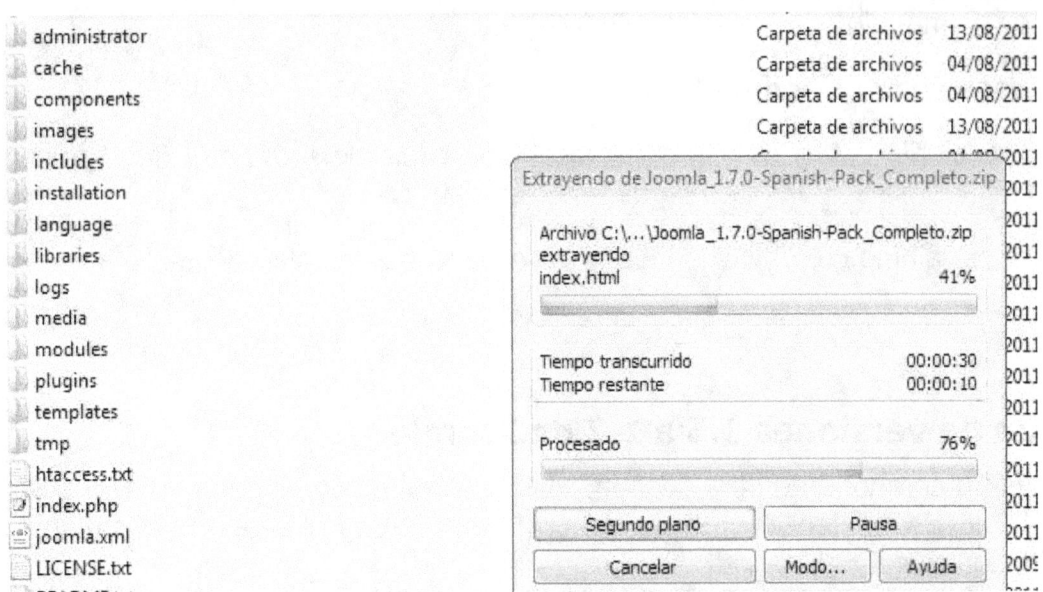

Para ello nos la descargamos de esta web de expertos y la descomprimimos.

http://www.joomlaspanish.org/noticias/200-versiones-del-pack-joomlaspanish-y-joomla/416-joomla-170-spanish.html

Más adelante comprobaremos lo importante que era este paso.

Sin la versión superior de joomla el plugins Mootols y el componente Jupgrade no funcionarán, además se complica la migración porque CURL debe estar activado en PHP. Para ello vamos al fichero de configuración php.ini que lo encontramos en la carpeta PHP dentro de XAMPP , localizamos la variable extension=php_curl.dll y le quitamos el ; de delante par que apache una vez que lo reiniciemos active el nuevo valor. Es necesario apagar y volver a encender Apache.

Lo que nos encontramos al instalar la versión de Joomla 1.7 en la carpeta jupgrade, es después de dar todos los pasos necesarios en la instalación, teniendo muy en cuenta el prefijo de las tablas "jos17_" a diferencia del nombre anterior que tenia "jos15_" podemos elimianr al terminar el proceso dichas tablas pero en principio son fundamentales para la nueva migración.

Una primera opción de actualización y minería de datos

Lo podemos considerar una primera aproximación a la migración directamente desde 1.7 desde el Gestor de Extensiones actualizando a la 2.5.3 que busca y encuentra dinámicamente la instalación dede dentro.

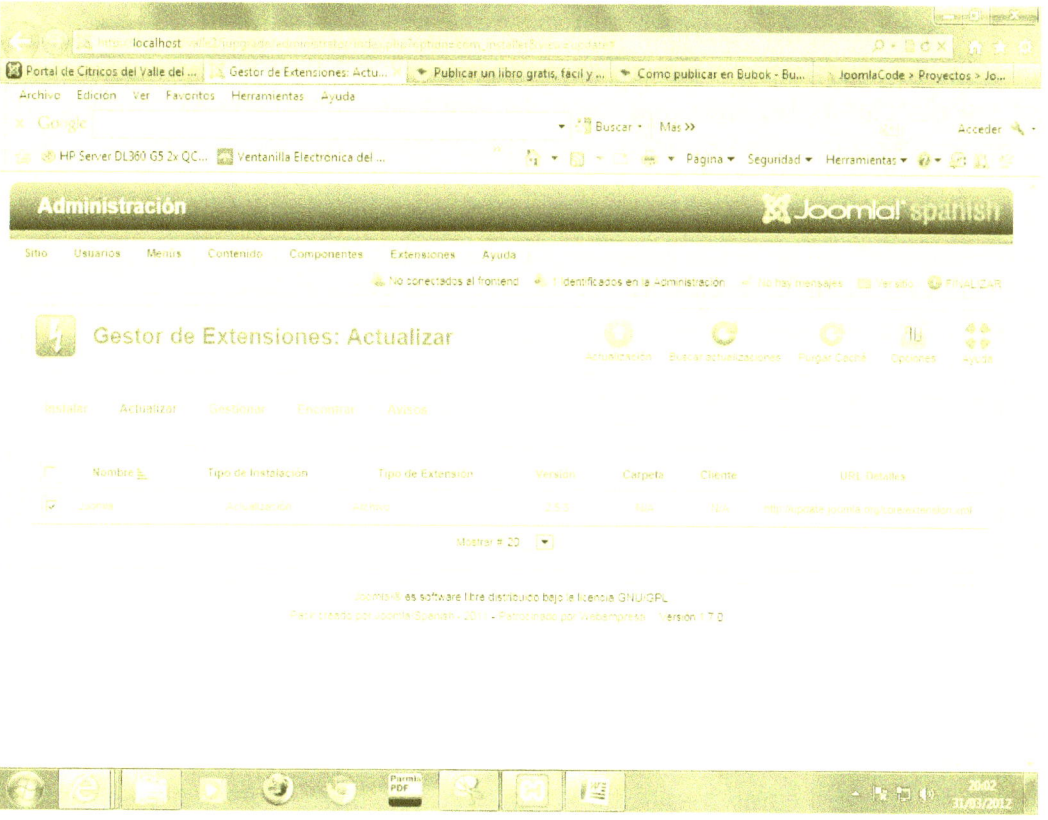

El gran inconveniente siguiendo este camino es que nos encontramos la web vacia sin ningún tipo de contenidos, como si hubiéramos hecho una instalación limpia de Joomla. Con la migración y minería de datos no obtuvimos buenos resultados, muchos errores de bases de datos, muchos warning y en definitiva no fue nada eficiente.

Pasos a seguir y componentes necesarios.

Antes de continuar con la óptica puesta en Jupgrade hay que saber que es necesario tener instalado en la versión 1.5 una actualización de un componente del core del sistema que es Mootools 1.2 de lo contrario no arrancará el componente siguiente como es Jupgrade.

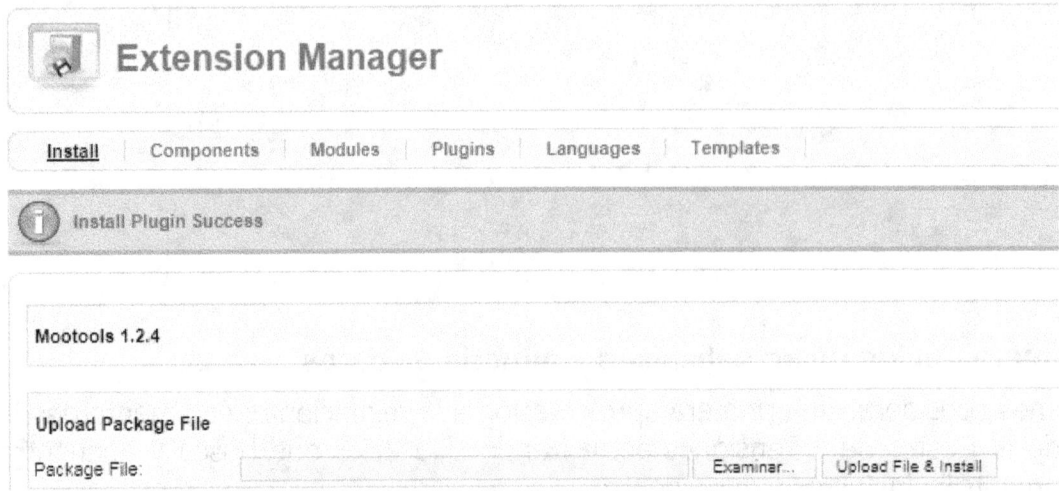

Lo puedes descargar de cualquier ubicación para Joomla, siempre que sea para la versión 1.5. Es muy importante no confundir con los ficheros de clases .js que no funcionará directamente, sino que necesitaremos el empaquetado correspondiente, con sus carpetas y su fichero .xml

http://www.seblod.com/support/documentation/others/mootools-upgrade-plugin.html

Este es un lugar magnífico para conseguirlo para la versión 1.5

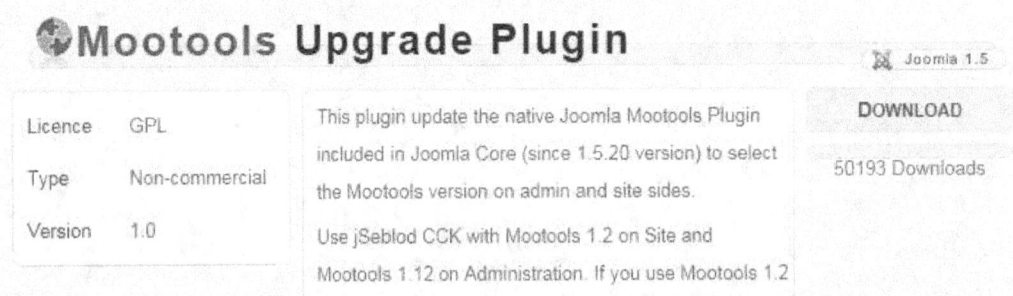

Una vez que tenemos el fichero .zip descargado lo instalamos correctamente, aunque nos sale un warning en una línea del código fuente .php pero no obstaculiza la instalación final del componente.

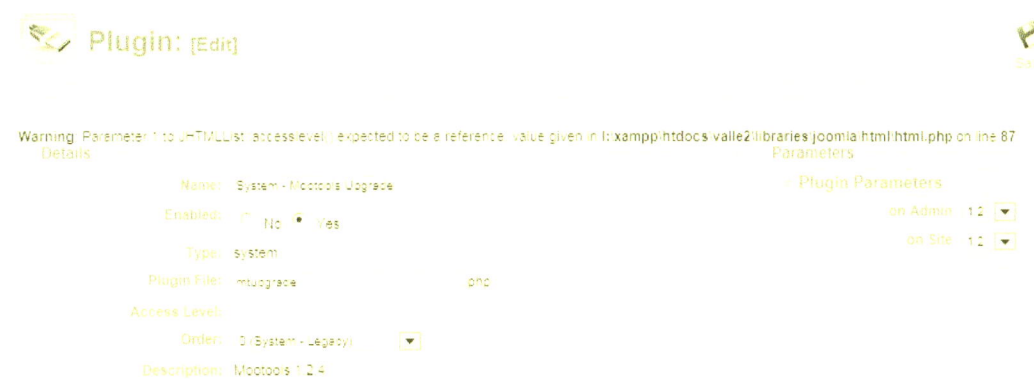

Este componente es del core de la estructura y se habilita desde aquí. Es muy arriesgado activar o desactivar componentes de SYSTEM porque podríamos desestabilizar toda la estructura Joomla, por lo que es necesario cerciorarse bien del componente, versión de Joomla, por lo demás no hay que preocuparse.

Componente Jupgrade

jUpgrade es a simple Joomla 1.5 componente que nos permitirá migrar de una version de Joomla 1.5 a la 2.5.2 , bastará con descomprimirlo e instalarlo para traspasar todos los datos a la nueva versión recién instalada.

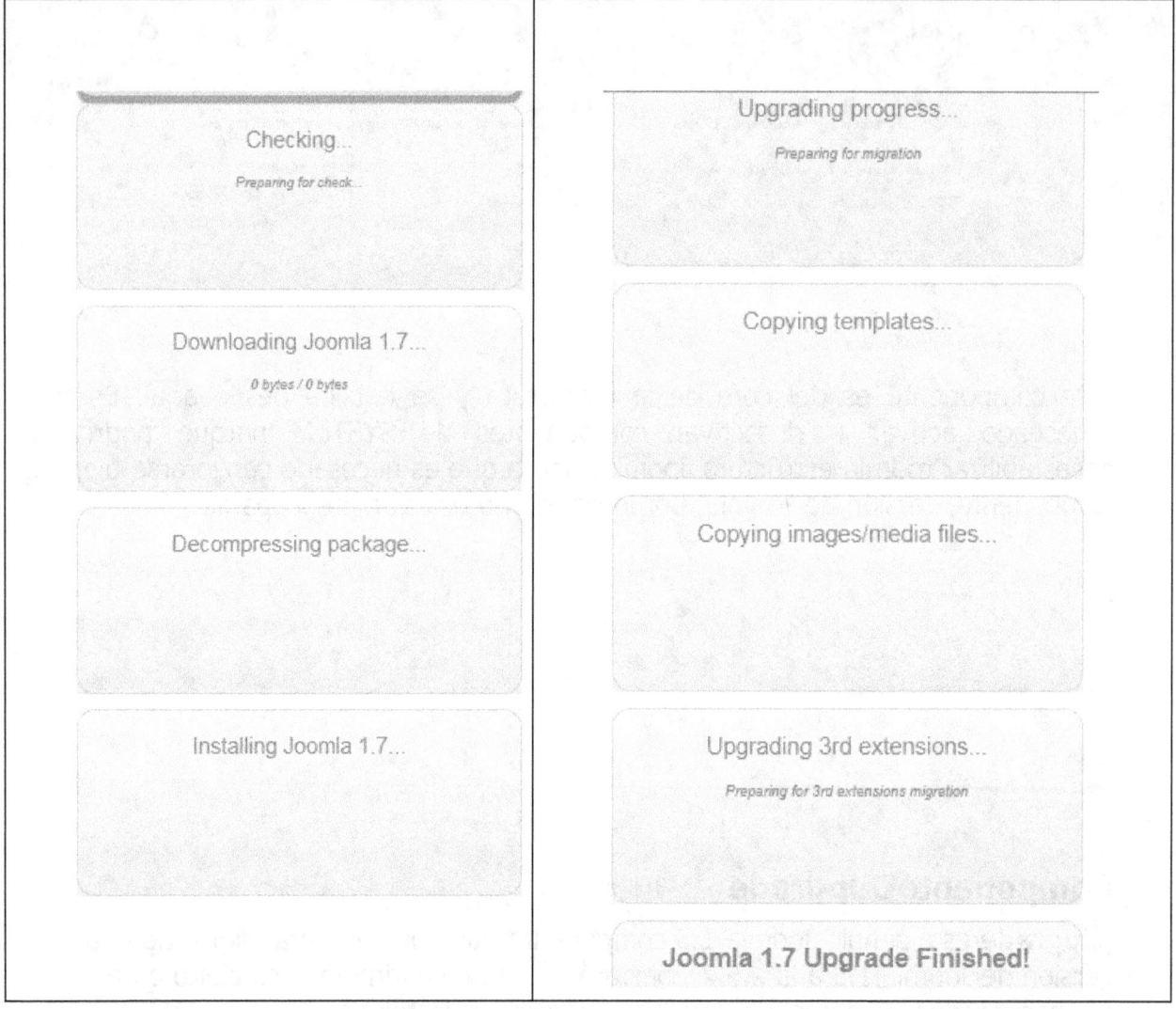

jUpgrade es un componente para Joomla 1.5. Debe ser instalado como una extensión más a través del gestor de extensiones. Una vez instalado y configurado en un sitio Joomla 1.5, podrá ser ejecutado y, si todo funciona correctamente, deberá realizar las siguientes tareas:

Descargará en el servidor donde está instalado el sitio que lo ejecuta un paquete de instalación de Joomla 1.6 (si se usa la última versión de jUpgrade, será la versión más reciente de Joomla 1.6)

Realizará una instalación automática de Joomla 1.6 Migrará todos los datos del antiguo sitio basado en Joomla 1.5 al sitio Joomla 1.6 recién instalado

En principio sólo los datos del core serán migrados al 100%. Para los datos de extensiones de terceros, jUpgrade proporciona las herramientas necesarias para integrar mecanismos de migración específicos para cada extensión, que deberán ser desarrollados por sus autores. En el momento de escribir esta documentación, únicamente Kunena y Adminpraise han creado un plugin que permite migrar sus datos mediante jUpgrade.

Estructura de Archivos y Directorios

com_jupgrade
|-- controllers
|-- css

```
|-- extensions
|-- images
|-- includes
| `-- adapters
|-- js
|-- languages
|-- libraries
|-- sql
`-- views
`-- cpanel
`-- tmpl
```

Proceso de migracion de extensiones de 3ros

Al ejecutar jUpgrade, la herramienta comprueba si las extensiones instaladas en el sistema (componentes, módulos, plugins y plantillas) tienen soporte específico para ellas. Para esto, jUpgrade busca el archivo XML necesario en 3 directorios distintos en el siguiente orden:

1. El primer lugar donde busca el XML es el directorio del componente en el administrador. ej: **ROOT/administrator/components/com_kunena** o si este es un

modulo ROOT/administrator/modules/mod_kunena

2. El segundo lugar es el directorio del componente pero en el front-end: ej: **ROOT/components/com_kunena** o si este es un modulo
 ROOT/modules/mod_kunena

3. Tercero y ultimo busca dentro del directorio extensions en jUpgrade: **ROOT/ administrator/components/com_jupgrade/extensions**

En este XML pondremos los datos necesarios para migrar las tablas y archivos de nuestra
extension facilmente.
La estructura de este XML es la siguiente:

```xml
<?xml version="1.0" ?>
<!DOCTYPE jupgrade>
<jupgrade>
<!-- List of update servers -->
<updateservers>
<server type="extension" priority="1" name="Kunena 1.6 Update
Site">http://update.kunena.org/kunena16.xml</server>
</updateservers>
<!-- Adapter class location and name -->
<!--
<installer>
<file>administrator/components/com_kunena/install/j16upgrade.php</file>
<class>jUpgradeComponentKunena</class>
</installer>
-->
<!-- The tables to copy to the new site. -->
<tables>
<table>kunena_announcement</table>
```

```
<table>kunena_attachments</table>
<table>kunena_categories</table>
<table>kunena_config</table>
<table>kunena_favorites</table>
<table>kunena_groups</table>
<table>kunena_messages</table>
<table>kunena_messages_text</table>
<table>kunena_moderation</table>
<table>kunena_polls</table>
<table>kunena_polls_options</table>
<table>kunena_polls_users</table>
<table>kunena_ranks</table>
<table>kunena_sessions</table>
<table>kunena_smileys</table>
<table>kunena_subscriptions</table>
<table>kunena_subscriptions_categories</table>
<table>kunena_thankyou</table>
<table>kunena_users</table>
<table>kunena_users_banned</table>
<table>kunena_version</table>
<table>kunena_whoisonline</table>
</tables>
<!-- The folders to copy to the new site. -->
<folders>
<folder>media/kunena</folder>
<folder>administrator/components/com_kunena</folder>
<folder>components/com_kunena</folder>
</folders>
<!-- The categories to copy to the new site. -->
<!--
<categories>
<category section="com_kunena"></category>
</categories>
-->
</jupgrade>
```

En este XML podremos agregar las opciones que necesita saber jUpgrade para migrar una extension como las tablas, los directorios de archivos multimedia, la url del servidor de actualizacion y las categorias si existiesen.

La clase jUpgrade

Esta clase es usada por el adaptador de cada extensión que haya sido añadida a jUpgrade.
Más información podemos conseguirla en la web de la empresa desarrolladora.
http://www.matware.com.ar/downloads/joomla/jupgrade.html

Puedes informar de los errores aquí: http://matware.com.ar/foros/jupgrade.html

Puedes ser voluntario y hacer preguntas sobre el voluntariado en:
http://www.matware.com.ar/forum/projects/jupgrade/volunteer-information.html

En esta clase existen varios métodos que pueden ayudar a los desarrolladores de extensiones a migrar sus propios datos.
Lista de métodos:
protected function convertParams($params)
protected function convertParamsHook(&$object)
protected function &getSourceData($select = '*', $join = null, $where = null, $order = null, $groupby = null, $debug = null)
protected function setDestinationData($rows = null)
public function upgrade()
protected function cleanDestinationData($table = false)
protected function copyTable($from, $to=null)
protected function cloneTable($from, $to=null, $drop=true)
public function insertCategory($object, $parent = false)
public function insertAsset($object, $parent = false)
public function saveState()
public function isReady()
public function upgradeExtension()
protected function detectExtension()
protected function getUpdateSite()
protected function getCopyFolders()
protected function getCopyTables()
protected function migrateExtensionTables()
protected function migrateExtensionFolders()
protected function migrateExtensionCustom()
protected function migrateExtensionDataHook()
public function getPrefix()
public function getMapList($table = 'categories', $section = false)
protected function getUsergroupIdMap()
public function getParams()
public function getRequirements()
protected function checkTimeout($stop = false)

XML's de actualización

Introducción
jUpgrade utiliza para la instalation/actualizacion de extensiones el sistema de actualización incluido en Joomla 1.6. Este sistema se accede ingresando al back-end de Joomla 1.6 y yendo
al menu **Extensions > Extension Manager > Update**. Luego debemos clickear en Find Updates
para ver cuales extensiones tenemos para instalar/actualizar.
Una vez que tenemos esa lista podremos ejegir una extension y clickear en Update para instalarla/actualizarla.
Este sistema de actualizacion incluido en Joomla 1.6 necesita dos XML's para funcionar.

Uno es el **Collection XML** y el **XML de actualizacion.** Estos archivos deben estar en una URL visible para el acceso de todos los usuarios que utilicen jUpgrade para migrar sus instalaciones de Joomla.

Collection XML

Este es el **Collection XML**, que incluye todas las extensiones que pueden ser leídas por jUpgrade. Para añadir una extensión a jUpgrade, debe añadirse a este archivo una etiqueta 'extension' con el nombre de la extensión y otros atributos que se especifican a
continuación:

name= Nombre de la extensión

element =Nombre de la extensión en Joomla

type = componente/módulo/plugin

version = 1.6

detailsurl = [IMPORTANTE] Este atributo debe apuntar al xml de la extensión

```
<extensionset name="Kunena" description="Kunena Extensions List">
<extension name="Kunena" element="com_kunena" type="component"
version="1.6"
detailsurl="http://www.matware.com.ar/extensions/kunena.xml"/>
</extensionset>
```

Si quiere añadir un módulo a la colección:

```
<extensionset name="Kunena" description="Kunena Extensions List">
<extension name="Kunena" element="com_kunena" type="component"
version="1.6"
detailsurl="http://www.matware.com.ar/extensions/kunena.xml"/>
<extension name="Kunena Module" element="mod_kunena" type="module"
version="1.6"
detailsurl="http://www.matware.com.ar/extensions/mod_kunena.xml"/>
</extensionset>
```

XML de actualización II

En el XML de actualizacion debemos poner los detalles de nuestra extension. El tag mas importante en este XML es el de downloads que le permite saber a Joomla 1.6 cual es el archivo a descargar e instalar/actualizar.

```
<?xml version="1.0" ?>
<updates>
<update>
<!-- Description -->
<name>Kunena</name>
<description>Kunena for Joomla 1.6</description>
<element>com_kunena</element>
<type>component</type>
<version>1.6.3</version>
<infourl title="Kunena">http://www.kunena.org</infourl>
<!-- The download url of the new package to be installed -->
<downloads>
<downloadurl type="full"
format="zip">http://www.matware.com.ar/jfiles/com_kunena_v1.6.4-
```

```
DEV_b4806_2011-04-26.zip</downloadurl>
</downloads>
<!-- Tags -->
<tags>
<tag>testing</tag>
</tags>
<!-- Maintainer description -->
<maintainer>Matias Aguirre</maintainer>
<maintainerurl>http://www.matware.com.ar/</maintainerurl>
<section>Testing</section>
<targetplatform name="joomla" version="1.6" />
</update>
</updates>
```

Creando el adaptador para jUpgrade

Acceso al SVN

El codigo fuente de jUpgrade esta alojado en los servidores de JoomlCode. Para navegar entre los archivos es necesario ingresar aqui:
http://joomlacode.org/gf/project/joomla/scmsvn/?
action=browse&path=%2Fdevelopment%2Fbranches%2Fjupgrade%2F

Usando el SVN

Para obtener una copia de jUpgrade utilizando el sistema de versiones SVN es necesario ejecutar el siguiente comando en la consola (Linux):
svn co http://joomlacode.org/svn/joomla/development/branches/jupgrade
Para otros clientes de SVN utilizar la misma URL:
http://joomlacode.org/svn/joomla/development/branches/jupgrade

NOTA: jUpgrade es un proyecto destinado a la comunidad Joomla propiedad de Matware, empresacreada por Matias Aguirre author del proyecto. Este proyecto tiene una licencia GNU.

Migración de versiones 1.5 a 2.5 de Joomla

Este manual está destinado a realizar migraciones de rama como el paso de **1.5** a **2.5**, debido a la cantidad de cambios entre ambas versiones no es posible realizar una actualización sencilla desde **Softaculous** o métodos similares.

El proceso real que se llevará a cabo es realizar la migración de todo el contenido a una instalación de **Joomla 2.5 paralela** que en el último paso convertiremos en principal. En la actualidad es el **único método existente** ya que no es posible una actualización como tal de Joomla 1.5.

Preparando el terreno

Antes de nada se debe realizar una **copia de seguridad** de toda la instalación que permita ante cualquier fallo poder restaurar Joomla, la copia podría realizarse desde cPanel o usando el componente Akeeba Backup que te permitirá realizar de forma sencilla una copia de seguridad desde el área de administración de Joomla.

También deberemos descargar el componente jUpgrade que nos facilitará toda la tarea de migración de 1.5 a 2.5 para que dentro de la dificultad sea lo más sencilla posible.

jUpgrade

http://extensions.joomla.org/extensions/migration-a-conversion/joomla-migration/11658

Migrando el contenido

Accedemos al área de administración de **Joomla** y nos dirigimos a la sección **Extensiones / Gestor de plugins** donde deberemos **localizar y activar** el plugin llamado "**System - Mootools Upgrade**".

Con **jUpgrade** previamente descargado debemos acceder a **Extensiones / Instalar/Desinstalar** para proceder con la instalación como si de un componente normal se tratase.

Una vez instalado podremos acceder a el desde **Componentes / jUpgrade**

Veremos que aparece en pantalla un botón con el título **Iniciar migración** o **Start migration**, hacemos click y esperamos a que se complete todo el proceso, dependiendo de la cantidad de información puede tardar más o menos.

Joomla 2.5 en paralelo a Joomla 1.5

Una vez finalizado veremos que el componente nos facilita dos direcciones:

http://ejemplo.com/joomla/jupgrade/

http://ejemplo.com/joomla/jupgrade/administrator

Lo que hemos conseguido hasta este punto y gracias al componente es migrar todo a una nueva instalación de **Joomla 2.5** realizada en el **subdirectorio jUpgrade**.

Es en este momento cuando realmente empieza **el trabajo duro** del administrador, toca verificar desde esta instalación secundaria que todo funciona correctamente, es posible que componentes que hasta hoy usabas ya no sean compatibles y debas eliminarlos, de igual forma la plantilla deberá ser adaptada o partir de una nueva compatible con esta versión de Joomla.

Los errores que se pueden presentar pueden ser más o menos dependiendo de la cantidad de componentes y personalizaciones, una instalación con una plantilla básica y pocos componentes será menos propenso a dar problemas que una instalación que depende de decenas de componentes.

Finalizando el cambio

Aún siendo un proceso complejo, la ventaja de este método es que permite tener dos instalaciones en paralelo de tal forma que cuando Joomla 2.5.3 esté completamente listo para funcionar bastará con eliminar los ficheros de Joomla 1.5 y mover el contenido del directorio jupgrade al directorio donde antes teníamos Joomla 1.5.

Podemos observar como la plantilla gráfica no se ha cargado correctamente, además que de la que usábamos no existe para la nueva versión, pero no es problema importante, ya que podemos diseñar y crear perfectamente la plantilla para esta nueva versión. Lo realmente importante es saber que las bases de datos y los contenidos como los menús, principales y de usuario, todas las noticias y secciones están perfectamente, junto con sus links, imágenes, gráficos y demás contenidos como usuarios, visitas, estadísticas.

Varias copias de seguridad de distinas carpetas y bases de datos para ir con seguridad en todos los cambios que se realizaban en el servidor, de todas maneras aconsejo siempre realizar las actualizaciones desde servidor local, para luego subir al servidor remoto y en el dominio real. Durante los pasos realizados el servidor local estuvo durante varios días fuera de uso y con algunos warning de PHP al visitar el front-end del portal, si lo hubiéramos hecho directament sobre el servidor remoto, la web hubiera caído empicado de visitantes únicos ya que cunado hubieran visitado la web esta se encontraba fuera de uso.

En la pantalla siguiente se puede observar los cambios realizados por los pasos que se han seguido en este manual con mucha planificación y duro trabajo, pero con gran éxito en el resultado final.

El portal de cítricos Valle del Limón sigue sus pasos al margen del proyecto subvencionado por la Junta de Andalucía en 2007 como portal de contenidos cítricos del Valle del Limón. En estos momentos de crisis nos vimos obligados a desconectar la webcam hasta nueva orden, el mantenimiento de la web se ha ido realizando íntegramente por la empresa de desarrollo Ichton Software S.L. ubicada en Málaga en el Centro de Negocios Guadalhorce, Polg. Industrial Guadalhorce, donde en la actualidad imparte cursos para desempleados, y para ingenieros, desarrolladores e informáticos de diversas empresas de Málaga en estas materias de desarrollo web, contenidos, Frameworks como Symfony, Codeigniter, Zend y cursos más básicos de gestión de CMS.

Para contactar con la empresa y resolver las dudas que necesiten sobre este libro, puedes hacerlo a tráves de la web www.ichton.com o a los teléfonos 902918192, 952056539, info@ichton.com

Nuestro agradecimiento a los miles de desarrolladores que hacen posible que Joomla sea lo que en estos momentos es.

Bibliografia

Para informar de los errores de este libro:
http://www.valledellimon.es   --   info@valledellimon.es

http://www.matware.com.ar/downloads/joomla/jupgrade.html

Puedes informar de los errores sobre Jupgrade aquí:
http://matware.com.ar/foros/jupgrade.html

Puedes ser voluntario y hacer preguntas sobre el voluntariado en:
http://www.matware.com.ar/forum/projects/jupgrade/volunteer-information.html

http://developer.joomla.org/strategy.html (versión en inglés).

Para conocer los cambios de la versión puedes dirigirte a la noticia original:
http://www.joomla.org/announcements/release-news/5403-joomla-250-released.html

Para una visión general de Joomla 1.6 en formato de video, por favor visite:
http://www.ostraining.com/blog/joomla/three-new-joomla-16-overview-videos-including-acl/

Para obtener una lista masiva de los cambios de Joomla 1.5 a Joomla 1.6, consulte:http://docs.joomla.org/What%27s_new_in_Joomla_1.6

Para un gran blog de si o no migrar a Joomla 1.6, véase:
http://www.rockettheme.com/blog/joomla/988-should-i-upgrade-to-joomla-16

http://www.ostraining.com/blog/joomla/how-to-move-a-jomla-site-from-local-to-live-server/

http://redcomponent.com/free-downloads/cat_view/931-jupgrade

http://www.seblod.com/support/documentation/others/mootools-upgrade-plugin.html

http://www.joomlaspanish.org

http://wwww.joomlaos.net

www.ingramcontent.com/pod-product-compliance
Lightning Source LLC
Chambersburg PA
CBHW081055170526
45166CB00006B/2072